BIBLE INDEX

HELPS FOR TRANSLATORS SERIES

TECHNICAL HELPS:

    Old Testament Quotations in the New Testament
    Section Headings for the New Testament
    Short Bible Reference System
    New Testament Index
    Orthography Studies
    Bible Translations for Popular Use
    *The Theory and Practice of Translation
    Bible Index
    Fauna and Flora of the Bible
    Short Index to the Bible
    Manuscript Preparation
    Marginal Notes for the Old Testament
    Marginal Notes for the New Testament
    The Practice of Translating

HANDBOOKS:

    A Translator's Handbook on Ruth
    A Translator's Handbook on the Book of Amos
    A Translator's Handbook on the Book of Jonah
    A Translator's Handbook on the Gospel of Mark
    *A Translator's Handbook on the Gospel of Luke
    A Translator's Handbook on the Gospel of John
    A Translator's Handbook on the Acts of the Apostles
    A Translator's Handbook on Paul's Letter to the Romans
    A Translator's Handbook on Paul's Letter to the Galatians
    A Translator's Handbook on Paul's Letter to the Philippians
    A Translator's Handbook on Paul's Letters to the Colossians and to Philemon
    A Translator's Handbook on Paul's Letters to the Thessalonians
    A Translator's Handbook on the First Letter from Peter
    A Translator's Handbook on the Letters of John

GUIDES:

    A Translator's Guide to Selected Psalms
    A Translator's Guide to the Gospel of Matthew
    A Translator's Guide to the Gospel of Mark

HELPS FOR TRANSLATORS

BIBLE INDEX

Compiled by
ROBERT G. BRATCHER and JOHN A. THOMPSON

In Co-operation with The Committee on Translation
of the United Bible Societies

UNITED BIBLE SOCIETIES
London, New York,
Stuttgart

© 1970 by the United Bible Societies, London

All Rights Reserved. No part of this book may be translated or reproduced in any form without the written permission of the United Bible Societies.

PRINTED IN THE UNITED STATES OF AMERICA

Books in the series of Helps for Translators that are marked with an asterisk (*) may best be ordered from

> United Bible Societies
> Postfach 81 03 40
> 7000 Stuttgart 80
> West Germany

All other books in the series may best be ordered from

> American Bible Society
> 1865 Broadway
> New York, N.Y. 10023
> U.S.A.

ABS-1981-1,000-1,500-CM-08511
ISBN 0-8267-0005-5

INTRODUCTION

This Index to the Bible is essentially a model to be employed in the preparation of Bible indexes in other languages. It is based on the same principles as the New Testament Index prepared by Dr. Robert G. Bratcher and published in 1963 by the United Bible Societies. The New Testament material is incorporated into this larger compilation.

For the most part the terminology employed in the headings and subheadings represents the usage of the Revised Standard Version. The choice of themes and the selection of references, however, are not governed entirely by English terminology, but are intended to reflect the basic concepts occurring in the underlying Greek and Hebrew vocabulary. For this reason the material can be adapted to an index for another language with a minimum of adjustment and restructuring.

Six principal types of information are included in the Index: (1) important names and places in the Bible, along with a brief description where necessary (for about fifty of the leading persons biographical summaries are provided); (2) principal religious institutions and objects, such as, angels, ark, covenant, feasts, unleavened bread, tabernacle, and temple; (3) significant religious concepts, such as, adoption, forgiveness, love, redemption, and salvation; (4) familiar accounts, teachings, and discourses, including stories, parables, sermons, prophecies, and commandments; (5) outstanding historical events, and (6) principal weights and measures. In all instances the more important references to such features are included, but without context lines.

There is no attempt in the citation of references to be exhaustive. Rather, this Index is designed to draw the attention of the reader to the most important passage or passages where some theme or event is described. However, by means of the reference system occurring in most Bible publications and by the use of references to parallel passages (especially in the Gospels), one can usually discover other places in the Scriptures in which there is substantive additional information about the same themes or events.

This Index employs cross references to other subject headings, which provide supplementary or complementary information.

Wherever feasible, references to a particular topic are grouped according to different aspects, so that the references are arranged in somewhat of an outline form under various subheadings. In cases where several persons have the same name, an attempt is made to distinguish at least the more important individuals involved.

USING THE INDEX AS A MODEL

In using this Index for the preparation of a corresponding index in another language, a number of matters must be carefully considered. In the first place, the form of proper names must be adjusted to the spelling used in the text of the receptor language. However, the brief descriptions or biographical summaries can be readily translated and taken over more or less intact. For the principal religious institutions and objects there is often a single corresponding word or phrase, but it is important that one check carefully each reference to make certain that the appropriate terms of the receptor language are represented in the index. For the principal religious concepts one inevitably finds a number of different terms employed in any receptor language, and thus the headings and subheadings must be restructured so as to reflect accurately the usage of the translation in question. For the familiar accounts, teachings, and discourses one will need to use the designations generally employed in the receptor language, though some of these expressions may not actually occur in the Scripture text itself. For outstanding historical events certain summary designations can usually be selected from the text of the receptor language. The adaptation of weights and measures will depend entirely upon the system employed in the receptor language.

As the result of these various necessary adjustments in designations, headings, and subheadings (as well as in corresponding references), it is obvious that all the material will need to be rearranged alphabetically. This means that in general the data for each subject in the index should be worked out on a separate sheet or card. The sheets will then need to be alphabetized on the basis of the receptor-language system.

This Index has been prepared under the auspices of the Translations Committee of the United Bible Societies and has involved the cooperation of the Translations Departments of several member societies.

BIBLE INDEX

AARON, brother of Moses, Ex 4.14; 7.1; commended for his eloquence, 4.14; chosen to assist Moses, 4.16, 27; co-leader with Moses, 5.1; 8.25; supported Moses' arms, 17.12; set apart as priest, 28, 29; made golden calf, 32; found fault with Moses, Num 12; his rod budded, 17; death 20; in NT, Acts 7.40; Heb 5.4; 7.11; 9.4

ABADDON (a) place of the dead Job 26.6; 28.22; 31.12; Ps 88.11; Prov 15.11; 27.20
(b) an angel of hell Rev 9.11

ABBA (Aramaic word meaning "father"), Mk 14.36; Rom 8.15; Gal 4.6

ABEDNEGO, friend of Daniel, Dan 1.7; 2.49; 3.12-30

ABEL, brother of Cain, Gen 4.2-9, 25; Mt 23.35; Lk 11.51; Heb 11.4; 12.24

ABIATHAR, a priest, 1 Sam 22.20-22; 23.6, 9; 2 Sam 15.24-35; 1 Kgs 2.22-35; Mk 2.26

ABIB, first Hebrew month, March-April (later called Nisan), Ex 13.4; 23.15; 34.18; Deut 16.1

ABIDE,-ING, Ps 25.13; 37.18; 37.27; 49.12, 20; 91.1; 125.1; Is 32.16; 18; Hag 2.5; Jn 5.38; 6.56; 15.4-10, 16; 1 Cor 13.13; Heb 10.34; 1 Pet 1.23, 25; 1 Jn 2.6, 10, 14, 17, 24, 27, 28; 3.6, 9, 17, 24; 4.12-16; 2 Jn 2, 9

ABIGAIL, wife of David, 1 Sam 25.3, 14-42

ABIJAH (a) king of Judah (Abijam in Kgs) 1 Kgs 14.31; 15.1-8; 2 Chr 11.20, 22; 12.16; 13.1--14.1
(b) son of Jeroboam I 1 Kgs 14.1-8
(c) others (1) 1 Chr 2.24; (2) 1 Chr 7.8; (3) 1 Chr 24.10; Lk 1.5; (4) 1 Sam 8.2; (5) 2 Chr 29.1; (6) Neh 12.4, 7; (7) Neh 10.7

ABIMELECH (a) king of Gerar (1) Gen 20.2-18; 21.22-32; (2) 26.1-26
(b) son of Gideon Judg 8.31; 9.1-56

ABINADAB (a) received ark in his house 1 Sam 7.1, 2; 2 Sam 6.3; 2 Chr 13.7
(b) others (1) 1 Sam 16.8; 17.13; (2) 1 Sam 31.2; (3) 1 Kgs. 4.11

ABISHAG, woman attendant of David, 1 Kgs 1.3, 15; 2.17, 21, 22

ABISHAI, son of Zeruiah, tried to kill Saul, 1 Sam 26.5-9; pursued Abner, 2 Sam 2.18, 24; offered to kill Shimei, 2 Sam 16.9-11; 19.21; saved David's life in battle, 2 Sam 22.16, 17; slew the Edomites, 1 Chr 18.12

ABNER, captain of the army, 1 Sam 14.50; made Ish-bosheth king, 2 Sam 2.8-11; defeated by David's forces, 2.12-32; made a league with David, 3.6-21; killed by Joab, 3.22-30; mourned by David, 3.31-39

ABOMINATION (a) to the Lord Lev 7.18, 21; 11.10-13, 20-23, 41-43; 18.22; 20.13; Deut 7.25; 17.1; 18.9-12; 22.5; 23.18; 24.4; 25.13-16; 27.15; Prov 11.1; 12.22; 15.8; 20.23; Is 1.13; Jer 7.10, 30; Ezek 8.6, 9, 13, 15, 17; 44.6, 7
(b) of desolation Dan 11.31; 12.11; Mt 24.15; Mk 13.14; see SACRILEGE

ABRAM, ABRAHAM, born, Gen 11.26; married Sarai, 11.29; migrated from Ur to Haran, 11.31; called by God, 12.1-5; went to Egypt, 12.10-20; separated from Lot, 13.7-11; rescued Lot, 14.13-16; God's covenant with A, 15.18; 17.1-22; name changed from Abram to Abraham, 17.5; entertained angels, 18.1-21; interceded for Sodom, 18.22-23; banished Hagar and Ishmael, 21.9-21; willing to offer Isaac, 22.1-14; buried Sarah in Machpelah, 23; married Keturah, 25.1; death and burial, 25.8-9; in NT, Mt 1.1, 2; 3.9; 8.11; Mk 12.26; Lk 1.55, 73; 13.16; 16.22-30; 19.9; Jn 8.33-58; Acts 3.25; 7.2; Rom 4.1-22; 2 Cor 11.22; Gal 3.6-29; 4.22; Heb 2.16;

6.13; 7.1-9; 11.8-11, 17; Jas 2.21, 23; 1 Pet 3.6

ABSALOM third son of David, 2 Sam 3.3; avenged Tamar and fled, 13. 21-39; returned to Jerusalem, 14.23-33; conspired against David, 15.1-2; killed by Joab, 18.9-17; mourned by David, 18.33

ABSTAIN, ABSTINENCE Num 6.3; Judg 13.7; Jer 35.6; Acts 15.20, 29; 21.25; Rom 14.3, 6; 1 Cor 8.13; 1 Thes 4.3; 5.22; 1 Tim 4.3; 1 Pet 2.11

ABYSS Lk 8.31; Rom 10.7; Rev 9.1, 2, 11; 11.7; 17.8; 20.1, 3

ACHAIA, southern Greece Acts 18.12, 27; 19.21; Rom 15.26; 1 Cor 16.15; 2 Cor 1.1; 9.2; 11.10; 1 Thes 1.7-8

ACHAICUS, a Corinthian Christian 1 Cor 16.17

ACHISH, king of Gath 1 Sam 21.10-14; 27.2-12; 28.1-2; 29.3-9; 1 Kgs 2.39-40

ACRE, area which a yoke of oxen could plough in a day, about .681 acre 1 Sam 14.14; Is 5.10

ADAM Gen 3.17-21; 4.1, 25; 5.1-5; Lk 3.38; Rom 5.12-21; 1 Cor. 15.22, 45-49; 1 Tim 2.13, 14; Jude 14

ADAR, twelfth Hebrew month, February-March Ezra 6.15; Esth 3.7, 13; 8.12; 9.1, 15, 17, 19, 21

ADONIJAH (a) fourth son of David 1 Kgs 1.5--2.28

(b) others (1) 2 Chr 17.8; (2) Neh 10.16

ADONIRAM, officer over levies of workers (reigns of David to Rehoboam) 2 Sam 20.24 (Adoram); 1 Kgs 4.6; 12.18; 2 Chr. 10.18 (Hadoram)

ADOPTION Ex 2.10; Esth 2.7; Rom 8.15, 23; 9.4, 24-26; Gal 4.5; Eph 1.5

ADRAMMELECH (a) pagan god 2 Kgs 17.31

(b) son of Sennacherib 2 Kgs 19.37; Is 37.38

ADULLAM, a cave 1 Sam 22.1; 2 Sam 23.13; 1 Chr 11.15

ADULTERER,-ESS,-ERY (a) literal Ex 20.14; Lev 20.10; Deut 5.18; Prov 6.26-32; 7.6-27; Jer 5.7-9; 23.14-15; Hos 2.2; 3.1; Mal 3.5; Jn 7.53--8.11; Rom 13.9; Gal 5.19

(b) figurative Ex 34.15; Lev 17.7; 20.5; Deut 31.16; Jer 3.8, 9; Ezek 23.37, 43; Hos 4.10-15; Rev 2.22; see HARLOT

AENEAS, a Christian of Lydda, healed by Peter Acts 9.33-34

AGABUS, a Christian prophet Acts 11.28; 21.10

AGAG, king of Amalek Num 24.7; 1 Sam 15.8-33

AGRIPPA (a) Herod Agrippa I, king of Judea Acts 12.1-4, 6, 11, 19-23

(b) Herod Agrippa II, king of Chalcis Acts 25.13--26.2; 26.19, 27-32

AHAB (a) son of Omri 1 Kgs 16.28-30; marries Jezebel and worships idols, 16.31-33; met by Elijah, 18.1--19.1; battles with Ben-hadad, 20.2-34; takes Naboth's vineyard, 21.1-16; rebuked by Elijah, 21.17-29; death, 22.39-40

(b) false prophet, son of Kolaiah Jer 29.21,22

AHASUERUS (a) king of Persia Ezra 4.6; Esth 1.1-19; 2.1, 12-21; 3.1-12; 6.2; 7.5; 8.1-12; 9.2, 20, 30; 10.1, 3

(b) father of Darius the Mede Dan 9.1

AHAZ (a) king of Judah 2 Kgs 16.1-20 (2 Chr 28.1-27); Is 7.1-12

(b) other 1 Chr 8.35,36

AHAZIAH (a) king of Israel 1 Kgs 22.51--2 Kgs 1.18

  (b) king of Judah 2 Kgs 8.25--9.29 (2 Chr 22.1-9)

AHIJAH (a) a prophet 1 Kgs 11.29-39; 14.1-18; 2 Chr 9.29

  (b) others (1) 1 Chr 8.7; (2) 1 Chr 2.25; (3) 1 Sam 14.3, 18; (4) 1 Chr 11.36; (5) 1 Chr 26.30; (6) 1 Kgs 4.3; (7) 1 Kgs 15.27, 33; (8) Neh 10.26

AHIMAAZ (a) father-in-law of Saul 1 Sam 14.50

  (b) a priest, son of Zadok 2 Sam 15.27, 36; 17.17-21; 18.19-30

AHIMELECH (a) a priest, son of Ahitub 1 Sam 21.1--22.16

  (b) a Hittite 1 Sam 26.6

  (c) a priest, son of Abiathar 2 Sam 8.17; 1 Chr 24.2, 6, 31

AHITHOPHEL, friend of David 2 Sam 15.12--17.23; 1 Chr 27.33-34

AI (a) city near Bethel Gen 12.8; 13.3; Josh 7.2--8.29

  (b) city of the Ammonites Jer 49.3

AIJALON (a) town near a valley in Central Palestine Josh 10.12; 21.20, 24; Judg 1.34, 35; 1 Chr 8.13; 2 Chr 28.18

  (b) town in N. Palestine Judg 12.12

AKELDAMA Acts 1.19; see also Mt 27.8

ALEXANDER (a) Mk 15.21; (b) Acts 4.6; (c) Acts 19.33; (d) 1 Tim 1.20; 2 Tim 4.14

ALEXANDRIA,-N, sea port on N. coast of Egypt Acts 6.9; 18.24; 27.6; 28.11

ALMIGHTY see GOD (a)

ALMS Deut 15.7; Esth 9.22; Job 29.16; 32.16, 17, 19; Prov 14.21; 19.17; 22.9; Mt 6.2-4; Lk 11.41; 12.33; Acts 3.2, 3, 10; 10.2, 4, 31; 24.17

ALPHA AND OMEGA (first and last letters of Greek alphabet) Rev 1.8; 21.6; 22.13

ALPHAEUS (a) a disciple of Jesus Mt 10.3; Mk 3.18; Lk 6.15; Acts 1.13

  (b) father of Levi, or Matthew Mk 2.14

ALTAR(S) (a) location Bethel, Gen 35.1-7; 1 Kgs 12.32-33; 13.1-5, 32; 2 Kgs 23.15-17; Amos 3.14; Carmel, 1 Kgs 18.20-40; Gibeon, 1 Kgs 3.4; Jerusalem, 2 Sam 24.18-25; 1 Chr 21.18--22.1; Shechem, Gen 12.7; 33.20

  (b) builders: Aaron, Ex 32.5; Abraham, Gen 12.7-8; 13.4, 18; 22.9; David, 2 Sam 24.18-25; Elijah, 1 Kgs 18.30-40; Isaac, Gen 26.25; Jacob, Gen 33.20; 35.1-7; Joshua, Josh 8.30; Moses, Ex 17.15; 24.4; Noah, Gen 8.20; Reubenites, Gadites, Manassites, Josh. 22.10; Solomon, 1 Kgs 9.25; Uriah, 2 Kgs 16.10-15

  (c) construction of earth, Ex 20.24; unhewn stone, Ex 20.25; Deut 27.5-7; Josh 8.30; wood, Ex 27.1-8; 30.1-10; 37.25-28; size, 2 Kgs 16.10-15; Ezek 43.13-27

  (d) bronze altar of burnt offering Ex 38.1-7; Lev 1.1--7.38; 1 Kgs 7.23-47; 2 Chr 4.1-22

  (3) golden altar of incense Ex 37.25-28; 1 Kgs 7.48-50; Lk 1.8-11; cf. Rev 8.3-5

AMALEK,-ITE,-S, a tribe of Sinai and southern Palestine battle with Moses, Ex 17.8-16; Num 14.24-45; Deut 25.17-19; battle with Israelites, Judg 6.3; 7.12; battle with Saul, 1 Sam 15.2-33; battle with David, 1 Sam 30.1-18; 2 Sam 1.1-13

AMAZIAH (a) king of Judah, son of Jehoash 2 Kgs 14.1-20 (2 Chr 25.1-28)

  (b) priest at Bethel Amos 7.10-14

  (c) others (1) 1 Chr 4.34; (2) 1 Chr 6.45

Amen

AMEN (Hebrew word meaning "firm, sure")
(a) <u>response</u> Deut 27.15-16; 1 Kgs 1.36; 1 Chr 16.36; Neh 5.13; Ps 106.48; 1 Cor 14.16; 2 Cor 1.20; Rev 5.14; 7.12; 19.4

(b) <u>benediction</u> Mt 6.13 mg; Rom 1.25; 9.5; 11.36; 15.33; 16.24, 27; 1 Cor 16.24; Gal 1.5; 6.18; Eph 3.21; Phil 4.20; 1 Tim 1.17; 6.16; 2 Tim 4.18; Heb 13.21, 25; 1 Pet 4.11; 5.11; 2 Pet 3.18; Jude 1.25; Rev 1.6, 7; 7.12; 22.20, 21

(c) <u>title</u> Rev 3.14

(d) <u>amen, amen</u> Num 5.22; Neh 8.6; Ps 41.13; 72.19; 89.52

AMMON,-ITE,-S, a tribe of Transjordan boundaries, Deut 2.37; Josh 12.2; battles, Judg 10.7--12.3; 2 Sam 10.1--11.1 (1 Chr 19.1--20.3); 2 Chr 26.8; 27.5; cursed, Deut 23.3-6; Jer 49.1-6; Ezek 21.28-32; 25.1-7, 10

AMNON (a) <u>oldest son of David</u> 2 Sam 3.2; 13.1-39; 1 Chr 3.1

(b) <u>son of Shimon</u> 1 Chr 4.20

AMON (a) <u>king of Judah, son of Manasseh</u> 2 Kgs 21.18-26 (2 Chr 33.20-25)

(b) <u>governor of Samaria</u> 1 Kgs 22.26 (2 Chr 18.25)

(c) <u>an Egyptian god</u> Jer 46.25

(d) <u>other</u> Neh 7.57-59

AMORITE(S), a tribe of Canaan boundaries, Num 13.29; 21.13; Deut 1.7, 19-20, 44; Josh 12.2; Judg 1.34-36; battles, Josh 10.5-10; Judg 1.34-36; 11.19-23

AMOS (a) <u>a prophet</u> Amos 1.1--9.15; lived during reign of Uzziah of Judah, Amos 1.1; and Jeroboam II of Israel, 7.10

(b) <u>ancestor of Jesus</u> Mt 1.10; Lk 3.25

AMOZ, father of Isaiah the prophet 2 Kgs 19.2, 20; 20.1; 2 Chr 26.22; 32.20, 32

ANAK,-IM, people of southern Judah Num. 13.33; Deut 2.10-12; 9.2; Josh 11.21-22; 14.12, 15; <u>see</u> GIANTS, NEPHILIM, REPHAIM

ANANIAS (a) Acts 5.1, 3-5; (b) Acts 9.10-17; 22.12-16; (c) Acts 23.2; 24.1

ANATHEMA (a Greek word meaning <u>devoted to destruction</u>) Rom 9.3; 1 Cor 12.3; 16.22; Gal 1.8, 9

ANATHOTH a Levitical city, Josh 21.18; 1 Kgs 2.26; home of Jeremiah, Jer 1.1; 29.27

ANDREW, disciple of Jesus Mt 4.18; Mk 1.16; 13.3; Lk 6.14; Jn 1.40, 44; 6.8; 12.22

ANGEL(S) (a) <u>divine messengers</u> and <u>Abraham</u>, Gen 22.11, 15; <u>Balaam</u>, Num 22.22-35; <u>Cornelius</u>, Acts 10.3-8, 22; <u>David</u>, 1 Chr 21.12-30; <u>Elijah</u>, 1 Kgs 19.5-7; 2 Kgs 1.3, 15; <u>Gideon</u>, Judg 6.11-22; <u>Hagar</u>, Gen 16.7-11; 21.17; <u>Jacob</u>, Gen 28.12; 31.11; 32.1; 48.16; <u>Jesus</u>, Mt 4.11 (Mk. 1.13); 26.53; Lk. 22.43; Jn. 12.29; Heb. 1.4-7, 13; 2.5-9; Rev 22.16; <u>John</u>, Rev 1.1; 22.6, 8, 16; <u>Joseph</u>, Mt 1.20-24; 2.13, 19; <u>Lazarus</u>, Lk 16.22; <u>Lot</u>, Gen 19.1, 15; <u>Manoah</u>, Judg 13.3-21; <u>Mary</u>, Lk 1.26-38; <u>Mary Magdalene</u>, Mt 28.2-5; Jn 20.12; <u>Moses</u>, Ex 3.2; Acts 7.30-38; <u>Paul</u>, Acts 23.8-9; 27.23; <u>Peter</u>, Acts 5.19; 11.13; 12.11-15; <u>Philip</u>, Acts 8.26; <u>seven angels</u>, Rev 8.2--11.15; 15.1--16.17; 17.1, 7; 21.9; <u>seven churches</u>, Rev 1.20; 2.1, 8, 12, 18; 3.1, 7, 14; <u>seven seals</u>, Rev 5.2; <u>shepherds</u>, Lk 2.9-21; <u>Son of man</u>, Mt 13.39, 41, 49; 16.27; 24.31, 36; 25.31; Mk 8.38; 13.27, 32; Lk 9.26; 12.8-9; 15.10; Jn 1.51; 2 Thes 1.7; <u>Zechariah the prophet</u>, Zech 1.9-19; 3.1-6; 4.1-5; 5.5-10; 6.4-5; <u>Zechariah, father of John</u>, Lk 1.11-19

(b) <u>in heaven</u> Mt 22.30; Mk 12.25; Lk 20.36; Gal 1.8; Col 2.18; 1 Tim 3.16; 5.21; Heb 12.22; 1 Pet 1.12; 3.22; Rev 3.5; 5.11; 7.11; 8.2--10.10; 14.6-9; 18.1, 21; 19.9, 17; 20.1; 21.12

(c) the angel of the Lord Gen. 16.10, 13; 18.2-4, 13, 14, 33; 22.11, 12, 15, 16; 31.11, 13; Ex 3.2, 4; Josh 5.13-15; 6.2; Zech. 1.10-13; 3.1, 2

(d) guiding angels Gen 24.7, 40; Ex 14.19; 23.20-21, 23; Num 20.16; Judg 2.1-4; Ps 34.7; 35.5-6; Is 63.9; Ps 91.11; Dan 3.28; 6.22

(e) destroying angels 2 Sam 24.16-17; 2 Kgs 19.35; 1 Chr 21.12-30; 2 Chr 32.21; Ps 78.49; Is 37.36; Acts 12.23; Rev 9.11

(f) devil and his angels Mt 25.41; 2 Cor 11.14; 2 Pet 2.4; Jude 6; Rev 12.9

(g) named Gabriel, Lk 1.11-38; Apollyon, Rev 9.11; Michael, Rev 12.7-9

(h) gave the law Acts 7.53; Gal 3.19; Heb 2.2

(i) others 1 Sam 29.9; 2 Sam 14.17, 20; 19.27; Ps 78.25; Mt 18.10; Acts 6.15; 1 Cor 6.3; 11.10; 13.1; Gal 4.14; Heb 13.2

See HEAVENLY BEINGS, HEAVENLY HOST, SONS OF GOD

ANGER,-RY (a) divine Gen 18.22-33; Num 11.1; 12.9; 32.10-15; Deut 11.16-17; 29.20-28; 2 Sam 6.6-8; 2 Chr 30.6-9; Ps 30.5; 85.5; Is 13.9-12; 57.15-20; 66.15-16; Jer 23.20; Lam 1.12; Ezek 5.13-15; Dan 9.16; Mic 7.18; see WRATH (b)

(b) God is slow to anger Ex 34.6; Neh 9.16-17; Ps 103.8-9; 145.8; Joel 2.13; Jon 4.2

(c) human Prov 14.29; 15.1; 16.32; 27.4; 29.11; Eccl 7.9; Jon 4.1-9; Mt 5.22; Mk 3.5; Lk 14.21; Jn 7.23; 2 Cor 12.20; Gal 5.20; Eph 4.26, 31; 6.4; Col 3.8; 1 Tim 2.8; Jas 1.19, 20; see WRATH (d)

ANIMAL(S) (a) clean Gen 7.2,8; Lev 11.1-47; Deut 14.3-20; Acts 10.12-15

(b) unclean Lev 11.1-47; Deut 14.3-20; Acts 10.12-15; 11.6

(c) sacrificial Lev 3.1-17; 7.23-27; 22.22-30; Mal 1.8

ANNA Lk 2.36

ANNAS Lk 3.2; Jn 18.13, 24; Acts 4.6

ANOINT,-ED,-ING (a) oil Ex 25.6; 29.7, 21; 30.22-33; 35.8, 15; 37.29; 40.9; Lev 8.2, 10-13, 30; 10.7; Num 4.16

(b) pillar Gen 28.18; 31.13

(c) priest and his garments Ex 28.41; 29.7, 21, 29; 30.30; 40.12-15; Lev 4.3-5, 16; 6.20-22; 8.12-13

(d) altar and furnishings Ex 29.36-37; 30.27-29; 30.28; 40.10-11; Lev 8.11; Num 7.84-88

(e) tabernacle, tent of meeting Ex 30.26; 40.9; Lev 8.10

(f) a ruler Saul, 1 Sam 9.16; 10.1 15.1; David, 1 Sam 16.3, 12-13; 2 Sam 2.4; 5.3; 1 Chr 11.3; Solomon, 1 Kgs 1.34-40; 1 Chr 29.22; Hazael, 1 Kgs 19.15-16; Jehu, 2 Kgs 9.1-6, 12; Cyrus, Is 45.1; 61.1

(g) a prophet 1 Kgs 19.16; Is 61.1

(h) anointed one 1 Chr 16.22; Ps 2.2; 20.6; 84.9; 105.15; Dan 9.25-26; Hab 3.13; Zech 4.14

(i) Christ Lk 4.18; Acts 4.27; 10.38

(j) mourner 2 Sam 14.2; Dan 10.3

(k) sick Mk 6.13; Jn 9.6,11; Jas 5.14; Rev 3.18

(l) guest 2 Chr 28.15; Ps 23.5; 45.7; 141.5; Ezek 16.9; Lk 7.38,46; Jn 11.2; 12.3

(m) for grooming oneself Ruth 3.3; Amos 6.6; Mic 6.15; Mt 6.17; Lk 7.38, 46

(n) dead Mk 14.8; 16.1

(o) spiritual 1 Jn 2.20, 27

ANTICHRIST(S) 1 Jn 2.18, 22; 4.3; 2 Jn 7

ANTIOCH (a) in Syria Acts 6.5; 11.19-30; 13.1-3; 14.26--15.2; 15.35; Gal. 2.11

(b) in Pisidia Acts 13.14-50; 14.19, 21; 2 Tim 3.11

ANTIPAS, Christian martyr of Pergamum Rev 2.13

APOLLOS, A Christian preacher from Alexandria Acts 18.24; 19.1; 1 Cor 1.12; 3.4-6, 22; 4.6; 16.12; Tit 3.13

APOLLYON, an angel of hell Rev 9.11

APOSTLE(S) (a) the twelve Mt 10.2-4; Mk 3.14-19; 6.7, 30; Lk 6.13-16; Acts 1.2, 13, 26; elsewhere 23 occurrences; 1 Pet 1.12; 2 Pet 1.1; Rev 21.14

(b) Paul Rom 1.1; 11.13; 1 Cor 1.1; 9.1-2; 15.9; 2 Cor 1.1; Gal 1.1

(c) Jesus Heb 3.1

(d) other Acts 14.14; Rom 16.7; 1 Cor 15.7; Gal 1.19; 1 Thes 2.7

APOSTLESHIP Acts 1.25; Rom 1.5; 1 Cor 9.2; Gal 2.8

APPHIA, a Colossian Christian woman Phm 2

APPIUS Acts 28.15

APPOINT(S),-ED (a) general Job 23.14; Jer 49.19; 50.44; Jon 1.17; 4.6-8; Acts 22.10, 14; Rom 13.2; 1 Cor 12.28; Eph 1.12; 1 Tim 1.12; Heb 3.2

(b) place Ex 21.13; 2 Sam 7.10; 1 Chr 17.9; Ezek 43.21; cities of refuge, Josh 20.2-8

(c) feasts Lev 23.2, 4, 37, 44; 1 Kgs 12.32; 2 Chr 2.4; 31.3; Ezra 3.5; Neh 10.33; Is 1.14; 33.20; Lam 1.4; 2.6, 7, 22; Ezek 36.38; 44.24; 45.17; 46.9; Hos 2.11; 9.5; 12.9

(d) time Gen 18.14; Ex 13.10; 23.15; 34.18; Num 9.2, 3, 7, 13; 10.10; 15.3; 29.39; 1 Sam 13.8, 11; 2 Sam 20.5; 24.15; Ezra 10.14; Neh 10.34; 13.31; Jer 33.20; Ezek 22.4; Dan 2.16; Acts 12.21; 28.23; 1 Cor 7.29

(e) persons Aaron, Num 3.10; 4.19; 1 Sam 12.6; Christ, Acts 3.20; 17.31; Heb 1.2; 5.1, 5; 7.28; disciples, Lk 10.1; Jn 15.16; Acts 6.3; 15.2; 2 Cor 8.19; elders, Acts 14.23; Tit 1.5; governor, 2 Kgs 25.22-23; Ezra 5.14; Jer 40.5, 7, 11; 41.2; Joshua, Num 27.16-19; judges, Deut. 16.18; 2 Sam 7.11; Ezra 7.25 king, 1 Sam 8.5-12; 1 Kgs 1.35; Levites, Num 1.50; 1 Chr 6.48; 15.17; Neh 7.1; Ezek 44.14; Moses, 1 Sam 12.6; preacher, 1 Tim 2.7; 2 Tim 1.11-12; priests, 1 Kgs 12.31; 2 Kgs 17.32; Ezra 3.8; Heb 5.1; 7.28; 8.3; prince, 1 Sam 13.14; 25.30; prophet, Jer 1.5; twelve men, Josh 4.4; Mk 3.14

(f) other: death, Job 30.23; 34.23; Ps. 49.14; Heb 9.27; judgment, Ps 7.6; 75.2; law, Ps 78.5; 119.138; see ORDAIN

AQUILA, a Christian in whose house Paul stayed in Corinth Acts 18.2, 18, 26; Rom 16.3; 1 Cor 16.19; 2 Tim 4.19

ARABAH (a) valley extending from Sea of Galilee to Gulf of Aqabah Deut 1.1, 7; 2.8; 3.17; 4.49; 11.30; Josh 8.14; 11.2, 16; 12.1, 3, 8; 18.18; 1 Sam 23.24; 2 Sam 2.29; 4.7; 2 Kgs 25.4; Jer 39. 4; 52.7; Ezek 47.8

(b) Sea of Arabah, or Dead Sea Deut 3.17; 4.49; Josh 3.16; 12.3; 2 Kgs 14.25

(c) Brook of Arabah Amos 6.14; Is 15.7

ARABIA, ARAB(S),-IAN(S) country to the SE of Palestine; its inhabitants 1 Kgs 10.15; 2 Chr 9.14; 17.11; 22.1; 26.7; Neh 4.7; Is 21.13; Jer 25.24; Ezek 27.21; 30.5; Acts 2.11; Gal 1.17; 4.25

ARAM,-AIC,-EAN (a) son of Shem Gen 10.22-23; 1 Chr 1.17

(b) inland Syria Num 23.7; 2 Sam 8.6; 15.8; Hos 12.12; Zech 9.1; Aram-Naharaim, between the Euphrates and Khabur Rivers, Ps 60, title

(c) language 2 Kgs 18.26; Ezra 4.7; Is 36.11; Dan 2.4 mg

(d) Aramean, inhabitant of Aram Gen

25.20; 28.5; 31.20, 24; Deut 26.5; 1 Chr 7.14

ARARAT, mountainous region in Asia Minor Gen 8.4; 2 Kgs 19.37; Is 37.38; Jer 51.27

ARAUNAH, a Jebusite 2 Sam 24.16-25; = Ornan, 1 Chr 21.15-28; 2 Chr 3.1

ARCHANGEL 1 Thes 4.16; Jude 9

ARCHELAUS, son of Herod the Great, ethnarch of Judea and Samaria Mt 2.22

ARCHIPPUS a Colossian Christian Col 4.17; Phm 2

AREOPAGUS, a hill in Athens, and seat of the supreme court Acts 17.19-22

ARETAS, king of the Nabataeans 2 Cor 11.32

ARIEL, a name for Jerusalem Is 29.1-7

ARIMATHEA, a town in Judea Mt 27.57; Mk 15.43; Lk 23.50; Jn 19.38

ARISTARCHUS, a Christian of Thessalonica Acts 19.29; 20.4; 27.2; Col 4.10; Phm 24

ARK (a) of Noah Gen 6.14--9.18; Mt 24.38; Lk 17.27; Heb 11.7; 1 Pet 3.20

(b) of God (1) described Ex 25.10-22; 26.33-34; 30.6, 26; 31.7; 35.12; 37.1-5; 40.3-5, 20-21; Num 3.31; 2 Chr 5.6-10; (2) names ark, Deut 10.1-5; Josh 3.15; 4.10; 1 Sam 6.13; 2 Sam 6.4, 7; 1 Kgs 8.3, 5, 7, 9; 2 Chr 5.4, 56, 6, 8, 10; Ps 132.8; ark of the LORD, Josh 3.13; 4.5, 11; 1 Sam 4.6; 6.1, 2, 8, 11, 15, 18, 19, 21; 2 Sam 6.9, 17; 1 Kgs 8.4; 1 Chr 16.4; 2 Chr 8.11; ark of God, 1 Sam 3.3; 4.11, 13, 17-22; 5.1, 2, 7, 8, 10, 11; 6.3; 2 Sam 6.2, 3, 4, 6, 7, 12; 7.2; 15.24, 25, 29; 1 Chr 13.5, 6, 7, 12, 14; 15.1, 2, 15, 24; ark of the LORD GOD, 1 Kgs 2.26; ark of the testimony, Ex 26.33; 39.35; Num 4.5; 7.89; Josh 4.16; ark of the covenant, Num 10.33-35; 14.44; Deut 10.8; 31.9, 25-26; Josh 3.3, 6, 8, 11, 14, 17; 8.33; Judg 20.27; 1 Sam 4.3-5; 2 Sam 15.24; Heb 9.4; Rev 11.19; ark of the covenant of the LORD, Jer 3.16

ARMAGEDDON, place of final battle between forces of evil and forces of God Rev 16.16; see MEGIDDO

ARMOR 1 Sam 11.5, 6; 1 Kgs 22.34; 2 Chr 26.14; Lk 11.22; Rom 13.12; Eph 6.11-17; Rev 9.9; see HELMET, SHIELD

ARNON, a river Num 21.13-14, 24, 26, 28; 22.36; Deut 2.24, 36; Josh 12.1, 2; 13.9, 16; Judg 11.13, 18, 22, 26; 2 Kgs 10.33; Is 16.2; Jer 48.20

ARROGANT see PRIDE

ARTAXERXES king of Persia Ezra 4.7-11, 23; 6.14; 7.1-21; 8.1; Neh 2.1; 5.14; 13.6

ARTEMIS, goddess worshiped in Ephesus Acts 19.24, 27-28, 34-35

ASA (a) king of Judah 1 Kgs 15.9-24 (2 Chr 14.1--16.14); Jer 41.9; Mt 1.7-8

(b) a Levite 1 Chr 9.16

ASAHEL (a) nephew and warrior of David's 1 Chr 2.16; 2 Sam 2.12-23; 23.24

(b) others (1) 2 Chr 17.8; (2) 2 Chr 31.13; (3) Ezra 10.15

ASAPH (a) a Levite 1 Chr 6.39

(b) sons of Asaph, musicians 1 Chr 16.5, 7, 37; 25.1-2, 6, 9; 2 Chr 5.12; 20.14; Ezra 2.41; Neh 2.8; 7.44

(c) titles of Psalms Ps 50, 73--83

ASCENSION see JESUS CHRIST

ASHDOD,-ITES, a Philistine city, its inhabitants Josh 11.22; 13.3; 15.46-47; 1 Sam 5.1-7; 2 Chr 26.6; Neh 4.7; 13.23-24; Is 20.1; Jer 25.20; Amos 1.8; Zeph 2.4; Zech 9.6; see AZOTUS

ASHER (a) son of Jacob Gen 30.13; 46.17; 49.20; Ex 1.4; Num 26.46; Deut 33.24

(b) territory or tribe Num 1.13, 40, 41; 2.27; 7.72; Deut 27.13; 33.24; Josh 17.10-11; 19.24, 31, 34; Judg 1.31; 5.17; 6.35; 7.23; 1 Kgs 4.16; 1 Chr 6.62, 74; 12.36; 2 Chr 30.11; Ezek 48.2-3, 34; Lk 2.36; Rev 7.6

(c) town in Manasseh Josh 17.7

ASHERAH(S), ASHERIM (a) Canaanite goddess Judg 3.7; 1 Kgs 15.13; 18.19; 21.7; 2 Kgs 23.4, 7; 2 Chr 15.16

(b) an image Ex 34.13; Deut 7.5; 16.21; Judg 6.25-26; 1 Kgs 14.15; 16.33; 2 Kgs 13.6; 17.16; 18.4; 21.3; 23.6; 2 Chr 14.3; 17.6; 19.3; 24.18; 31.1; 33.3, 19; 34.3-4; Is 17.8; 27.9; Jer 17.2; Mic 5.14

ASHKELON, a city on Mediterranean coast of Palestine Josh 13.3; Judg 1.18; 14.19; 1 Sam 6.17; 2 Sam 1.20; Jer 25.20; 47.5, 7; Amos 1.8; Zeph 2.4, 7; Zech 9.5

ASHTORETH (pl., ASHTAROTH), a Canaanite goddess, Astarte Judg 2.13; 10.6; 1 Sam 7.3-4; 12.10; 31.10; 1 Kgs 11.5, 33; 2 Kgs 23.13

ASIA, Roman province in W Asia Minor Acts 2.9; 6.9; 16.6; 19.10, 22, 26, 27; 20.16, 18; Rom 16.5; 1 Cor 16.19; 2 Cor 1.8; 2 Tim 1.15; 1 Pet 1.1; Rev 1.4

ASS(ES) Num 22.21-33; 1 Sam 9.3, 5, 20; 10.2, 14, 16; Job 39.5-8; Zech 9.9; Mt 21.2-7; Jn 12.14

ASSYRIA,-IAN(S) (a) country or people Gen 2.14; 10.11; 25.18; 2 Kgs 15.24; 17.23; Ps 83.8; Is 7.18; 10.5, 24; 11.11, 16; 19.23-25; 23.13; 27.13; Jer 2.18, 36; Lam 5.6; Ezek 16.28; 23.5-23; Hos 5.13; 8.9; 9.3, 6; 10.6; 12.1; 14.3; Amos 3.9; Mic 5.5-6; 7.12; Zeph 2.13; Zech 10.10, 11

(b) kings of A see ESARHADDON; PUL; SARGON; SENNACHERIB; SHALMANESAR; TIGLATH-PILESAR; TILGATH-PILNESAR

ASTROLOGERS Dan 2.27; 4.7; 5.7, 11; (wise men) Mt 2.1, 7, 16

ATHALIAH (a) queen of Judah 2 Kgs 11.1-20; 2 Chr 22.10--23.15; 24.7

(b) others (1) 1 Chr 8.26; (2) Ezra 8.7

ATHENS,-IAN(S), chief city of Greece Acts 17.15, 16, 21, 22; 18.1; 1 Thes 3.1

ATONEMENT Ex 29.36; 30.10; 32.30; Lev 1.4; 4.20; 7.7; 8.34; 9.7; 10.17; 12.7; 14.18; 15.15; 16.10, 17; 17.11; 23.28; Num 5.8; 6.11; 8.12; 15.25; 16.46; 25.13; 28.22; 29.5; 31.50; 2 Sam 21.3; 1 Chr 6.49; 2 Chr 29.24; Neh 10.33; see EXPIATION; RECONCILIATION

AUGUSTUS, Roman emperor Lk 2.1

AUTHORITIES Rom 13.1-3; Col 1.16; Tit 3.1; 1 Pet 3.22

AUTHORITY Esth 9.29; Prov 29.2; Mt 7.29; 9.6-8; 10.1; 21.23-27; 28.18; Mk 1.22; 2.10; 11.27-33; Lk 4.6, 32; 7.8; 20.1-8; Jn 5.27; Acts 1.7; 26.10, 12; 1 Cor 15.24; 2 Cor 10.8; 13.10; Eph 1.21; Col 2.10

AVENGE,-R Num 35.12-27; Deut 19.6, 12; 32.43; 1 Kgs 2.5; 2 Kgs 9.7; Ps 9.12; 79.10; Joel 3.21; Rom 12.19; Rev 6.10; 19.2

AVOID,-S Prov 4.15; 13.14; 14.27; 15.24; 16.6; Rom 13.5; 16.17; 1 Tim 6.20; 2 Tim 2.14, 16, 23; 3.5; Tit 3.2, 9

AWE Josh 4.14; 1 Sam 18.15; 1 Kgs 3.28; 1 Chr 16.25; Ps 22.23; 33.8; 119.161; Is 29.23; Mal 2.5; Mt 17.6; 27.54; Mk 4.41; Lk 5.26; Rom 11.20; Heb 12.28; see FEAR (b)

AZARIAH (a) king of Judah 2 Kgs 14.21--15.7 (=Uzziah)

(b) many others, including 2 Chr 15.1-8; 2 Chr 23.1; 1 Chr 6.10

AZAZEL Lev 16.8-10, 26

AZEKAH, a town assigned to Judah Josh 10.10, 11; 15.35; 1 Sam 17.1; 2 Chr 11.9; Jer 34.7; Neh 11.30

AZOTUS, a city Acts 8.40; see ASHDOD

B

BAAL(S) (a) Canaanite god worshipped, Num 25.3-5; Deut 4.3; Judg 2.11, 13; 3.7; 6.25-32; 1 Sam 7.4; 12.10; 1 Kgs 16.31-32; 19.18; 22.53; 2 Kgs 10.18-28; 17.16; 2 Chr 17.3; 23.17; 24.7; 28.2; Jer 2.23; 9.14; 12.16; 23.27; Hos 2.8, 13, 16, 17; 7.16; 9.10; 11.2; 13.1; Zeph 1.4; Rom 11.4; house of, 2 Kgs 10.21-27; 11.18; 2 Chr 23.17; prophets of, 1 Kgs 18.18-40; 2 Kgs 10.18-28; priest of, 2 Kgs 11.18; children sacrificed to, Jer 19.5; 32.35; see also BAAL-BERITH, EL-BERITH, BAAL-ZEBUB, BEELZEBUL

(b) a Reubenite 1 Chr 5.5, 6

(c) a Benjamite 1 Chr 8.30; 9.35, 36, 39

BAAL-BERITH, god of Shechem Judg 8.33; 9.4; see BAAL

BAAL-PEOR, a Moabite god Num 25.1-9; Ps 106.28; Hos 9.10

BAAL-ZEBUB, a Philistine god 2 Kgs 1.2-16; see BAAL, BEELZEBUL

BABEL, city Gen 10.10; 11.9; see BABYLON

BABYLON (a) ancient, important city in southern Mesopotamia Hezekiah reveals treasure house to men of, 2 Kgs 20.12-15; exile to B foretold, 2 Kgs 20.16-18; Jerusalem beseiged by king of, 2 Kgs 24.10-13; Judah carried captive to, 24.14-16; 1 Chr 9.1; Ezra 5.12; return of captives from, Ezra 2.1-70; prophecy against, Is 13--14; 47.1-13; Jer 50--51; Dan 5

(b) figurative name for Rome 1 Pet 5.13; Rev 14.8; 16.19; 17.5; 18.2-24

BABYLONIA,-IANS ancient country between Tigris and Euphrates rivers, nw of Persian Gulf; Jews return from Ezra 1.5-11; roll of exiles returning from, Ezra 2; search for documents in, Ezra 6.1; Ezra departs from, Ezra 7.6; inhabitants, Ezra 4.9; Ezek 23.15, 17, 23; see BABYLON

BALAAM, a soothsayer from Aram Num 22.5--24.25; Deut 23.4-5; Josh 13.22; 24.9-10; Neh 13.2; Mic 6.5; 2 Pet 2.15; Jude 11; Rev 2.14

BALAK, king of Moab tempts Balaam to curse Israel, Num 22.4-6; Josh 24.9; Mic 6.5

BAPTISM, BAPTIZE (a) John the Baptist Mt 3.6, 7, 11-15; Mk 1.4-5, 8; Lk 3.3, 7, 16; Jn 1.25, 31-33; 3.23; 4.1; 10.40; Acts 1.5; 11.16; 13.24; 18.25; 19.3-4; Mt 21.25-27; Mk 11.30-33; Lk 20.4-8

(b) Jesus Mt 3.13-17; Mk 1.9-11; Lk 3.21-22; Jn 3.22; 4.1-2; Mt 28.19-20; Mk 10.38-39; Lk 12.50

(c) Christian Acts 2.38, 41; 8.12, 13, 16, 36, 38; 9.18; 10.47-48; 16.15, 33; 18.8; 19.5; 22.16; Rom 6.3-4; 1 Cor 1.13-16; 10.2; 12.13; 15.29; Gal 3.27; Eph 4.5; Col 2.12; 1 Pet 3.21

(d) with the Spirit Mt 3.11; Mk 1.8; Lk 3.16; Jn 1.33; Acts 1.5; 11.16

BARABBAS, a Jewish robber Mt 27.16-26; Mk 15.7-15; Lk 23.18; Jn 18.40

BARAK, Israelite leader who defeated Sisera Judg 4; 5.1; 12; Heb 11.32

BAR-JESUS, a magician Acts 13.6

BAR-JONA, "son of Jona," Peter Mt 16.17; see also Jn 1.42; 21.15-17

BARNABAS, accompanied Paul on his first missionary journey Acts 4.36; 11.22, 25, 30; 12.25; 13.1--15.41; 1 Cor 9.6; Gal 2.1, 9, 13; Col 4.10

BARSABBAS (a) Acts 1.23; (b) Acts 15.22

BARTHOLOMEW, a disciple of Jesus, perhaps same as Nathanael Mt 10.3; Mk 3.18; Lk 6.14; Acts 1.13

BARTIMAEUS, a blind man of Jericho whom Jesus healed Mk 10.46

BARUCH, scribe and friend of Jeremiah Jer 32.12-16; 36.4-10, 14-19, 26, 27, 32; 45

BARZILLAI (a) friend of David's 2 Sam 17.27-29; 19.31-40

(b) others (1) 2 Sam 21.8; (2) Ezra 2,61

BASHAN, region east of Jordan assigned to half-tribe Manasseh, Josh 21.6; 22.7; noted for cattle, Ps 22.12; Ezek 39.18; Amos 4.1

BATH, Hebrew liquid measure, 6 hins about 8 U.S. gallons 1 Kgs 7.36, 38; 1 Chr 2.10; Ezra 7.22; Is 5.10; Ezek 45.10-14

BATHSHEBA wife of Uriah, 2 Sam 11.3; commits adultery with David, 11.4; becomes David's wife, 11.27; gives birth to Solomon, 12.24; intervenes for Solomon's right to rule, 1 Kgs 1.15-21

BEAST, figurative Dan 7.2-28; 8.4; Rev 11.7; 13.1-8, 11-18; 14.9, 11; 15.2; 17.3-17; 19.20; 20.10

BEATITUDES Mt 5.3-12; Lk 6.20-23; see BLESSED (a)

BEAUTY Ps 27.4; 45.11; 96.6; Is 33.17; 53.2

BEELZEBUL Mt 10.25; 12.24, 27; Mk 3.22; Lk 11.15, 18, 19; see DEVIL; BAAL-ZEBUB

BEER-SHEBA covenant made at B by Abraham and Abimelech, Gen 21.25-33; Jacob offers sacrifices at, Gen 46.1; land for tribe of Simeon, Josh 19.2; residence of Samuel's sons, 1 Sam 8.2

BEKA, Hebrew weight, 1/2 shekel Ex 38.26

BELIAL 2 Cor 6.15; see DEVIL

BELIEVE(-D) Abraham's faith, Gen 15.6; Rom 4.3; Gal 3.6; Jas 2.23; encouraged by Jehoshaphat, 2 Chr 20.20; in Christ, Mk 1.15; 5.36; 9.23, 24; Jn 1.12; 3.15, 16, 18, 36; 5.44, 46, 47; 6.29; 9.35, 36, 38; 14.1, 10, 11; 20.25, 26, 29, 31; Acts 13.48; 16.31; Rom 10.9, 10, 11, 14, 16; 1 Jn 5.1, 5, 10, 13; general, Ex 14.31; Ps 27.13; 119.66; Prov 14.15; Is 7.9; 28.16; 43.10; 1 Cor 13.7; Heb 11.6; Jas 2.19; see FAITH

BELSHAZZAR, a king of the Chaldeans Dan 5.1-9; 5.30; 7.1; 8.1

BELTESHAZZAR (Babylonian name for Daniel Dan 1.7; 2.26; 4.8-9, 18; 5.12; 10.1

BENAIAH (a) a Levite, son of Jehoiada known for valor, 2 Sam 23.20-21; 1 Chr 11.22-23; overseer of David's bodyguard, 2 Sam 8.18; faithful to David during rebellions, cf 2 Sam 15.18 and 20.23; 1 Kgs 1.10; escorted Solomon for his anointing as king, 1 Kgs 1.38; executed Adonijah, 1 Kgs 2.25, Joab, 29-34, and Shimei, 46

(b) many others, including 2 Sam 23.30; 1 Chr 15.18, 20

BENHADAD, name of several kings of Damascus (a) contemporary of Baasha and Asa 1 Kgs 15.18-21; 2 Chr 16.1-6

(b) contemporary of Ahab 1 Kgs 20.1-34; and of Jehoram, 2 Kgs 6.24; 8:7

(c) contemporary of Jehoahaz 2 Kgs 13.3-13

BENJAMIN son of Jacob and Rachel, Gen 35.18, 24; kept from going to Egypt, 42.4; reunited with Joseph, 43.14; descendants, Num 26.38-41; inheritance of tribe, Josh 18.21-28

"BENEDICTUS" (a Latin word meaning "blessed") Lk 1.68-79

BERNICE, sister of Agrippa Acts 25.13, 23; 26.30

BEROEA, town in Greece Acts 17.10, 13; 20.4

BETHANY (a) Mt 21.17; 26.6; Mk 11.1, 11, 12; 14.3; Lk 19.29; 24.50; Jn 11.1, 18; 12.1; (b) Jn 1.28

BETH-AVEN (a) town in Benjamin Josh 7.2; 18.12; 1 Sam 13.5; 14.23

(b) contemptuous name for Bethel see BETHEL

BETHEL (originally Luz) Abraham pitched tents at, Gen 12.8; Jacob's dream at, Gen 28.10-17; Luz renamed Bethel, 28.18-19; assigned to tribe of Benjamin, Josh 16.2; 18.13, 22; captured by Israel, Judg 1.22-26; ark there for a time, Judg 20.1, 27; temporary worship established at, Judg 20.18, 26; Samuel judged at, 1 Sam 7.16; center of idolatry, 1 Kgs 13.1-32; youths mock Elisha, 2 Kgs 2.23, 24; denounced by prophets for idolatry, Jer 48.13; Amos 3.14; 4.4; 5.5, 6; also called Beth-aven, Hos 4.15; 5.8; 10.5, 8

BETH-HORON Josh 10.10, 11; 16.3, 5; 1 Sam 13.18; 1 Kgs 9.17; 1 Chr 7.24; 2 Chr 8.5

BETHLEHEM burial place of Rachel, Gen 35.19; Ruth and Naomi return to, Ruth 1.19; Boaz' home, 2.4; blessing of elders, 4.11; prophecy concerning, Mic 5.2; birthplace of Christ, Mt 2.1, 5, 6, 8, 16; Lk 2.4, 15; Jn 7.42

BETHPHAGE, town E of Jerusalem Mt 21.1; Mk 11.1; Lk 19.29

BETHSAIDA, town on N shore of Sea of Galilee Mt 11.21; Mk 6.45; 8.22; Lk 9.10; 10.13; Jn 1.44; 12.21

BETH-SHAN, BETH-SHEAN Josh 17.11, 16; Judg 1.27; 1 Sam 31.10, 12; 2 Sam 21.12; 1 Kgs 4.12

BETH-SHEMESH (a) Josh 15.10; 21.16; 2 Kgs 14.11; 2 Chr 28.18; (b) Josh 19.38; (c) Josh 19.22; (d) Jer 43.13

BETHZATHA Jn 5.2

BETH-ZUR Josh 15.58; 2 Chr 11.7; Neh 3.16

BETRAY,-ER 1 Chr 12.17; Mt 24.10; 26.16, 21, 23-25, 45, 46, 48, 73; 27.4; and parallels

BEZALEL (a) chief architect of tabernacle Ex 31.1-11; 35.30-35; 1 Chr 2.20

(b) man who put away foreign wife Ezra 10.30

BILDAD Job 2.11; 8; 18; 25

BILHAH, handmaiden to Rachel Gen 29.29; bears children to Jacob, Gen 30.5, 7; 35.25

BIRTH (a) physical Gen 3.16; 25.24-26; 35.16; 38.27-30; 1 Sam 4.19; Job 3.1, 16; Ps 22.10; 48.6; Is 13.8; Jer 4.31; Hos 9.11; Mt 1.16, 18; 2.1, 2, 4; 11.11; 26.24; Lk 1.14; 2.11; Jn 16.21

(b) spiritual Jn 1.13; 3.3-7; 1 Cor 15.8; Gal 4.29; 1 Pet 1.23; 1 Jn 3.9; 4.7; 5.1, 4, 18

BIRTHRIGHT, rank or privilege of firstborn son sold by Esau to Jacob, Gen 25.31-34; 27.36; seating arrangement for Joseph's brothers, 43.33; law concerning, Deut 21.16-17; sacredness of, 1 Chr 5.1

Bishop

BISHOP(S) see CHURCH MINISTERS

BITHYNIA, district in NW Asia Minor Acts 16.7; 1 Pet 1.1

BLASPHEME,-Y Lev 24.11, 16; 1 Sam 3.13; Neh 9.18, 26; Ezek 20.27; Mt 9.3; 12.31; 26.65; Mk 2.7; 3.29; 14.64; Lk 5.21; 12.10; Jn 10.33; Acts 6.11; 26.11; Rom 2.24; 1 Tim 1.13; Jas 2.7; Rev 13.1, 5-6

BLEMISH Ex 12.5; Lev 1.3, 10; 4.3, 23; 5.15; Num 28.31; Deut 15.21; Dan 1.4; Eph 5.27; Heb 9.14

BLESS(ED) (a) general Gen 2.3; 5.2; 12.2-3; 26.24; 47.7; Num 6.22-27; Deut 7.14; 2 Sam 6.20; 1 Chr 4.10; Ps 72.17; Prov 20.7; 29.18; 31.28; Jer 4.2; Mt 11.6; 13.16; 16.17; 24.46; 25.34; Lk 1.42, 45; 7.23; 10.23; 11.27-28; 12.37-38, 43; 14.14-15; 23.29; Jn 13.17; 20.29; Acts 20.35; Rom 4.7, 8; 14.22; Jas 1.12, 25; 1 Pet 3.14; 4.14; Rev 1.3; 14.13; 16.15; 19.9; 20.6; 22.7, 14; see BEATITUDES

(b) addressed to God or Christ Ex 18.10; 1 Sam 25.32; 1 Kgs 8.56; 1 Chr 29.10; 2 Chr 2.12; Job 1.21; Ps 31.21; 68.19; 119.12; Dan 2.10; Mt 21.9; 23.39; Mk 11.9, 10; Lk 1.68; 13.35; 19.38; Jn 12.13; Rom 1.25; 9.5; 2 Cor 1.3; 11.31; Eph 1.3; 1 Tim 1.11; 6.15; 1 Pet 1.3

BLIND,-NESS (a) physical Gen 19.11; Ex 4.11; Lev 21.18; Deut 15.21; 2 Sam 5.6-10; 2 Kgs 6.18; Mt 9.27; 11.5; 12.22; 15.31; 20.30; Mk 8.22; 10.46; Lk 4.18; 6.39; 14.13; Jn 9.1-34; Acts 13.11

(b) spiritual Ps 146.8; Is 29.18; 42.6-7; 56.10; Mt 15.14; 23.16; Mk 8.18; Jn 9.39, 41; 12.40; Rom 2.19; 2 Cor 4.4; 2 Pet 1.9; 1 Jn 2.11; Rev 3.17

BLOOD (a) of animals Ex 12.7, 13; 24.8; 29.11-12; Lev 9.9; 14.17; 16.18, 19; 17.11; 1 Sam 14.32, 33; Is 1.11; Acts 15.20, 29; 21.25; Heb 9.7, 12, 13, 18-22, 25; 10.4; 11.28; 13.11

(b) of men Gen 4.1-11; 9.6; Num 35.33; Deut 19.7-10; 2 Sam 21.1; 2 Kgs 21.16; 1 Chr 28.3; Ezek 35.6; Joel 3.19; Hab 2.12; Mt 23.30, 35; Lk 11.50, 51; 13.1; Acts 22.20; Heb 12.4; Rev 6.10; 16.6; 17.6; 18.24; 19.2

(c) of Christ Mt 26.28; 27.4, 24-25; Mk 14.24; Lk 22.20; Jn 6.53-56; 19.34; Acts 5.28; 20.28; Rom 3.25; 5.9; 1 Cor 10.16; 11.25, 27; Eph 1.7; 2.13; Col 1.20; Heb 9.12, 14; 10.19, 29; 12.24; 13.12, 20; 1 Pet 1.2, 19; 1 Jn 1.7; 5.6, 8; Rev 1.5; 5.9; 7.14; 12.11; 19.13

BOANERGES, Aramaic name meaning "sons of thunder," given to James and John Mk 3.17

BOAST (a) sinful pride 1 Kgs 20.11; Ps 20.7; 49.6; 97.7; Prov 27.1; Rom 3.27

(b) in God Ps 20.7; 34.2; 1 Cor 1.3; Eph 2.9; Jas 3.14; see PRIDE

BOAZ (a) wealthy, honorable resident of Bethlehem, married Ruth the Moabitess, Ruth 2.3-14; 3.6-13; 4.1-22; 1 Chr 2.12; Mt 1.5

(b) name given to N pillar of porch of Solomon's temple 1 Kgs 7.15-22

BODY(IES) (a) human Gen 25.25; 47.18; Ex 30.31-32; Lev 13.2, 3; 26.30; 1 Sam 31.12; 1 Chr 10.12; Is 26.19; 37.36; Jer 7.33; Dan 3.27-28; Nah 3.3; Mt 5.29, 30; 6.25; 10.28; Rom 1.24; 6.6, 12; 7.24; 8.10, 11, 13, 23; 12.1; 1 Cor 6.13-20; 7.4, 34; 9.27; 12.12-26; 15.35-53; 2 Cor 4.10; 5.6, 10; Gal 6.17; Phil 1.20; 3.21; Col 2.11, 23; 1 Thes 5.23; Heb 10.22

(b) of Christ Mt 26.26; Mk 14.22; Lk 22.19; Jn 2.21; Rom 7.4; 12.5; 1 Cor 10.16, 17; 11.24, 27, 29; 12.13, 27; Eph 1.23; 2.16; 3.6; 4.4, 12, 16; 5.23, 30; Col 1.18, 22, 24; 2.19; 3.15; Heb 10.10; 1 Pet 2.24

BONDAGE (a) general Ex 2.23; 6.5-6; Deut 26.6; Ezra 9.9; Rom 8.21; Gal 2.4; Heb 2.15

(b) house of bondage Ex 13.3; 20.2; Deut 5.6; Josh 24.17; Judg 6.8; Mic 6.4; see SLAVE(RY)

BOOK(S) (a) general Job 19.23; Mt 1.1; Mk 12.26; Lk 3.4; 4.17, 20; 20.42; Jn 20.30; 21.25; Acts 1.1, 20; 7.42; 19.19; Gal 3.10; 2 Tim 4.13; Heb 9.19; Rev 1.11; 22.7, 9, 10, 18, 19

(b) generations of Adam Gen 5.1; instructions to Moses Ex 17.14; of the covenant Ex 24.7; of remembrance Ex 32.30-33; Mal 3.16-18; finding b of the law 2 Kgs 22.8-13; of genealogy Neh 7.5; of life Phil 4.3; Rev 3.5; 13.8; 17.8; 20.12, 15; 21.27; see ROLL, SCROLL

BORN see BIRTH

BOZRAH (a) city of Edom Gen 36.33; 1 Chr 1.44; Is 34.6; 63.1; Jer 49.13, 22; Amos 1.12; Mic 2.12

(b) city of Moab Jer 48.24

BREAD (a) material feast of unleavened, Ex 12.14-20; 13.3-10; 23.14-15; provision of manna, Ex 16.4-8; acceptable as offerings, Lev 2.4-13; Deut 8.3; Mt 4.3, 4; 6.11; 15.26,33; 16.5-12; Mk 6.8, 37; 14.20; Lk 7.33; 9.3; 11.3; 15.17; 24.30, 35; Jn 6.5, 7; 21.9, 13

(b) figurative Ecc 11.1; Lk 14.15; Jn 6.27-59

(c) of the Presence Ex 25.30; Num 4.7; 1 Sam 21.1-6; 1 Kgs 7.48; 1 Chr 9.32; 2 Chr 13.11; Neh 10.33; Mt 12.4; Mk 2.26; Lk 6.4; Heb 9.2

(d) Lord's Supper Mt 26.26; Mk 14.22; Lk 22.19; Acts 2.42, 46; 20.7; 1 Cor 10.16, 17; 11.23-28

BRIDE,-GROOM Ps 19.5; Is 61.10; 62.5; Jer 7.34; 16.9; Mt 9.15; 25.1, 5, 6, 10; Mk 2.19; Lk 5.34; Jn 2.9; 3.29; 2 Cor 11.2; Rev 18.23; 19.7; 21.2, 9; 22.17; see MARRY (a) and (b)

BRING, BROUGHT (a) (Israel) out of, from, Egypt Gen 50.24; Ex 3.8, 11, 17; 13.14, 16; Lev 19.36; Num 15.41; Josh 24.6; Judg 6.13; 1 Sam 10.18; 1 Kgs 8.16, 31, 51; 2 Kgs 17.36; Ps 80.8; Jer 11.4, 7; 16.14; 32.21; Dan 9.15; Amos 9.7; Hos 12.13; Mic 6.4

(b) (Israel) into Canaan Gen 28.15; 46.4; 48.21; Ex 6.8; Deut 4.38; Neh 9.23; Jer 2.6; Ezek 20.10

(c) (Israel) back from captivity Deut 28.68; Is 43.6; Jer 16.15; 28.3, 4, 6; 31.8; 32.37; Ezek 20.41, 42; 34.13; Zech 10.6

BROOK of Egypt, Num 34.5; Zered, Deut 2.13-14; Kanah, Josh 16.8; Kidron, 2 Sam 15.23; 1 Kgs 2.37; Arabah, Amos 6.14; of willows, see ARABAH (c)

BUL, eighth Hebrew month, October-November 1 Kgs 6.38

BULL,-OCK for sacrifice, Ex 29.1, 10-14; Lev 1.3-9; 4.1-12; 4.13-21; Num 15.8-10; 1 Chr 29.20-21; Ezek 43.18-21; strong breed in Bashan, Ps 22.12

BURIAL (a) Jesus Mt 26.12; 27.59-60; Mk 14.8; 15.46; Lk 23.53-56; Jn 12.7; 19.38-42; 1 Cor 15.4

(b) other Gen 23.19; 35.19; 35.29; 50.13; Num 20.1; Deut 34.6; Josh 24.30; Judg 16.31; 1 Sam 31.13; 2 Sam 21.14; 1 Kgs 2.10; 16.28; 2 Chr 16.14; Jer 16.4; 20.6; Ezek 39.15; Mt 14.12; Mk 6.29; Acts 2.29; 5.6,10; 8.2; see also Mt 27.7

(c) figurative Mt 8.20-21; Lk 9.59-60; Rom 6.4; Col 2.12

BURNING bush, Ex 3.2-6; altar fires, Lev 6.8-9, 13; Israel's rescue, Amos 4.11

BURNT see OFFERING

BUSHEL, a grain measuring vessel holding about 1 peck or 8 quarts Mt 5.15; Mk 4.21; Lk 11.33

C

CAESAR (a) title of Roman emperor Mt 22.17-21; Mk 12.14-17; Lk 20.22-25; 23.2

(b) Augustus   Lk 2.1

(c) Tiberius   Lk 3.1; Jn 19.12, 15

(d) Claudius   Acts 11.28; 18.2

(e) Nero   Acts 25.8-12, 21; 26.32; 27.24; 28.19; Phil 4.22; see also 1 Pet 2.13, 17

CAESAREA   (a) sea port   Acts 8.40; 9.30; 10.1, 24; 11.11; 12.19; 18.22; 21.8, 16; 23.23, 33; 25.1, 4, 6, 13

(b) Philippi   Mt 16.13; Mk 8.27

CAIAPHAS, Jewish high priest   Mt 26.3, 57-66; Lk 3.2; Jn 11.49; 18.13, 14, 24, 28; Acts 4.6

CAIN   birth of, Gen 4.1; quarrel with Abel, 4.3-8; cursed by God, 4.9-12; protected by God, 4.13-16; marriage, family, 4.17-24; estimates of, Heb 11.4; 1 Jn 3.12; Jude 11

CAINAN   see KENAN

CAKE   offerings, Lev 7.11-14; 8.26-27; Num 15.17-21; Elijah's provision by widow, 1 Kgs 17.8-16; comparison with Ephraim (Israel), Hos 7.8

CALEB   (a) son of Jephunneh   Num 13.6; confident spy, 13.30; blessed by God, Num 14.24; inheritance, Josh 14.13-14; Judg 1.20

(b) son of Hezron   1 Chr 2.18, 42

CALF   (a) idol   Ex 32.3-8, 19-24; Deut 9.16-21; 1 Kgs 12.29; Hos 8.5-6

(b) offering   Lev 9.2, 3, 8-11

CALL,-ED   (a) on God   Gen 4.26; 1 Sam 12.17; 2 Sam 22.4; 1 Kgs 18.24; 2 Kgs 5.11; Job 27.10; Ps 18.3; 28.1; 75.1; 88.9; 105.1; 141.1; Is 55.6; Rom 10.12, 14; 1 Cor 1.2; 2 Cor 1.23; 2 Tim 2.22

(b) by God   Gen 22.11, 15; 35.10; Ex 3.4; 19.3, 20; Lev 1.1; Num 12.5; 1 Sam 3.4-8; Is 42.6; 43.1, 7; Hos 11.1; Mt 20.16; 22.14; Jn 15.15; Acts 13.2; 16.10; Rom 1.6; 8.28-30; 9.25, 26; 11.29; 1 Cor 1.24, 26; 7.15; Gal 1.15;

5.13; Eph 1.18; 4.1, 4; Phil 3.14; 1 Thes 2.12; 4.7; 2 Thes 1.11; 2.14; 2 Tim 1.9; Heb 2.11; 3.1; 5.4; 11.8; 1 Pet 1.15; 2.9; 5.10; 2 Pet 1.10; 1 Jn 3.1; Rev 19.9; see ELECTION

CALVARY   Mt 27.33; Mk 15.22; Lk 23.33; Jn 19.17

CAMP   Ex 16.13; 19.17; 32.26-27; 33.7, 11; Num 1.52; 2.3, 9, 10, 16, 17, 18; 9.20, 22; 14.49; 31.19, 24; Deut 23.14; Josh 1.11; Heb 13.13

CANA   Jn 2.1-11; 4.46; 21.2

CANAAN   (a) son of Ham, grandson of Noah   Gen 9.18, 22; 10.6

(b) name for Palestine   Gen 12.5; 13.12; 36.5; 46.31; 47.4; Ex 6.4; Lev 14.34; Num 13.2; 34.2; Deut 32.49; Josh 24.3

CANANAEAN, Aramaic word for "zealot," a member of Jewish patriotic group   Mt. 10.4; Mk 3.18

CANAANITE(S)   sons of Ham and inhabitants of Canaan   Gen 10.18-20; 12.6; Jacob and Esau warned not to marry C, 28.1, 6; Esau's wives, 36.1-5; expulsion ordered, Ex 33.2; Josh 3.10; 17.18; put to slave labor, Judg 1.28

CANDACE, queen of Ethiopia   Acts 8.27

CAPERNAUM, city on shore of Sea of Galilee   Mt 4.13; 8.5; 11.23; 17.24; Mk 1.21; 2.1; 9.33; Lk 4.23, 31; 7.1; 10.15; Jn 2.12; 4.46; 6.17, 24, 59

CAPHTOR, CAPHTORIM (CRETE, CRETANS)   Gen 10.14; Deut 2.23; Jer 47.4; Amos 9.7

CAPTIVE(S)-ITY   (a) general   Ex 12.29; Num 21.1; 1 Sam 30.5; 1 Kgs 8.46-48; 2 Kgs 15.29; Rev 13.10

(b) of Israel   forewarned, Deut 28.41; Ezek 12.11; of Israel, 2 Kgs 15.29; 2 Kgs 17.5, 6; 1 Chr 5.26; of Judah, predicted, Is 6.11, 12; 10.11; Jer 13.17; 20.1; in Babylonia,

Is 39.6; Jer 20.4; Mic 4.10; duration foretold, Jer 25.1, 11-12; taken into, 2 Chr 36.2-7; 2 Kgs 24.14-16; 25.2-21; Jer 42.30; restoration, Is 61.1; Ezek 32.9; Zech 9.11; Dan 9.2, 17-19; Ezra 1.1-4; 2.1, 64

(c) figurative Lk 4.18; 21.24; Rom 7.23; 2 Cor 10.5; Eph 4.8; 2 Tim 2.26; 3.6; see IMPRISONED

CARCHEMISH, south-eastern capital of the Hittites defeat of Pharoah Neco, 2 Chr 35.20-25; Jer 46.2

CARMEL (a) mountain in Palestine Jer 46.18; Elijah's victory over Baal, 1 Kgs 18.17-40; vision of the rainstorm, 18.41-46; visited by Elisha, 2 Kgs 2.25; 4.25; other, Is 33.9; 35.2; Jer 50.19; Amos 9.3

(b) town in Judah Josh 15.55; near Nabal's property, 1 Sam 25.2-40; home of one of David's wives, 1 Sam 30.5; and of one of his mighty men, 2 Sam 23.35

CARPUS, a Christian in Troas 2 Tim 4.13

CART 1 Sam 6.7-14; 2 Sam 6.3-5; Is 28.27-28; Amos 2.13; see WAGON

CATTLE term for domestic animals, Gen 13.2; 26.13, 14; 30.32; for offerings, Ex 34.19; Num 7.87-88

CEDAR(S) 2 Sam 7.2, 8; 1 Kgs 6.20; 1 Chr 17.1, 6; Ps 29.5

CENCHREAE, sea port of Corinth Acts 18.18; Rom 16.1

CENSER(S), vessel for holding burning incense Lev 10.1; 16.12; Num 16.16-18; 2 Chr 26.16-20; Ezek 8.10-11

CENSUS Ex 30.11-14; 38.24-26; Num 1.1-4, 49; 4.1-3, 21-23; 2 Chr 2.17-18; Lk 2.1

CENTURION (a) Capernaum Mt 8.5, 8, 13; Lk 7.2, 6

(b) cross Mt 27.54; Mk 15.39, 44, 45; Lk 23.47

(c) Cornelius Acts 10.1, 22

(d) Jerusalem Acts 22.25, 26

(e) Caesarea Acts 24.23

(f) Julius Acts 27.1, 6, 11, 31, 43

(g) associated with Paul Acts 21.32; 23.17, 23

CEPHAS Jn 1.42; 1 Cor 1.12; 3.22; 9.5; 15.5; Gal 1.18; 2.9, 11, 14; see PETER

CEREAL (as offering) Ex 29.41; 30.9; 40.29; Num 4.16; Judg 13.19-20; 2 Kgs 16.10-13

CHALDEA,-AN,-ANS Gen 11.28, 31; 15.7; 2 Kgs 25.1-7; 25.22-26; Is 13.19; 48.20; Jer 50.24; Ezek 11.24-25; Dan 1.3-4; 2.1-2; Hab 1.5-11

CHASTEN,-ED,-ING Job 5.17; Ps 94.12; 118.15-18; Prov 3.11; Jer 30.11; 46.28; 1 Cor 11.32; Rev 3.19

CHEBAR (river) Ezek 1.1,3; 3.15, 23; 43.3

CHEMOSH, Moabite god Num 21.29; Judg 11.20-24; 1 Kgs 11.7, 31-33; Jer 48.13, 46

CHERETHITES nation or tribe in Philistine area, 1 Sam 30.14; 2 Sam 8.18; 20.7; Ezek 25.16; Zeph 2.5

CHERITH, a brook near Jordan 1 Kgs 17.3-7

CHERUB(IM) at garden of Eden, Gen 3.24; on the ark, Ex 25.18-20; 37.7-9; symbol of presence of God, as dwelling between or above cherubim, Num 7.89; 1 Sam 4.4; Ps 18.10; 80.1; Is 37.16; Heb 9.5; in Solomon's temple, 1 Kgs 6.23-28; 8.7; 2 Chr 3.10-13; 5.7-8; in Ezekiel's vision, Ezek 10.1-22; 41.18

CHIEF PRIEST(S) Lev 21.10-15; 2 Chr 19.11; 26.19-20; Ezra 7.1-6; Jer 52.24; Mt 2.4; 16.21; 20.18; 21.15; 27.1, 3, 6; Mk 8.31; 10.33; 15.1, 3, 10,

Children

11; Lk 9.22; 20.1, 19; Jn 7.32; 19.6, 15, 21; Acts 4.23; 5.24; 9.14, 21; 22.30; 23.14; 25.2, 15; 26.10, 12

CHILDREN (a) general Gen 3.16; Num 14.18; Ps 103.13; 128.3, 6; Prov 31.28; Mt. 2.8-9, 13-14, 21; 10.42; 11.16; 18.2-6; 19.13-15; Mk 5.39; 9.36-37, 42; 10.13-16; Lk 1.59, 66, 76, 80; 2.17, 27, 34, 40; 9.38, 47-48; 17.2; 18.15-17; Jn 4.49; Acts 2.39; 1 Cor 7.14; 13.11; 14.20; 2 Cor 12.14; Gal 4.1-3, 19, 25-31; Eph 4.14; 5.1; 6.1-4; Col 3.20, 21; 1 Tim 2.15; 3.4, 12; 5.4, 10, 14; 2 Tim 3.15; Tit 1.6; 2.4; Heb 2.13-14; 1 Pet 1.14; 2 Pet 2.14; 1 Jn 5.21; 2 Jn 1, 13; 3 Jn 4; Rev 12.5; see SONS (a)

(b) Hebrew Ex 1.15-22; 2.6; 10.20; Deut 4.9-10; 11.19; Josh 4.20-24; Jer 2.30; 3.14

(c) of Abraham Gen 16.15-16; 17.4-8; 17.19-21; 21.2-7; 1 Chr 1.28; Ps 105.5-6; Mt 3.9; Lk 3.8; Jn 8.39; Rom 9.7

(d) of Israel (Jacob) Gen 33.1, 2, 5-7; 35.22-26; 49.1-27; Deut 33.1-29

(e) of the devil 1 Jn 3.10; see also Jn 8.44

(f) of God Jn 1.12; 11.52; Rom 8.16, 17, 21; 9.8; Phil 2.15; 1 Jn 3.1, 2, 10; 5.1, 2

(g) of light Eph 5.8

(h) of wrath Eph 2.3

CHILION, younger son of Elimelech and Naomi Ruth 1.2, 5; 4.9

CHINNERETH (CHINNEROTH) (a) a city of Naphtali Josh 19.35; Deut 3.17

(b) region around the city of C 1 Kgs 15.20

(c) Sea of Galilee Num 34.11; Josh 12.3; 13.27; 1 Kgs 15.20

CHISLEV, ninth Hebrew month, November-December Neh 1.1; Zech 7.1

CHLOE 1 Cor 1.11

CHORAZIN, a town near Capernaum Mt 11.21; Lk 10.13

CHOSEN (by God) (a) Abraham Gen 18.17-19

(b) Israelites Deut 7.6-8; 14.1-2; Is 41.8-9; 43.10-13

(c) Levites Deut 21.5

(d) Saul, as king 1 Sam 10.20-24

(e) David, as king 1 Sam 16.12-13

(f) Solomon to build the temple 1 Chr 28.9-10

(g) Zerubbabel Hag 2.23

CHRIST (a) general Mt 2.4; 16.16; 23.10; 26.63; 27.17; Mk 8.29; 9.41; 12.35-37; 15.32; Lk 2.11, 26; 9.20; 24.26, 46; Jn 1.41; 7.26-31, 41-42; 11.27; 20.31; Acts 2.36; 3.18-21; 5.42; 8.5; 9.22; 17.3; 18.5, 28; 26.23; Rom 1.3-4; 5.6-11, 15-21; 6.3-11; 8.1-4, 10-11, 32-39; 15.3, 8-9; 1 Cor 1.22-25; 3.11, 23; 5.7; 8.11-12; 10.4, 16; 11.3; 12.12, 27; 15.3-8; 2 Cor 4.4-6; 5.10, 14-21; 6.15; 8.23; 10.1; 11.2-3; 13.14; Gal 2.16-17, 20-21; 3.16, 24-29; 4.19; 5.1-6; 6.12, 14, Eph 1.9, 20; 2.11-22; 3.4, 8, 21; 4.12-15; 5.5, 14, 23-32; Phil 1.6, 10, 19-23; 2.5-11, 16; 3.14, 20; 4.19; Col 1.15-20, 27; 2.2-3, 11, 17; 3.1-4, 11, 15-16; 4.3; 1 Thes 4.15-17; 5.23; 2 Thes 2.1-8; 1 Tim 1.15-16; 2.5; 6.13-14; 2 Tim 1.9-10; 2.8-13; 4.1; Heb 1.1-12; 2.8-18; 3.1-6; 5.5-10; 8.1-6; 9.11-15, 24-28; 10.5-14; 11.26; 13.8; 1 Pet 1.3, 11; 2.4-8, 21-25; 3.18-22; 4.1; 5.1; 2 Pet 1.14, 16-18; 1 Jn 1.7, 9; 2.1-2, 22; 4.2-3; 5.1, 6, 20; 2 Jn 7, 9; Rev 1.1, 5, 12-18; 2.1, 8, 12, 18; 3.1, 7, 14; see JESUS CHRIST, MESSIAH

(b) false Mt 24.4-5, 24; Mk 13.22; Lk 21.8

CHRISTIAN(S) Acts 11.26; 26.28; 1 Pet 4.16

CHURCH(ES) Mt 16.18; 18.17; Acts 2.47; 5.11; 8.3; 14.23; 20.28; Rom 16.1,

5, 23; 1 Cor 1.2; 6.4; 10.32; 11.18-22; 12.28; 14.4-5, 12, 23-40; 15.9; Gal 1.13; Eph 1.22; 3.10, 21; 5.23-32; Phil 3.6; 4.15; Col 1.18, 24; 4.15, 16; 1 Tim 3.5, 15; Heb 12.23; 1 Pet 2.4-10; Rev 1.4, 11, 20; 2.1--3.22; 22.16

CHURCH MINISTERS (a) general 1 Cor 12.28-30; Eph 4.11; Heb 13.7, 17

(b) bishop(s) Acts 20.28; Phil 1.1; 1 Tim 3.1, 2; Tit 1.7-9

(c) elder(s) Acts 11.30; 14.23; 15.2, 4, 6, 22; 16.4; 20.17; 1 Tim 4.14; 5.17-20; Tit 1.5-6; Jas 5.14; 1 Pet 5.1; 2 Jn 1; 3 Jn 1

(d) deacons,-ess Acts 6.1-6; Rom 16.1; Phil 1.1; 1 Tim 3.8-13

CHUZA Lk 8.3

CILICIA, a district in SE Asia Minor Acts 6.9; 15.23, 41; 21.39; 22.3; 23.34; 27.5; Gal 1.21

CINNAMON Ex 30.23; Prov 7.17; Sol 4.14

CIRCUMCISE(D)(-ION) (a) literal Gen 17.10-14; 21.4; 34.14-17, 24; Ex 4.24-26; 12.43-48; Josh 5.2-9; Lk 1.59; 2.21; Jn 7.22-23; Acts 7.8; 15.1, 5; 16.3; 21.21; Rom 2.25-29; 3.1; 4.9-12; 1 Cor 7.18-19; Gal 2.3; 5.2; 6.12, 13, 15; Eph 2.11; Phil 3.5; Tit 1.10

(b) figurative Deut 10.16; 30.6; Jer 9.23-26; Phil 3.3; Col 2.11

CISTERN(S) (artificial reservoir) (a) literal Deut 6.10-12; 2 Kgs 18.31; Neh 9.25; Jer 38.6-13

(b) figurative Jer 2.13

CITY (a) of refuge Num 35.9-34; Deut 19.1-13; Josh 21.13, 21, 27

(b) of David 2 Sam 6.10; 1 Kgs 2.10; 9.24; 11.43; 15.8

(c) of God Ps 46.4; 48.1; Is 60.14; Heb 11.10, 16; 12.22; Rev 11.2; 20.9; 21.2, 9--22.5; see JERUSALEM (a)

CLAN(S) Num 1.16; Is 60.22; Zech 9.7

CLAUDIA, a Christian woman in Rome 2 Tim 4.21

CLAUDIUS, Roman emperor Acts 11.28

CLAUDIUS LYSIAS, Roman officer in Jerusalem Acts 23.26; 24.7, 22; see also 21.37

CLAY Job 10.9; 33.6; Is 29.16; 45.9; 64.8; Jer 18.6; Dan 2.33-35; Jn 9.6; Rom 9.21

CLEAN,-SE,-ING laws, Lev 7.19; 11.36; 13.6, 37; 14.48; 16.29-30; of priests, Num 8.21-22; of Naaman, 2 Kgs 5.8-14; other, Job 11.4; Ps 19.9; 24.4; 51.7, 10; Jer 33.8; Ezek 36.24-32; Mt 8.3; 10.8; 23.25-26; Mk 1.40-44; 7.19; Lk 7.22; 11.39, 41; 17.14, 17; Jn 13.10, 11; 15.3; Acts 10.15; 11.9; 15.9; Rom 14.20; 2 Cor 7.1; Eph 5.26; Jas 4.8; 2 Pet 1.9; 1 Jn 1.7, 9

CLEMENT, a Christian who helped Paul in Philippi Phil 4.3

CLEOPAS Lk 24.18

CLOPAS Jn 19.25; see ALPHAEUS

CLOTH law, Lev 19.19; covering of tabernacle furniture, Num 4.5-15; Goliath's sword wrapped in, 1 Sam 21.8-9; Ezek 16.10, 13-14; Mt 9.16

CLOTHE,-S,-ING (a) literal provided by God, Gen 3.21; Deut 8.4; 10.18; Neh 9.21; for priests, Ex 28.40-43; 39.27-29; 40.14; Lev 8.13; deception of Gibeonites, Josh 9.3-5; Saul clothes David, 1 Sam 17.38; rent--a sign of mourning, Josh 7.6; 2 Sam 3.31; Esth 4.4; c of regality, Dan 5.29; Mt 6.25; 11.8; Jn 19.24; 1 Tim 6.8

(b) figurative Job 29.14; 37.22; 2 Chr 6.41; Ps 104.1-2; Prov 31.25; Ezek 31.15

CLOUD(S) Gen 9.13-17; Job 37.16; Ps 108.4; Ezek 32.7; presence of God, glory of God in, Ex 13.21-22; 16.10;

Coals 18

Num 12.5; 1 Kgs 8.10-11; Neh 9.12; Mt 17.5; 24;30; 26.64 Mk 9.7; 13.26; 14.62; Lk 9.34, 35; 12.54; 21.27; Acts 1.9; 1 Cor 10.1, 2; 1 Thes 4.17; Jude 12; Rev 1.7; 10.1; 11.12; 14.14-16

COALS (a) <u>literal</u> Lev 16.12; Is 6.6; 44.19; 47.14

(b) <u>figurative</u> 2 Sam 22.9, 13; Job 41.21; Prov 25.21-22; Rom 12.20

COARSE MEAL Num 15.20-21; Neh 10.36-37; Ezek 44.30

COINS <u>see</u> MONEY

COLOSSAE, city in Asia Minor Col 1.2

COMFORT,-S,-ED Ruth 2.13; Ps 23.4; 86.17; 119.50; Is 40.1; 49.13; 51.3, 12; Jer 31.13; Zech 1.17; Mt 5.4; Lk 16.25; Acts 9.31; 20.12; 2 Cor 1.3-7; 2.7; 7.4-7, 13; Col 4.11; 1 Thes 3.7; 4.18; 2 Thes 2.16, 17; Phil 7; <u>see</u> COUNSELOR; ENCOURAGE

COMING (of the Lord, Day of the Lord) Is 26.21; 66.18-19; Jer 4.13-18; Joel 2.1-2; Mic 1.2-5; Mal 3.1, 2; of Christ, Lord, Son of man Mt. 16.27-28; 24.3, 26-36, 37-44; 25.31-46; 26.64; Mk 8.38—9.1; 13.24-32, 33-37; 14.62; Lk 9.26-27; 12.39-40; 17.22-30; 21.25-28; Jn 14.2-4, 18-24; 16.16-24; Acts 1.11; 3.19-21; 1 Cor 1.7; 15.23-28, 51-57; 16.22; Phil 3.20-21; Col 3.4; 1 Thes 2.19; 3.13; 4.15—5.11; 2 Thes 1.7-10; 2.1-15; 1 Tim 6.14; 2 Tim 4.1, 8; Tit 2.13; Heb 9.27-28; Jas 5.7-9; 1 Pet 1.7, 13; 4.13; 2 Pet 3.3-13; 1 Jn 2.28; 3.2; Rev 22.7, 12, 17, 20

COMMAND,-ED,-MENTS (a) <u>Mosaic</u> Ex 20.2-17 (Deut 5.6-21); Deut 4—28; 5.28-33; Josh 22.5; Mt 5.18-19, 21, 27, 31, 33, 38, 43; 8.4; 15.4; 19.7, 17; 22.35-40; Mk 1.44; 7.8-13; 12.28-34; Lk 10.25-28; 23.56; Jn 8.5; Rom 7.7-13; 13.8-10; Gal 5.14; Eph 6.2-3; Heb 7.18; Jas 2.8

(b) <u>Christ's</u> Mt 5.22, 28, 32, 34-37, 39-42, 44-45, 48; Jn 12.49-50; 13.34; 15.10-14, 17; 1 Jn 2.7-8; 3.21-24; 2 Jn 5, 6

(c) <u>general</u> Gen 2.16-17; 6.13-22; Ex 7.6, 10, 20; 1 Sam 13.13-14

COMPASSION Deut 13.17; 2 Kgs 13.23; Is 14.1-2; 54.7-8; Hos 11.4; Mic 7.18-20; Zech 1.16-17; Mt 9.36; 14.14; 15.32; 20.34; Mk 1.41; 6.34; 8.2; Lk 7.13; 10.33; 15.20; Rom 9.15; Col 3.12; 1 Jn 3.17

CONCEIT <u>see</u> PRIDE

CONCEIVE(D) Gen 4.1-2; 21.1-3; Num 11.12; Is 7.14; Mt 1.20; Lk 1.24

CONDEMN,-ED,-ATION Job 9.20; 10.2; 34.17; Ps 34.21; Prov 12.2; 17.15; Mt 12.36-37, 41-42; 20.18; Mk 10.33; 14.64; Lk 6.37; 11.31-32; Jn 3.17-21; Rom 5.16, 18; 8.1-3; 1 Cor 11.32-34; 2 Cor 3.9; 1 Tim 3.6; Jas 5.12; 2 Pet 2.6; 1 Jn 3.19-22; Jude 4; Rev 19.20; 20.10, 14-15

CONFESS,-ION Lev 5.5-6; 26.40-42; Josh 7.20, 21; 1 Sam 15.24, 30; Ezra 10.1; Neh 9.3; Ps 32.5; 38.18; 51.3,4; Prov 28.13; Mt. 3.6; 10.32-33; 16.13-16; Mk 1.5; 8.27-29; 15.39; Lk 12.8-9; 15.21; 23.41; Jn 1.19-23, 29, 34, 49; 9.22; 12.42-43; 20.28; Acts 19.18; Rom 10.8-10; 14.11; Phil 2.9-11; 1 Tim 6.12-16; Heb 3.1; 4.14; 10.23; Jas 5.16; 1 Jn 1.9; 2.23; 4.2, 3, 15; 2 Jn 7; Rev 3.5

CONGREGATION of Israel, Ex 12.3, 47; 16.2-3; Ps 74.2; Joel 2.15-16; hears commandment, Ex 34.29-35; complaint of, Num 14.27; 16.1-3, 19-24; religious gathering, Ps 22.22; 26.12

CONANIAH 2 Chr 31.12-13; 35.9

CONSCIENCE 1 Sam 25.30-31; Acts 23.1; 24.16; Rom 2.15; 9.1; 13.5; 1 Cor 8.7-13; 10.25-30; 2 Cor 1.12; 4.2; 5.11; 1 Tim 1.5, 19; 3.9; 4.2; 2 Tim 1.3; Tit 1.15; Heb 9.9, 14; 10.22; 13.18; 1 Pet 3.16, 21

CONSECRATE,-ED (a) <u>first born</u> Ex 13.2, 11-12; Num 18.17-18

(b) <u>people, congregation</u> Ex 19.10-11; 22.31; Lev 11.44-45; 1 Sam 16.5

(c) <u>temple</u> 1 Kgs 9.3 (2 Chr 7.11-16)

(d) <u>Jeremiah</u> Jer 1.5

(e) <u>Christ</u> Jn 10.36

(f) <u>disciples</u> Jn 17.19

CONSOLATION(S) Job 6.10; 15.11; Ps 94.19; Jer 31.9

CONSUME(D) Ex 32.10; Lev 6.10; 9.24; Ps 69.9; 119.20; Is 26.11; 43.2; Ezek 43.8; Zeph 1.18; Mt 6.19, 20; Lk 9.54; Jn 2.17; Gal 5.15; Rev 20.9

CONTEND-ED Num 20.3, 13; Judg 6.31-32; Neh 13.25; Job 40.2; Is 57.16; Mic 6.2; Acts 23.9; Eph 6.12; Jude 1.3

CONTRIBUTION(S) 2 Chr 31.3, 10-14; Ezek 20.40; Rom 15.26; 1 Cor 16.1

CONTRITE Ps 51.17; Is 57.15; 66.2

CONTROVERSY Ezek 44.24; Hos 4.1; Mic 6.2; 1 Tim 6.4

CONVOCATION Sabbath, Lev 23.1-3; of unleavened bread, Ex 12.16; Lev 23.6, 7; Num 28.18, 25; of Pentecost, Lev 23.15-21; atonement, Lev 23.24-28, 35; Num 29.1; of tabernacles, Lev 23.34-36; Neh 8.18

COPPER COIN, about 1/8 cent Mk 12.42; Lk 12.59; 21.2; <u>see</u> MONEY

COR, Hebrew dry and liquid measure, same as homer, about 10 bushels, or 81 US gallons 1 Kgs 5.11; 2 Chr 2.10 27.5; Ezra 7.22; Ezek 45.14

CORBAN (Hebrew word meaning "offering") Mk 7.11

CORIANDER, a plant with white seeds Ex 16.31; Num 11.7

CORINTH,-IANS, important city in S Greece Acts 18.1-17; 19.1; 1 Cor; 2 Cor; 2 Tim 4.20

CORNELIUS, a Roman centurion in Caesarea Acts 10.1-48

CORNERSTONE Ps 118.22; Is 28.16; Zech 10.4; Eph 2.20; 1 Pet 2.6; <u>see also</u> Mt 21.42; Mk 12.10; Lk 20.17; Acts 4.11; 1 Pet 2.7; <u>see</u> FOUNDATION

CORRUPTION, MOUNT OF hill where Solomon built altars to gods worshipped by his wives 1 Kgs 11.7-8 (2 Kgs 23.13)

COUNCIL, Jewish governing body Ezra 7.25-26; 10.14; Mt 5.22; 26.59; Mk 15.43; Acts 4.15; 6.12; 22.5; 23.1

COUNSEL Ex 18.19; Judg 19.30; 2 Chr 25.16; Job 21.16; 42.3; Ps 1.1; 16.7; 32.8; Prov 21.30; Is 28.29; Acts 20.27; Eph 1.11

COUNSELOR(S) Ps 119.24; Prov 11.14; 24.6; Is 9.6; 40.13; Jn 14.16, 26; 15.26; 16.7; Rom 11.34

COUNTENANCE (OF GOD) Num 6.26; Judg 13.6; Ps 4.6; 80.7, 16; 89.15; 90.8

COURAGE,-OUS commanded of God, Num 13.20; Deut 31.6-7; Josh 1.6-7; Ps 27.14; 31.24; Dan 10.19; Hag 2.4; Mk 15.43; Acts 23.11; 28.15; 1 Cor 16.13; 2 Cor 5.6, 8; Phil 1.20; 1 Thes 2.2; Heb 12.5

COVENANT with Noah, Gen 6.18; 9.9; with Abraham, Isaac and Jacob, Gen 15.18; 17.2; Ex 2.24; 6.4-5; Lev 26.42; with Phinehas, Num 25.12-13; with Israel (or, old <u>c</u>), Ex 19.3-8; Deut 4.23; 5.2-3; 7.9-11; 1 Chr 16.14-18 (Ps 105.7-11); Neh 1.5; Lk 1.72; Acts 3.25; 7.8; 2 Cor 3.14; Gal 3.17; 4.24; Eph 2.12; Heb 9.1, 4, 15, 18, 20; Rev 11.19; new <u>c</u>, Mt. 26.28; Mk 14.24; Lk 22.20; Rom 11.27; 1 Cor 11.25; 2 Cor 3.6; Heb 7.22; 8.6-13; 9.15; 10.16, 29; 12.24; 13.20

COVET,-OUSNESS Ex 20.17; Deut 5.21; 7.25; Josh 7.21; Is 57.17; Mk 7.22; Lk 12.15; Acts 5.1-11; 20.33; Rom 1.29; 7.7-10; 13.9; Eph 5.3, 5; Col 3.5; Jas 4.2

COZBI, daughter of Zur, prince of Midian Num 25.6-8, 14, 15, 18

CRAFTSMAN (MEN) Ex 35.35; 38.23; Deut 27.15; 1 Chr 22.15; 29.5; Is 40.20; 41.7; Jer 10.3

CREATE,-D,-ION universe, Gen 1.1--2.3; Ps 148.3-6; Is 40.26; Eph 2.10; Col 1.16; Heb 1.2; 11.3; Rev 10.6; stars, Is 40.26; wind, Amos 4.13; man, Gen 2.4-25; new heart, Ps 51.10; new nature, Eph 4.24

CREATOR see GOD (a) and (b)

CREATURE(S) Gen 2.19; Lev 17.14; Job 41.33; Ps 104.24; Rom 1.25; Ezek 1.5; Rev 4.5

CRESCENS, a Christian of Rome 2 Tim 4.10

CRETE,-ANS, a large island S of Greece Acts 2.11; 27.7-21; Tit 1.5, 12

CRISPUS, a Christian in Corinth Acts 18.8; 1 Cor 1.14

CROSS (a) Christ Mt 27.32, 40, 42; and parallels; 1 Cor 1.17-18; Gal 5.11; 6.12, 14; Eph 2.16; Phil 2.8; 3.18; Col 1.20; 2.14; Heb 12.2; see CRUCIFY, JESUS CHRIST

(b) disciples Mt 10.38; 16.24; Mk 8.34; Lk 9.23; 14.27

CROWN (a) literal of priesthood, Ex 29.6 (Lev 8.9); Saul's, 2 Sam 1.10; David's, 2 Sam 12.30; Ps 89.19; Joash, 2 Kgs 11.12 (2 Chr 23.10); Esther's, Esth 2.17. Also, Mt 27.29; Mk 15.17; Jn 19.2, 5

(b) figurative Ps 8.4-5; Prov 4.5 (9); 14.24; 16.31; 17.6; Phil 4.1; 1 Thes 2.19; 2 Tim 2.5; 4.8; Heb 2.7, 9; Jas 1.12; 1 Pet 5.4; Rev 2.10; 3.11; 6.2; 12.1; 14.14

CRUCIFY (a) Christ Mt 20.19; 26.2; 27.31, 35, 38, 44; and parallels; Acts 2.23, 36; 4.10; 1 Cor 1.23; 2.2, 8; 2 Cor 13.4; Gal 3.1; Heb 6.6; Rev 11.8; see CROSS, JESUS CHRIST

(b) figurative Rom 6.6; Gal 2.19; 5.24; 6.14

CRY,-ING (from need or compassion) Gen 4.10; 27.34; Ex 2.23; 3.7; 12.30; 22.23; 1 Sam 9.16; 2 Chr 20.9; Neh 9.9; Esth 4.1; Ps 9.12; 27.7; 28.2; 40.1; 120.1; 130.1; Jer 4.31; Lam 3.56; Hab 1.2

CUBIT, Hebrew measure of length, about 17.5 inches Gen 6.16; Ex 25.10, 17, 23; 26.13, 16, 16; 30.2; 1 Kgs 7.31, 32, 35; Ezek (20.41 inches in this book) 40.5, 12, 42; 43.13, 14, 15, 17; Mt 6.27; Lk 12.25; Jn 21.8 mg

CUM (Aramaic word meaning "get up!") Mk 5.41

CUP (a) literal Gen 40.11; 44.12; Mt 10.42; 26.27; Mk 9.41; 1 Cor 11.25-28

(b) figurative Ps 11.6; 23.5; 75.8; 116.13; Is 51.17, 22; Jer 16.7; 25.15, 17, 28; 51.7; Lam 4.21; Hab 2.15-16; Zech 12.2; Mt 20.22-23; 23.25-26; 26.39; Lk 11.39; Jn 18.11; 1 Cor 10.16, 21; Rev 14.10; 16.19; 17.4; 18.6

CUPBEARER, dignified office in oriental kingdoms Gen 40.9-14 (butler); Neh 1.11; 2.1-2

CURSE,-D Gen 8.21; 12.3; Ex 21.17; Num 23.8; 23.25; Deut 11.26; 23.5; Job 1.11; Mt 25.41; 26.74; Mk 11.21; 14.71; Lk 6.28; Jn 7.49; Rom 3.14; 9.3; 12.14; 1 Cor 12.3; 16.22; Gal 1.8, 9; 3.10, 13; Heb 6.8; Jas 3.9, 10; Rev 16.9, 11, 21

CURTAIN(S) (a) literal Ex 26.1-9; 36.14-16

(b) figurative Is 40.22; 54.2

CUSH (a) son of Ham; and his descendants Gen 10.6-8; 1 Chr 1.8-10

(b) land where Cushites lived Gen 2.13; term for Ethiopia, 2 Kgs 19.9; Esth 1.1; Ezek 29.10

(c) Benjamite, foe to David Ps 7 (title)

CUSHAN-RISHATHAIM, king of Mesopotamia to whom Israelites were subject for eight years Judg 3.5-11

CUSHI (a) ancestor of Jehudi of Jeremiah's time Jer 36.14

(b) father of prophet Zephaniah Zeph 1.1

(c) runner who carried news of death of Absalom 2 Sam 18.21-23, 31, 32 (AV), see CUSHITE

CUSHITE, an Ethiopian Num 12.1; 2 Sam 18.21-23, 31-32 (RSV)

CYMBALS 2 Sam 6.5; 1 Chr 16.5; 13.8; 15.16, 19, 28; 2 Chr 5.12-13; Ezra 3.10; Neh 12.27; Ps 150.5

CYPRESS(ES) 1 Kgs 5.8, 10; 2 Kgs 19.23; 2 Chr 2.8; 3.5; Is 14.8; 37.24; 41.19; 55.13; Hos 14.8; Zech 11.2

CYPRUS, island in NE part of Mediterranean Sea Is 23.1, 12; Jer 2.10; Ezek 27.6; Acts 4.36; 11.19, 20; 13.4-12; 15.39; 21.3, 16; 27.4

CYRENE, a city W of Egypt Mt 27.32; Mk 15.21; Lk 23.26; Acts 2.10; 6.9; 11.20; 13.1

CYRUS, Persian king chosen by God to set Jews free, Is 44.28; 45.1-14; proclamation of Cyrus, Ezra 1.1-11; 5.13, 14; 6.3; and Daniel, Dan 1.21; 6.28; 10.1

D

DAGON, national god of the Philistines Judg 16.21, 23; 1 Sam 5.1-7; 1 Chr 10.10

DALMANUTHA, place on W shore of Sea of Galilee Mk 8.10

DALMATIA, distrinct on E shore of Adriatic Sea 2 Tim 4.10

DAMARIS, a Christian woman in Athens Acts 17.34

DAMASCUS, city of Syria in Abraham's time, Gen 14.15; captured by David, 2 Sam 8.5-6 (1 Chr 18.5-6); also, 1 Kgs 11.23, 24; 2 Kgs 5.12; 8.7, 9; 14.28; 16.5-9, 10-12; Is 7.1--8.6; Ezek 27.18; Acts 9.2-23, 27; 22.5-16; 26.12-20; 2 Cor 11.32; Gal 1.17

DAN (a) son of Jacob Gen 30.5, 6; 46.23 (Num 26.42); prophecy concerning, Gen 49.16, 17 (Deut 33.22)

(b) tribe of, and its territory Num 1.12, 38, 39; Josh 19.40-46; 21.5, 23 (Judg 5.17); Josh 19.47 (Judg 18.1-31)

(c) town in northern Palestine Josh 19.47; Judg 18; 1 Kgs 12.29, 30; 2 Kgs 10.29; Amos 8.14

DANIEL (a) a wise and righteous man Ezek 14.14; 28.3

(b) son of David and Abigail 1 Chr 3.1 (called Chileab in 2 Sam 3.3)

(c) priest who signed covenant Ezra 8.2; Neh 10.6

(d) famous Jewish prophet at Babylonian court of Judah, Dan 1.3-7; captive, 1.1; abstinence from heathen foods, Dan 1.8; interpreted king's dream, 2.1-46; made ruler of province, 2.46-49; interprets king's vision, 4; into lions' den, 6.3-23; prophecies revealed, 9.24; 10--12

DANITES (descendants of Dan) Josh 19.47; Judg 1.34; 13.2; 18.1-2, 16, 23-30; 1 Chr 12.35

DARIC, a Persian coin, about $5.50 see MONEY

DARIUS (a) king of Persia Ezra 4.5; 5.5-7; 6.1-15; Neh 12.22; Hag 1.1; 2.1, 10; Zech 1.1, 7; 7.1

(b) the Mede (son of Ahasuerus, and king of Babylon) Dan 5.31; 6.1, 6-9, 25-28; 9.1; 11.1

DARKNESS (a) literal Gen 1.2; 15.12; Ex 10.21; Deut 4.11; 2 Sam 22.10; Job 3.4; 10.21; Ps 139.12; Mt 27.45; Mk 15.33; Heb 12.18

(b) spiritual Eccl 2.13; Is 5.20; Mt 4.16; 6.22-23; Lk 22.53; Jn 1.5; 3.19; 8.12; 12.35, 46; Acts 26.18; 2 Cor 4.6; Eph 5.8, 11; Col 1.13; 1 Pet 2.9; 1 Jn 1.5-6; 2.8-11

(c) eschatological Joel 2.31; Zeph 1.15; Mt 8.12; 22.13; 25.30; 2 Pet 2.4; Jude 6, 13; see NIGHT

DATHAN Reubenite leader in rebellion of Korah the Levite Num 16.1; 16.12-27; 26.9; Deut 11.6; Ps 106.17

DAVID anointed by Samuel, 1 Sam 16.1-13; played the harp for Saul, 16.14-23; killed Goliath, 17; won Jonathan's friendship, 18.1-4; incurred Saul's jealousy, 18.5-9; married Michal, 18.20-29; fled from Saul, 19--22; fought with the Philistines, 23; spared Saul at En-gedi, 24; David and Abigail, 25; spared Saul at Ziph, 26; lived among the Philistines, 27.1--28.2; 29; defeated the Amalekites, 30; made king over Judah, 2 Sam 2.1-7; made king over Israel, 5.1-16; brought ark to Jerusalem, 6; God's covenant with D, 7; extended his kingdom, 8; D and Bathsheba, 11.1--12.25; fled Absalom's revolt, 15--16; returned to Jerusalem, 19; his song, 22.1--23.7; numbered Israel and Judah, 24; charged Solomon, 1 Kgs 2.1-9; died, 2.10-12; see also 1 Chr 11--29; house of, throne of, 1 Kgs 2.45; 12.19, 20, 26; 13.2; 14.8; Jer 21.12; 22.2, 4; 33.17; in NT, Mt 1.1, 6, 17; 12.3; 22.41-45; and parallels in other Gospels; Lk 2.11; Jn 7.42; Acts 1.16; 2.25, 29, 34; 4.25; 7.45; 13.22, 34, 36; 15.16; Rom 1.3; 4.6; 11.9; 2 Tim 2.8; Heb 4.7; 11.32; Rev 3.7; 5.5; 22.16

DAY(S) (a) of God, Lord, Christ, Son of man Is 2.12; 13.6, 9; Jer 46.10; Ezek 13.5; 30.2, 3; Joel 1.15; 2.11, 31; Amos 5.18-20; Obad 15; Zeph 1.14; Lk 17.22, 24, 26, 30, 31; Acts 2.20; 1 Cor 1.8; 5.5; 2 Cor 1.14; Phil 1.6, 10; 2.16; 1 Thes 5.2, 4; 2 Thes 2.2; 2 Pet 3.10, 12; Rev 16.14

(b) last Mt 24.36; 25.13; Mk 13.32; Jn 6.39, 40, 44, 54; 11.24; 12.48; Acts 2.17, 18; Rom 2.16; 2 Tim 3.1; Heb 1.2; Jas 5.3; 2 Pet 3.3

(c) of judgment, wrath, anger Job 20.28; Lam 1.12; 2.1; Zeph 1.15; Mt 7.22; 10.15; 11.22, 24; 12.36; Lk 10.12; 21.34; Acts 17.31; 1 Cor 3.13; 2 Thes 1.10; 2 Tim 1.12, 18; 4.8; Heb 10.25; 2 Pet 2.9; 3.7; 1 Jn 4.17; Jude 6; Rev 6.17

(d) of suffering, tribulation, affliction, evil Ps 20.1; Jer 16.19; 17.16-17; Amos 6.3; Mt 24.19, 22, 29; Mk 13.17-20; Lk 19.43; 21.6, 22, 23; 23.29; Rev 2.10; 9.6

(e) other Jn 14.20; 16.23, 26; Rom 13.12; 2 Cor 6.2; Eph 4.30; 1 Thes 5.5; Heb 3.8; 4.4, 7, 8; 8.8-10; Jas 5.5; 1 Pet 2.12; 2 Pet 1.19; 3.8, 18; Rev 1.10; 11.3; 12.6

(f) an interval of time Gen 1.5, 8, 13-31; 2.2-3; Ex 12.6; 12.16; 16.23; Lev 23.39; Num 7.1; Deut 5.12; 6.2; Josh 24.15; Judg 19.1; Ruth 1.1

DEACONS see CHURCH MINISTERS

DEAD SEA (a) salt sea Gen 14.3; Num 34.12; Deut 3.17; Josh 3.16

(b) sea of Arabah or Plain Deut 3.17; Josh 3.16

(c) eastern sea Ezek 47.18; Joel 2.20

DEAF (a) physical Ex 4.11; Lev 19.14; Is 35.5; Mt 11.5; Mk 7.32

(b) spiritual Ps 28.1; 38.13; Is 42.18; 43.8

DEATH (a) physical Gen 2.17; 3.19; 4.
8-16; 21.16; 24.67; Ex 10.17; Lev 24.
16; Num 23.10; Deut 30.19; Josh 1.1;
Ruth 1.17; 2 Sam 22.5, 6; Ps 89.48;
116.15; Prov 7.27; Jn 11.11-44; Rom
8.38; 1 Cor 3.22; 15.20-28, 54-56; 1
Thes 4.13-16; Rev 6.8; 21.4

(b) figurative Jn 5.21-25; Rom 6.1-
11; 7.4-6, 9-13, 24; 8.2, 6; 2 Cor 2.
15, 16; 2 Tim 1.10; Jas 1.15; 5.20;
1 Jn 3.14; Rev 20.6, 14

(c) of Christ Mt 27.50; Mk 15.39; Lk
23.46; Jn 12.33; 18.31-32; 21.19, 23;
Acts 2.24; Rom 5.6-21; 2 Cor 4.10-12;
5.14-15; Phil 2.8; 3.10; Col 1.22; Heb
2.9, 14-15; 5.7; 9.15-17; Jas 1.15; 5.
20; 1 Pet 3.18; Rev 1.18

DEBIR (a) king of Eglon Josh 10.3, 27

(b) city in Judah (Kirjath-sepher)
(Kirjath-sannah) Josh 21.21; 25.15,
19, 48, 49; Judg 1.11, 12; 1 Chr 6.57-
58

(c) town near valley of Achor Josh
25.7

(d) town in Transjordan Josh 13.26
(RSV)

DEBORAH (a) Rebekah's nurse Gen 24.59;
35.8

(b) prophetess of the Israelites Judg
4.4-14; 5.1-31

DECAPOLIS ten cities mostly in Transjor-
dan Mt 4.25; Mk 5.20; 7.31

DEDAN, Cushite people related to Abraham
Gen 10.7; 25.3; 1 Chr 1.9, 32; Ezek 25.
13; 27.20; 38.13

DEDICATION Num 7.10, 11; 7.84, 88; Ezra
6.16, 17; Neh 12.27; Jn 10.22

DEFENCE (as a name for God) see GOD (a)

DEFILE,-S,-MENT Num 5.3; 35.34; Ps 79.1;
Ezek 43.7; Dan 1.8; Hos 5.3; 6.10; Mt
15.10-20; Mk 7.1-8, 14-23; Jn 18.28;
Acts 10.15; 21.28; Rom 14.14; 1 Cor 8.
7; Tit 1.15; Heb 9.13-14; 12.15; Jas
3.6; Jude 8; Rev 3.4

DELILAH, Philistine woman who lured Sam-
son to ruin Judg 16.4-18

DELIVER,-ANCE Deut 32.39; Judg 10.11;
1 Sam 11.13; 17.46; 2 Sam 22.28; 2
Kgs 18.30-32; Ps 3.8; 18.27; 22.31;
51.1-8; Jon 2.9; Mt 6.13; 27.43; Lk
4.18; Acts 7.25, 34, 35; Rom 7.6,
24; 8.2, 21, 23; 11.26; 2 Cor 1.10;
Gal 1.4; Col 1.13; 1 Thes 1.10; 2
Tim 4.17-18; 2 Pet 2.9; see REDEEM

DELIVERER Judg 3.9, 15; 18.28; 2 Sam
22.2; Ps 18.2; 40.17; 70.5; 140.7;
144.2

DEMAS Col 4.14; 2 Tim 4.10; Phm 24

DEMETRIUS (a) silversmith in Ephesus
Acts 19.24, 38

(b) Christian commended by John
3 Jn 12

DEMON(S),-IAC(S) (a) general 1 Cor 10.
20-21; 1 Tim 4.1; Jas 2.19; Rev 9.
20; 16.13-14; 18.2

(b) Jesus Mt 4.24; 9.32-34; 12.22-
29; Mk 1.23-28 and parallels; Lk 11.
14-26; Mt 8.28-34 and parallels; Mk
9.14-29; and parallels; Jn 7.20; 8.
48-52; 10.20-21

(c) disciples Mt 10.1, 8; Mk 3.14-
15; 6.7, 13; Lk 9.1; 10.17; Acts 5.
16; 8.7; 19.12

(d) other Mt 12.27; Mk 9.38-41; Lk
9.49-50; 11.19; Acts 19.13-16

DENARIUS a Roman coin, the daily wage
of a farm worker, about 20 cents
(RSV) see MONEY

DERBE Acts 14.6, 20-21; 16.1; 20.4

DEVIL Mt 4.1-11; 13.19, 39; Mk 1.12-13;
4.15; Lk 4.1-13; 8.12; Jn 13.2; Acts
10.38; Eph 4.27; 6.11; 1 Tim 3.6-7;
2 Tim 2.26; Heb 2.14; Jas 4.7; 1 Pet
5.8; 1 Jn 3.8; Jude 9; Rev 2.10; 12.
9, 12; 20.2, 10; see BELIAL, BEELZE-
BUL, SATAN

DIADEM headdress, Job 29.14 (turban); Is 3.23 (hoods, turbans); worn by kings, Is 62.3; by high priest, Zech 3.5 (miter); Is 28.5 (crown)

DIAMOND (a) in priests' breastplate Ex 28.18; 39.11

(b) stone used to point graving instruments Jer 17.1; Ezek 3.9; Zech 7.12 (adamant)

DIANA see ARTEMIS

DIBON (Dibon-gad) (a) town north of Arnon Num 21.30; 32.34; Josh 13.9, 17; Is 15.2; Jer 48.18, 22

(b) village in Judah Neh 11.25

Dibon-gad see DIBON

DIDYMUS Jn 11.16; 20.24; 21.2; see THOMAS

DIONYSIUS, Christian in Athens Acts 17.34

DIOTREPHES 3 Jn 9-10

DISCIPLE(S) (a) John the Baptist Mt 11.2-7; Mk 2.18; 6.29; Lk 11.1; Jn 1.35-37

(b) Jesus Mk 2.15, 23; 3.7; Lk 6.13, 17; many other occurrences

(c) "the disciple whom Jesus loved" Jn 13.23-25; 19.26-27; 20.2-9; 21.7, 20-24

(d) Paul Acts 9.25

(e) Christians Acts 6.1, 2, 7; 9.1; 11.26; 18.23; 19.1; 21.4, 16

DISCIPLESHIP Mt 8.19-22; 10.37-38; 16.24-26; Mk 8.34-38; Lk 9.23-26, 57-62; 14.25-33

DISCIPLINE Deut 4.36; 11.2; Ps 50.17; Prov 3.11; 12.1; 13.24; 19.18; 23.13; Eph 6.4; Heb 12.5-11

DISEASE(S) Lev 13; 14.32-54; Job 2.7, 8; 18.13; Ps 103.3; 106.15; Mt 4.23; 8.17; 9.35; 10.1; Mk 1.34; 3.10; 5.29, 34; Lk 4.40; 6.17; 7.21; 9.1; Jn 5.4; Acts 19.12; 28.9; 1 Tim 5.23; Jas 5.14-15; see PLAGUE

DISGRACE 1 Sam 11.2; Neh 2.17; Prov 18.3; Lam 5.1; Ezek 36.15

DISOBEDIENCE Rom 1.30; 5.19; 10.21; 11.30-32; 2 Cor 10.6; Eph 2.2; 5.6; 1 Tim 1.9; 2 Tim 3.2; Tit 1.16; 3.3; Heb 2.2; 3.18; 4.6, 11; 11.31; 1 Jn 2.4

DISPERSE,-ED,-ION threatened for disobedience, Lev 26.33-37; Deut 4.27, 28; 28.64-68; Neh 1.9; Esth 3.8; Is 11.12; Jer 25.34; Ezek 12.15; 22.15; 29.12; 36.19; Jews scattered outside Palestine, Jn 7.35; Acts 2.9-11; scattered Christians, Jas 1.1; 1 Pet 1.1

DISPOSSESS,-ED Num 24.18; Deut 2.12, 21-22; 18.14; Jer 49.1-2; Ezek 46.18

DISTRESS(ES) Gen 35.3; Judg 10.14; 2 Sam 22.7; 2 Chr 15.6; Ps 4.1; 18.6; 25.17; Jon 2.2; Mt 8.6; 17.23; 18.31; Mk 6.48; 14.33; Lk 21.23, 25; Rom 2.9; 8.35; 1 Cor 7.26; Phil 2.26; 1 Thes 3.7; 2 Pet 2.7

DIVISION(S) Rom 16.17; 1 Cor 1.10-13; 3.3; 11.18; Gal 5.20; 1 Tim 6.4; Tit 3.9; Jude 19

DIVINATION foretelling by water, Gen 44.5; by lot, Ezek 21.21; by stars, Is 47.13; by spirits of the dead, 1 Sam 28.8; see DIVINER

DIVINER Deut 18.9-12; 1 Sam 6.2; Is 19.3; Dan 2.2; punishment for, Lev 19.31; 20.6, 27; Deut 18.10; 1 Sam 28.8; Jer 27.9; Ezek 13.23; see DIVINATION

DIVISION(S) Josh 18.6-9; 1 Chr 26.1, 12, 19; 1 Chr 27.1-15; Ezra 6.18; Neh 11.36

DIVORCE,-MENT annulment of wedding bonds, Lev 21.7; Num 30.9; Deut 24.1-4; Mt 1.19; 5.31-32; 19.3-9; Mk 10.2-12; Lk 16.18; 1 Cor 7.10-11, 12-16; 1 Tim 3.2, 12; 5.9; Tit 1.6; figurative, Is 50.1

DOCTRINE see TEACHING

Earth

DOEG, an Edomite, chief of Saul's herdsmen 1 Sam 21.7; 22.9, 18, 22

DOMINION Num 24.19; Job 25.2; Ps 8.6; 22.28; 145.13; Dan 7.14; Zech 9.10

DOORKEEPER(S) 2 Sam 4.6; Ezra 7.24; Ps 84.10

DOORPOSTS Ex 12.7, 22-23; Deut 6.9; 11.20

DOR, town on coast of Palestine Josh 12.23; 17.11; Judg 1.27; 1 Chr 7.29

DORCAS Acts 9.36-41; see TABITHA

DOTHAN, town n. of Shechem and Samaria Gen 37.17; 2 Kgs 6.13

DOUGH Ex 12.34, 39; 2 Sam 13.8

DOVE Gen 8.8-12; 15.9; Lev 1.14; 5.7, 11; 12.6, 8; Ps 55.6; Is 38.14; Hos 7.11; Mt 3.16; 10.16; Mk 1.10; Lk 3.22; Jn 1.32

DRAGON Is 27.1; 51.9; Ezek 29.3; 32.2; Rev 12.3--13.4; 13.11; 16.13; 20.2-3

DREAM(S) Gen 20.6; 37.5-10; 40.9-16; 41.7-32; 1 Kgs 3.5-15; Dan 2.4; Joel 2.28; Zech 10.2; Mt 1.20; 2.12, 13, 19, 22; 27.19; Acts 2.17; Jude 8

DRINK OFFERING Num 28.7-31; 29.6-39

DROSS Ps 119.119; Prov 25.4; Is 1.22; Ezek 22.18-19

DRUNK,-ENNESS Gen 9.20-25; 19.31-35; 1 Sam 1.15; Is 28.1, 4, 9; 29.9; 51.21; Ecc 10.17; Mt 11.19; 24.49; Lk 7.34; 12.45; 21.34; Jn 2.10; Acts 2.15; Rom 13.13; 1 Cor 5.11; 6.10; 11.21; Gal 5.21; Eph 5.18; 1 Thes 5.7; 1 Tim 3.3; Tit 1.7; Heb 6.7; 1 Pet 4.3; Rev 17.2, 6; 18.3

DRUSILLA, daughter of Herod Agrippa I, wife of Felix Acts 24.24

DUE Ex 29.28; Lev 7.34-36; 10.13-15; Num 18.8, 11, 19; Rom 13.7

DUNG Ex 29.14; Lev 16.27; Mal 2.3

DUNG GATE, sheep gate where Nehemiah began rebuilding the wall out of old material Neh 2.13; 3.13-14; 12.31

DUST Gen 2.7; 3.19; Ps 90.3; 103.14; Ecc 3.20; number of descendants compared to, Gen 13.16; plague, Ex 8.16, 17; 9.9; in NT, Mt 10.14; Mk 6.11; Lk 9.5; 10.11; Acts 13.51; 22.23; Rev 18.19

DUTIES, in tabernacle and temple Num 3.7, 8, 28; 8.26; 18.3-5; 1 Chr 25.8; 26.12, 29; 2 Chr 5.13; 8.13; Neh 13.30; Lk 1.8; of deacons, Acts 6.3

DWELLING (with reference to God) Deut 33.12, 27; 1 Kgs 8.12, 13, 30, 39, 43, 49; 2 Chr 6.21, 30, 33, 39; Ps 43.3; 49.11; 84.1; 90.1; 132.5; Eph 2.22; Rev 21.3

E

EAR (indicating notice or attention) Deut 1.45; 2 Kgs 19.16; Neh 1.6; Prov 2.2; 15.31; 20.12; Is 1.10; 6.9, 10; 50.5; Jer 13.15; Joel 1.2

EARRINGS Ex 35.22; Num 31.50; Judg 8.24-26; Ezek 16.12

EARTH (a) the planet Gen 1.1; 2.4; 14.19; Deut 4.39; Job 38.4; Ps 102.25; 103.11; Prov 3.19; Ecc 5.2; Is 37.16; 44.24; 65.17; Mt 5.13; 6.10, 19; 9.6; 10.34; 12.40; 16.19; 18.18-19; 23.9, 35; 27.51; 28.18; Mk 2.10; 9.3; Lk 2.14; 12.49; 18.8; Jn 3.12, 31; 12.32; 17.4; Acts 2.19; 8.33; Rom 10.18; 1 Cor 10.26; Eph 4.9; 6.3; Phil 2.10; Col 3.2; Heb 8.4; 11.13; 12.25-26; 2 Pet 3.7, 10, 13; Rev 3.10; 5.10; 6.4, 8, 10; 8.7; 12.4, 9; 14.3, 15-16, 18-19; 16.1-2; 20.7-9, 11; 21.1

(b) dry land, habitable world Gen 1.10; 10.25; Ps 61.2; 72.8; 82.5; 102.15; 108.5; Is 24.16-21; Acts 4.24; 14.15; 17.26; Rev 7.1, 2, 3; 10.6; 12.12; 13.11; 14.7; 2 Pet 3.5

(c) soil Gen 26.15; 41.47; 2 Sam 13. 31; 15.32; Ps 67.6; Is 61.11; Hag 1. 10; Mk 4.28, 31; Jn 12.24; 1 Cor 15. 47; Jas 5.7, 17, 18; Rev 9.4

(d) inhabitants of world, or region thereof Gen 6.12; 9.13; 41.57; 1 Sam 2.10; 17.46; 1 Kgs 10.24; 1 Chr 16. 23; Ps 66.1, 4; 114.7

(e) new earth Is 65.17; 66.22; 2 Pet 3.13; Rev 21.1; see GROUND, LAND

EARTHQUAKE 1 Kgs 19.11-12; Is 29.6; Ezek 3.12-13; Amos 1.1; Zech 14.5; Mt 24.7; 27.54; 28.2; Mk 13.8; Lk 21.11; Acts 16.26; Rev 6.12; 8.5; 11.13, 19; 16.18

EBAL (a) descendant of Seir the Horite Gen 36.23

(b) mountain separated from Mt. Gerizim by a narrow valley Deut 11.29; 27. 4, 13; Josh 8.30, 33

(c) son of Joktan 1 Chr 1.22 (= Obal, Gen 10.28)

EBEDMELECH, slave of the king and rescuer of Jeremiah Jer 38.7-12; 39.16

EBENEZER, stone erected by Samuel near Mizpah, to commemorate the Lord's defeat of Philistines 1 Sam 7.10-12; cf 4.1; 5.1

EBER (a) descendant(s) of Shem Gen 10. 20, 24-25; 11.14-17; Num 24.24; Lk 3. 35 (RSV)

(b) priest in days of high priest Jehoiakim Neh 12.20

(c) others (1) 1 Chr 5.13; (2) 1 Chr 8.12, 22, 25

EDEN (a) garden where Adam and Eve first lived Gen 2.8, 10, 15; 3.23-24; Is 51.3; Ezek 28.13; 31.9, 16-18; 36.35; Joel 2.3

(b) region in N. Mesopotamia, on Euphrates river 2 Kgs 19.12; Is 37.12; Ezek 27.23

(c) Gershonite Levite, son of Joah 2 Chr 29.12; 31.15

EDOM (Idumea) (a) Esau Gen 25.30; 36. 1, 8, 19

(b) Edomites, descendants of Esau Num 20.18, 20, 21; Amos 1.6, 11; 9. 12; Mal 1.4; see also EDOMITES

(c) region occupied by Edomites (Mount Seir) Gen 32.3; 36.8, 21; Num 24.18; Josh 15.1, 21; Judg 5.4; 2 Kgs 3.8, 20; Mal 1.2-4

EDOMITE(S), descendant(s) of Edom (Esau) Gen 36.9; Deut 23.7; 1 Sam 21.7; 22. 9, 18, 22; 2 Sam 8.13-14; 2 Kgs 8. 21; 2 Chr 21.9; 25.14; 28.17; Ps 137. 7; see also EDOM (b)

EDREI (a) capital city of Bashan Num 21.33; Deut 1.4; 3.1, 10

(b) walled city of Naphtali Josh 19.37

EGLON (a) a king of Moab, conqueror of Jericho Judg 3.12-30

(b) town in lowland, assigned to Judah Josh 10.23, 34, 36-37; 15.39

EGYPT,-IANS, country (and its inhabitants) in NE Africa Gen 12.10-14; 13.1; 16.1-3; 25.12; 37.25-28; 41.57; 43.15; 50.22, 26; Ex 1.1; 2.12; 3. 7-20; 4.19-20; 6--14; Lev 18.3; 19. 34; Num 1.1; 14.22; 15.41; Deut 6. 21; Josh 5.9; Judg 2.1; 6.13; 1 Kgs 3.1; 2 Chr 36.3, 4; Neh 9.9, 18; Ps 78.12; 135.9; Is 45.14; 52.4; Jer 2. 6; 42.19; Ezek 23.3; 32.12; Hos 11. 1; Zech 10.10-11; Mt 2.13-15, 19; Acts 2.10; 7.9-40; 13.17; 21.38; Heb 3.16; 8.9; 11.26-27, 29; Jude 5; Rev 11.8

EHUD (a) Benjaminite, assassinator of Eglon Judg 3.15-26; 4.1

(b) descendant of Gera 1 Chr 7.10; 8.6

EKRON, a Philistine city 1 Sam 5.10; 6. 16-17; 17.52; 2 Kgs 1.2, 3, 6, 16; Jer 25.20; Amos 1.8; Zeph 2.4; Zech 9.5, 7

ELAH (a) a king of Israel 1 Kgs 16.6, 8-10

(b) valley where David killed Goliath 1 Sam 17.2, 19; 21.9

(c) others (1) Gen 36.11; (2) 1 Chr 4.15; (3) 1 Chr 9.8; (4) 2 Kgs 15.30

ELAM (a) country e. of Babylonia Gen 10.22; 14.1-11; Ezra 4.9; Is 21.2; Jer 49.34; Ezek 32.24; Dan 8.2; Acts 2.9

(b) others (1) 1 Chr 26.3; (2) 1 Chr 8.24, 25; (3) Ezra 2.7; (4) Ezra 2.31; (5) Neh 12.42

EL-BERITH Judg 9.46; see BAAL

ELDAD Num 11.26, 27

ELDER (older) Gen 25.23; Lk 15.25; Rom 9.12

ELDERS (leaders) (a) Jewish Ex 3.16-18; 12.21; Num 11.16; Deut 27.1; 31.28; Josh 24.1, 31; Judg 11.5-11; Ruth 4. 2, 4, 9, 11; Mt 15.2; 16.21; 21.23; 26.3, 47, 57; 27.1, 3, 12, 20, 41; 28. 12; and parallels; Acts 4.5, 8, 23; 6. 12; 24.1; 25.15

(b) Christian see CHURCH MINISTERS (c)

(c) heavenly Rev 4.4, 10; 5.5, 6, 8-11; 7.11-14; 11.16; 14.3; 19.4

ELEAZAR (a) high priest, son of Aaron Ex 28.1; Num 3.4, 32; 16.37-40; 20.25-28; Josh 14.1; 24.33

(b) in charge of ark after Philistines returned it 1 Sam 7.1

(c) one of David's mighty men 2 Sam 23.9

(d) others (1) 1 Chr 23.21-22; (2) Ezra 8.33; (3) Ezra 10.18-25; (4) Neh 12.27; (5) Mt 1.15

ELECT Mt 24.22, 24, 31; Mk 13.20, 22, 27; Lk 18.7; Rom 8.33; 1 Tim 5.21; 2 Tim 2.10 Tit 1.1; 2 Jn 1, 13

ELECTION Mt 22.14; Lk 9.35; 23.35; Jn 6. 44, 65; 13.18; 15.16; Acts 9.15; 13.17; 15.7; Rom 8.28-30; 9.6-29; 11.1-32; 1 Cor 1.27-31; Eph 1.3-14; 2.8-10; 1 Thes 1.4; Tit 1.1-3; 2 Pet 1.1-11; see CALL (b)

EL-ELOHE-ISRAEL, altar named by Jacob at Shechem Gen 33.20

EL-HANAN (a) son of Jair 2 Sam 21.19; 1 Chr 20.5

(b) one of David's heroes 2 Sam 23. 24; 1 Chr 11.26

ELI (Aramaic word meaning "my God") Mt 27.46

ELI, high priest and judge of Israel, family of Ithamar 1 Kgs 2.27; and Hannah, 1 Sam 1.9-17; prophecy of transfer of priesthood from his family, 1 Sam 2.27-36; teacher of Samuel, 1 Sam 3.1--3.17; undisciplined sons, 2.12; 4.4-15; death of 4.15-18

ELIAB (a) head of tribe of Zebulon Num 1.9; 2.7; 7.24, 29; 10.16

(b) Reubenite, father of Dathan and Abiram Num 16.1, 12; 26.8, 9

(c) Levite, ancestor of Samuel see ELIHU (a)

(d) David's oldest brother 1 Sam 16. 6, 7; 17.13, 28

ELIAKIM (a) son of Hilkiah 2 Kgs 18. 18; in charge of Hezekiah's household, and one of his representatives in dealing with Sennacherib, 2 Kgs 18.18, 26, 37 (Is 36.3, 11, 22); asked divine direction through Isaiah, 2 Kgs 19.2 (Is 37.2); given great promises from God, Is 22.20-25

(b) son of Josiah and made king of Judah by Pharaoh Neco; given name Jehoiakim 2 Kgs 23.34; 2 Chr 36.4

(c) a priest who officiated at dedication of Jerusalem wall Neh 12.41

(d) others (1) Mt 1.3; (2) Lk 3.30, 31

ELIASAPH (a) head of tribe of Gad Num 1.14; 2.14; 7.42

(b) Levite, prince of Gershonites Num 3.24

ELIASHIB (a) high priest in Nehemiah's time Neh 12.10; helped rebuild sheepgate in Jerusalem, Neh 3.1, 20-21; assigner of temple chambers, Ezra 10.6; Neh 13.4, 5, 7, 28

(b) others 1 Chr 24.1, 12 and more

ELIDAD prince of Benjamite tribe and member of commission dividing land among tribes, Num 34.21

ELIEZER (a) steward of Abraham Gen 15.2; 24.2

(b) Levite, sent for by Ezra Ezra 8.16

(c) others (1) Ex 18.4; (2) 1 Chr 7.8; (3) 15.24; (4) 27.16; (5) 2 Chr 20.37; (6-8) Ezra 10.10, 18, 23, 31; (9) Lk 3.29

ELIHOREPH, a scribe for Solomon 1 Kgs 4.3

ELIHU (a) ancestor of Samuel 1 Sam 1.1; also called Eliab and Eliel, 1 Chr 6.27, 34

(b) David's oldest brother, also called Eliab 1 Sam 16.6; 1 Chr 27.18

(c) friend of Job Job 32--37

(d) others 1 Chr 12.20; 1 Chr 26.7

ELIJAH, one of Israel's great prophets 1 Kgs 17.1; raised widow's son, 17.13-24; predicted drought and had contest with Baal prophets, 18; fled to Mt. Horeb, 19.1-9; commissioned by God to anoint Hazael and Jehu as kings and Elisha as prophet, 19.9-18; call to Elisha, 19.19-21; cursed Ahab and Jezebel, 21.17-24; warned Ahaziah of death, 2 Kgs 1.1-17; ascension, 2.1, 11; other references, 2 Kgs 2.15; Mal 4.5; in NT, Mt 11.14; 16.14; 17.3-13; 27.47-49; and parallels Mk 6.15; Lk 1.17; 4.25-26; 9.54 (some manuscripts);

see also Jn 1.21, 25; Rom 11.2; Jas 5.17

ELISHA commissioned as prophet, 1 Kgs 19.16-21; accompanied Elijah before his ascension, 2 Kgs 2.1-12; received Elijah's mantle, 2.13-14; recognized as Elijah's successor, 2.15; miracles: sweetening of water, 2.19-22; cursing of boys who mocked him, 2.23-25; unfailing oil supply, 4.1-7; son of Shunamite woman raised to life, 4.18-37; poison food purified, 4.38-41; food provision, 4.42-44; healing of Naaman, 5.1-14; victory over Syrians, 5.15-23; other references, 2 Kgs 6; 7.1; 8.1-14; 13.14-21; Lk 4.27

ELISHAMA (a) prince of Ephraimites, ancestor of Joshua Num 1.10; 2.18; 1 Chr 7.26

(b) son of David 1 Chr 3.6; see ELISHUA

(c) another son of David 2 Sam 5.16; 1 Chr 3.8

(d) others (1) 1 Chr 2.34, 41; (2) 2 Chr 17.8; (3) 2 Kgs 25.25

ELISHAPHAT, captain supporting Jehoiada during revolt against Athaliah 2 Chr 23.1

ELIZABETH Lk 1.5-7, 24-25, 36, 40-45, 57-61

ELIZUR, prince of Reubenites Num 1.5; 2.10

ELKANAH (a) husband of Hannah; father of Samuel 1 Sam 1.1; 2.11, 20; 1 Chr 6.27, 34

(b) others (1) Ex 6.24 and 1 Chr 6.23; (2) 1 Chr 6.36; (3) 1 Chr 6.26, 35; (4) 1 Chr 9.16; (5) 1 Chr 15.23 (6) 2 Chr 28.7; (7) 1 Chr 9.19

ELKOSHITE, citizen of Elkosh Nah 1.1

ELLASAR, place in or near Babylonia Gen 14.1, 9

ELON (a) judge of Israel Judg 12.11-12

(b) village of Dan Josh 19.43

(c) others Gen 26.34; 36.2; 46.14; Num 26.26

ELUL, sixth Hebrew month, August-September Neh 6.15

ELYMAS, another name for magician Bar-Jesus Acts 13.8

EMBALM, art of preservation of dead body, rarely practiced by Hebrews Gen 50.2, 26

EMBROIDERY for screens for tabernacle and gate of court, Ex 26.36; 27.16; for girdle of high priest, 28.39; 39.29; skilled in e., 35.35; 38.23; embroidered garments worn by wealthy, Judg 5.30; Ps 45.14

EMERALD jewel on high priest's breast plate, Ex 28.18; 39.11; fourth foundation of New Jerusalem, Rev 21.19

EMMANUEL Mt 1.23; see IMMANUEL

EMMOR see HAMOR

ENCAMPMENT see CAMP

ENCHANT,-ER(S) magicians, Ps 58.5; Dan 1.20; 2.2, 27; see MAGICIAN, SORCERER, WIZARD

ENCHANTMENT magic, Num 23.23; Is 47.9, 12

ENCOURAGE,-MENT Rom 15.4; 1 Cor 14.31; Eph 6.22; Phil 2.1; Col 2.2; 1 Thes 5.11, 14; see COMFORT

END Ps 39.4; 73.17; 102.27; 107.27; Eccl 12.13; Is 46.10; Amos 8.4; Mt 10.22; 24.6, 13-14; Mk 13.7, 13; Lk 1.33; 21.9; Jn 13.2; Rom 6.21-22; 10.4; 1 Cor 15.24; Heb 7.3; Jas 5.7-9; 1 Pet 4.7; 1 Jn 2.18; Rev 21.6; 22.13; time of the end, Dan 11.40; 12.4, 9

ENDOR town of Manasseh tribe, Josh 17.11; residence of medium, or witch, consulted by Saul, 1 Sam 28.7-25

ENDURE,-S,-ING,-ANCE 1 Chr 16.34, 41 (2 Chr 5.13); cf Ps 102.12; 106.1; Ps 136. Ecc 3.14; Is 1.13; Dan 6.26; Mt 10.22; 13.21; 24.13; Mk 4.17; 13.13; Lk 21.19; Jn 6.27; Rom 5.3-4; 9.22; 1 Cor 4.12; 9.12; 10.13; 13.7; 2 Cor 1.6; 6.4; 9.9; Col 1.11; 2 Thes 1.4; 2 Tim 2.10, 12; 3.11; 4.3, 5; Heb 6.15; 10.32, 36; 11.27; 12.2, 3, 20; Jas 1.12; 1 Pet 2.19; Rev 1.9; 2.2, 3, 19; 3.10; 13.10; 14.12

ENEMY(IES) Gen 14.20; Num 10.9; Deut 6.18-19; 12.10-11; 1 Sam 24.4; 2 Sam 22.1, 4, 38, 41, 49; Ps 3.7; 8.2; 23.5; 27.6, 11; 59.1, 10; 68.1; 110.1; Lam 1.21; 2.16; Mic 4.10; Nah 3.11; Zeph 3.15; Mt 5.43-48; 13.25; 22.44; Mk 12.36; Lk 1.71, 74; 6.27-31, 35-36; 10.19; 19.43-44; 20.43; Acts 13.10; Rom 5.10; 11.28; 12.20; 1 Cor 15.25-26; Gal 4.16; Phil 3.18; 2 Thes 3.15; Heb 10.12-13; Jas 4.4

EN-GEDI, fountain and town on shore of Dead Sea Gen 14.7; Josh 15.62; 1 Sam 23.29; 2 Chr 20.2; Song 1.14; Ezek 47.10

ENMITY Gen 3.15; Num 35.20-24; Deut 4.41-43; 19.4-5; Ezek 35.5-6; Lk 23.12; Rom 8.7; Eph 2.14-16; Jas 4.4

ENOCH (a) son of Cain and city which he built Gen 4.17-18

(b) father of Methuselah Gen 5.18-24; Heb 11.5; Jude 14

ENOSH (ENOS), son of Seth Gen 4.26; 5.6-11; 1 Chr 1.1; Lk 3.38

EN-ROGEL fountain near Jerusalem, on boundary line of Judah and Benjamin, Josh 15.7; 18.16; 2 Sam 17.17; near site of Adonijah's celebrations, 1 Kgs 1.9

ENVY,-IOUS 1 Sam 2.32; Ps 37.1; Prov 3.31; 23.17; 24.1, 19; Mt 27.18; Mk 7.22; 15.10; Acts 7.9; 13.45; 17.5; Rom 1.29; 1 Cor 3.3; 13.4; 2 Cor 12.20; Gal 5.21, 26; Phil 1.15; 1 Tim

6.4; Tit 3.3; Jas 3.14, 16; 4.5; 1 Pet 2.1; see JEALOUSY (a)

EPAENETUS Rom 16.5

EPAPHRAS, a Christian in Colossae Col 1.7; 4.12; Phm 23

EPAPHRODITUS, a Christian of Philippi Phil 2.25; 4.18

EPHAH (a) <u>a branch of Midianites</u> Gen 25.4; 1 Chr 1.33

(b) <u>Hebrew measure</u> for flour, barley, etc., about 1 bushel Ex 16.36; Judg 6.19; Ruth 2.17; Ezek 45.10-24; 46.5-14; Amos 8.5; Zech 5.6-11

(c) <u>others</u> (1) 1 Chr 2.46; (2) 1 Chr 2.3, 47

EPHER (a) <u>branch of the Midianites</u> Gen 25.4; 1 Chr 1.33

(b) <u>descendant of Ezrah</u> 1 Chr 4.17

(c) <u>a chief in half-tribe of Manasseh</u> 1 Chr 5.24

EPHESUS,-IANS, important city in Asia Minor, and inhabitants Acts 18.19-21, 24-26; 19.1-41; 20.16-38; 21.29; 1 Cor 15.32; 16.8; Eph 1.1; 1 Tim 1.3; 2 Tim 1.18; 4.12; Rev 1.11; 2.1-7

EPHOD (a) <u>elaborate garment worn by high priest</u> Ex 28.2, 4-14; 1 Sam 23.9-12; 30.7, 8; linen garment worn by ordinary priests, 1 Sam 22.18; by Samuel as a child, 2.18; by David **dancing** before ark, 2 Sam 6.14

(b) <u>father of Hanniel, prince of Manasseh</u> Num 34.23

EPHPHATHA (an Aramaic word meaning "be opened") Mk 7.34

EPHRAIM,-ITES (a) <u>younger son of Joseph</u> Gen 41.45-52; blessed by Jacob, 48.8-20

(b) <u>tribe of E</u> Josh 16.4, 10; Judg 5.14; growth of tribe retarded by death of several sons of E., 1 Chr 7.21-23; Joshua an Ephraimite, Josh 19.50; 24.30; praised by Deborah, Judg 5.14; quarreled with Gideon, Judg 8.1-3; residence of Micah, Judg 17.1; Shechem built in E by Jeroboam, 1 Kgs 12.25; individual(s) in tribe, Josh 16.5-9; Judg 12.5-6; Ps 78.9

(c) <u>ten tribes, E the head</u> Is 7.2, 5, 9, 17; Hosea 4.17; 5.3; 9.3-17

(d) <u>city near Baal-hazor</u> 2 Sam 13.23; Jn 11.54

EPHRATH (EPHRATHAH),-ITE (a) <u>original name for Bethlehem</u> Gen 35.19; 48.7; Ruth 4.11; Mic 5.2 (Bethlehem-ephratha); inhabitants of, Ruth 1.2; 1 Sam 17.12

(b) <u>wife of Caleb, mother of Hur</u> 1 Chr 2.19, 50; 4.4

(c) <u>territory of Ephraim</u> Ps 132.6

EPHRON (a) <u>a Hittite, owner of cave at Machpelah</u> Gen 23.8-17; 25.9

(b) <u>city taken from Jeroboam by Abijah</u> 2 Chr 13.19

(c) <u>mountain ridge between Judah and Benjamin</u> Josh 15.9

EPICUREANS, followers of Greek philosopher Epicurus, who taught that pleasure was the main goal of life Acts 17.18

ERASTUS Acts 19.22; Rom 16.23; 2 Tim 4.20

EQUITY (a) <u>human</u> 2 Sam 8.15 (1 Chr 18.14); Mic 3.9

(b) <u>divine</u> Ps 9.8; 67.4; 98.9; Is 11.3-4

ER (a) <u>son of Judah</u> Gen 38.1-7; 46.12; 1 Chr 2.3

(b) <u>descendant of Judah</u> 1 Chr 4.21

(c) <u>ancestor of Jesus</u> Lk 3.28

ERECH city in Babylonia Gen 10.10; Ezra 4.9 (RSV)

ERROR Rom 1.27; 1 Thes 2.3; Jas 5.20; 2 Pet 2.18; 3.17; 1 Jn 4.6; Jude 11

ESAIAS see ISAIAH

ESARHADDON, king of Assyria 2 Kgs 19.36, 37 (Is 37.37, 38); Ezra 4.2

ESAU son of Isaac and Rebekah, elder twin of Jacob, Gen 25.21-26; rivalry between E and Jacob, 27.1-41; reconciled, 32.3--33.15; with Jacob, buries Isaac, 35.29; descendants (Edomites) inhabit Mt Seir, Deut 2.4-22; Obad 8, 9, 19, 21 (Mt. Esau); punished by God, Mal 1.2, 3; in NT, Rom 9.13; Heb 11.20; 12.16

ESCAPE,-ED 1 Sam 23.24-28; Ezra 9.13-15; Ps 68.20; Prov 19.5; Ezek 17.15-16; Dan 11.42; Joel 2.32; Mt 23.33; Lk 21.36; Rom 2.3; 1 Cor 10.13; 1 Thes 5.3; Heb 2.3; 12.25; 2 Pet 1.4; 2.18, 20

ESHBAAL see ISHBOSHETH

ESHCOL (a) one of three Amorite brothers near Hebron confederate with Abram, Gen 14.13, 24

(b) valley near Hebron famous for large grapes Num 13.22-24; Deut 1.24

ESHTEMOA (ESHTEMOH) (a) town in Judah hill country given to priests Josh 15.50; 21.14; 1 Chr 6.57; spoils sent to it by David, 1 Sam 30.28

(b) a Maacathite, son of Hodiah 1 Chr 4.19

ESTABLISH,-ED Gen 9.9-11; 17.19-21; Ex 6.4; Deut 28.9; 1 Chr 28.7; Ezek 16.60-62

ESTHER, a Jewess, queen of Persia as wife of Ahasuerus ancestry, Esth 2.15; cf v. 5 and 7; selected queen, 2.17; learns of Haman's plot, 4.1-9; resolves to intercede, 4.16; plans and intercessions, 5.1-8; 7.3-6; 9.12-13; feast of Purim instituted by Esther and Mordecai, 9.29-32

ETERNAL (a) life Mt 19.16, 29; 25.46; Mk 10.17, 30; Lk 10.25; 18.18, 30; Jn 3.15, 16, 36; 4.14, 36; 5.24, 39; 6.27, 40, 47, 54, 68; 10.28; 12.25, 50; 17.2, 3; Acts 13.46, 48; Rom 2.7; 5.21; 6.22, 23; Gal 6.8; 1 Tim 1.16; 6.12; Tit 1.2; 3.7; 1 Jn 1.2; 2.25; 3.15; 5.11, 13, 20; Jude 21

(b) salvation Heb 5.9; redemption Heb 9.12; inheritance Heb 9.15; covenant Heb 13.20; habitations Lk 16.9; house 2 Cor 5.1

(c) sin Mk 3.29; judgment Heb 6.2; punishment Mt 25.46; Rev 14.11; 20.10; destruction 2 Thes 1.9; fire Mt 18.8; 25.41; Jude 7

(d) God Deut 33.27; Rom 16.26; Rev 10.6; 15.7; Jesus Christ Heb 13.8; Rev 1.18; 11.15; Spirit Heb 9.14

(e) other 2 Cor 4.17, 18; 2 Thes 2.16; 1 Tim 6.16; 2 Tim 2.10; 1 Pet 5.10; 2 Pet 1.11; Rev 14.6; see EVERLASTING

ETHAN Levite singer during David's reign, 1 Chr 6.44, 47; 15.17, 19; name changed to Jeduthun, cf. 1 Chr 15.17, 19 with 25.1

ETHANIM, seventh Hebrew month, September -October 1 Kgs 8.2

ETHIOPIA,-N,-NS (a) country called Cush (Hebrew) located south of Egypt 2 Chr 16.8; Ps 68.31; Is 20.3-5; Ezek 30.4-5

(b) inhabitants of Is 45.14; Jer 13.23; defeated by Asa, 2 Chr 14.9-15; 16.8; conversion of E eunuch, Acts 8.26-39

EUBULUS, a Christian in Rome 2 Tim 4.21

EUNICE, mother of Timothy 2 Tim 1.5; see also Acts 16.1

EUNUCH Esth 1.10-15; 2.3, 14, 15; Is 39.7; Jer 38.7; Dan 1.3, 7; Mt 19.12; Acts 8.27-39

EUODIA, a Christian woman in Philippi Phil 4.2

EUPHRATES, a great river of western Asia Gen 2.14; 15.18; Deut 1.7; Rev 9.14; 16.12

EURAQUILO, a NE wind Acts 27.14

EUTYCHUS, a Christian of Troas Acts 20.9-12

EVANGELIST(S) Acts 21.8; Eph 4.11; 2 Tim 4.5

EVE, wife of Adam Gen 3.20; 4.1; 2 Cor 11.3; 1 Tim 2.13

EVENING Gen 1.5, 8, 13, 19, 23, 31; 8.11; 19.1; Ex 12.6, 18; Deut 16.4; Ps 55.17; 109.23; Prov 7.9; Mt 8.16; 14.15; 16.2; 26.20; 25.57; Lk 24.29; Jn 20.19

EVERLASTING (a) God Gen 21.33; Ps 90.2 Father, Is 9.6; as rock, Is 26.4; as light, Is 60.20; arms (of God), Deut 33.27

(b) covenant Gen 9.16; 17.7; 2 Sam 23.5; 1 Chr 16.17; Ps 105.10; Ezek 16.60

(c) Canaan as possession Gen 17.8

(d) salvation, Is 45.17; joy, Is 51.11; love, 54.8; Jer 31.3; life, Dan 12.2

(e) kingdom Dan 4.3; 7.27

(f) reproach Jer 23.40; 25.9; see also ETERNAL

EVIL (a) general Gen 2.9, 17; 3.5; 44.4; 48.16; Ex 5.19-23; Deut 1.39; 9.18; Judg 2.15; 1 Sam 12.20; 25.21, 39; 1 Kgs 14.9; 2 Kgs 3.2; 8.12; 14.24; 15.9, 18, 24, 28; 17.2; 23.32, 37; 24.9, 19; 2 Chr 33.2, 6, 9, 22; 36.5, 9, 12; Mt. 5.11, 39; 7.18; 12.34-35; 13.49-50; Mk 7.23; 9.39; Lk 6.45; 11.13; Jn 3.19-20; 5.29; Acts 9.13; Rom 2.9; 7.19; 12.9, 17-21; 16.19; 1 Cor 10.6; Gal 1.4; Eph 6.13; Col 1.21; 1 Thes 5.22; 2 Thes 3.2; 2 Tim 3.13; 4.18; Heb 3.12; 5.14; 10.22; Jas 3.8; 4.16; 1 Pet 3.9; 2 Jn 11; 3 Jn 10

(b) generation Deut 1.35; Mt 12.39, 45; 16.4; Lk 11.29

(c) one (= Satan) Mt 5.37; 6.13; 13.19, 38; Jn 17.15; Eph 6.16; 2 Thes 3.3; 1 Jn 2.13, 14; 3.12; 5.18, 19; see SATAN

(d) spirit(s) Judg 9.23; 1 Sam 16.14-16; 19.9; Mt 12.45; Lk 7.21; 8.2; 11.26; Acts 19.12-16

(e) shunning of 2 Kgs 17.13; Job 1.1; 28.28; Ps 34.14; 97.10; 141.4; Prov 3.7; 8.13; 12.26; Amos 5.15

(f) promised as punishment for doing e Judg 2.15; 2 Kgs 22.16; Jer 6.19; 11.11, 23; 18.11

EVILDOER(S) Ps 5.5; 26.5; Prov 24.19; Is 9.17; Mal 3.15; Mt 7.23; 13.41

EWE Lev 14.10; Num 6.14; 2 Sam 12.3

EXALT,-S,-ED (a) God Ex 15.2; Neh 9.5; Ps 18.46; 21.43; 34.3; 47.9; Is 2.11, 17; 25.1

(b) Christ Acts 2.33; Phil 2.9; Heb 7.26

(c) men by God 1 Sam 2.7; 2 Sam 22.47, 49; 1 Chr 25.5; Ps 18.48; 37.34; Ezek 21.24-26; Mt 23.12; Lk 1.52; Jas 4.10; 1 Pet 5.6

(d) men by men Num 16.3; 1 Kgs 1.5; Dan 11.36

EXAMINE,-D,-ATION Lev 13.3-55; 14.3, 36-37; Lam 3.40; Ecc 9.1; Acts 4.9; 17.11; 22.14; 25.26; 1 Cor 11.28

EXAMPLE Jn 13.15; Phil 3.17; 1 Thes 1.7; 2 Thes 3.9; 1 Tim 4.12; Jas 5.10; 1 Pet 2.21; 5.3; 2 Pet 2.6; Jude 7

EXECUTE,-ED Ex 12.12; Num 33.4; Deut 13.18; 1 Kgs 10.9; Ps 75.7; 140.12; Ezek 18.8; Joel 2.11

EXHORT,-ATION Lk 3.18; Acts 2.40; 11.23; 13.15; 14.22; 15.31, 32; 16.40; 20.1; Rom 12.8; 1 Thes 2.11; 3.2; 4.1, 10; 5.14; 2 Thes 3.12; 1 Tim 5.1; 2 Tim 4.2; Tit 2.15; Heb 3.13; 12.5; 13.22; 1 Pet 5.1, 12

EXILE(S),-ED 2 Kgs 17.23; Ezra 1.11; 2.1; Neh 1.2, 3; Is 5.13; Jer 24.1;

27.20; 29.28; 46.19; Lam 1.3; 4.22; Ezek 12.3-7, 11; Heb 11.13; 1 Pet 1.1

EXPIATION Num 8.7; 35.33; Deut 32.43; 2 Sam 21.3; Rom 3.25; Heb 2.17; 1 Jn 2.2; 4.10

EXTOL 2 Sam 22.50; Ps 18.49; 30.1; 89.16; 118.28; Dan 4.37; Acts 10.46; 19.17

EXULT Ps 5.11; 9.2; Is 61.10; Zeph 3.14, 17; Zech 10.7; Rev 19.7

EYE(S) Gen 3.5-7; 6.8; Ex 13.16; 21.24; Lev 24.20; Deut 4.3; 19.21; 2 Chr 16.9; Mt 5.29; 6.22; 7.3-5; 20.33; Mk 8.18; Jn 4.35; 9.6; 11.37; 1 Cor 12.16; Eph 1.18; 1 Pet 3.12; 2 Pet 2.14; 1 Jn 1.1; 2.11, 16; Rev 1.7, 14; 21.4

EZEKIAS see HEZEKIAH

EZEKIEL, a prophet Ezek 1.3; 24.24; prophesies of Jerusalem's overthrow, 3.22—7; Judah's idolatry denounced, 8; speaks comfort for Judah, 11.16-21; punishment and restoration, 20.1-44; against other nations, 25—32; further prophecies of restoration, 33.1-22; shepherd to be raised up, 34; foes punished, 35; restoration, 36, 37; enemies overthrown, 38-39; worship of God, 40—48

EZION-GEBER town near borders of Edom, Deut 2.8; 1 Kgs 9.26, where Israel encamped, Num 32.35

EZRA (a) a chief priest who returned from Babylon with Zerubbabel Neh 12.1, 7

(b) priest descended from Zadok and Phinehas a scribe, Ezra 7.6; led group of exiles to Palestine, 8.1-23, 31; reforms on marriage, 9, 10; read law to people, Neh 8

F

FACE (a) of God Gen 32.30; Ex 33.11; 33.20; 34.29; Num 6.25; Ps 10.11; 27.8; 80.3; Rev 22.4

(b) of Christ Mt 17.2; 26.67; Lk 9.51; 1 Cor 13.12; 2 Cor 4.6; Rev 1.16

FAIL Deut 31.6, 8; Josh 1.5; 1 Chr 28.20; Ps 73.26; Is 42.4; Lk 12.33; 16.9; 22.32; 23.45; Acts 5.38; Rom 9.6; Heb 11.32; 12.15; 13.5; Jas 2.10

FAINT(S) Ps 61.2; 84.2; Is 40.28-31; Jer 51.46; Mt 15.32; Mk 8.3; Lk 21.26

FAITH (a) general Judg 9.15-16, 19; Is 26.2; Hab 2.4; Mt 9.2; 17.20; 21.21-22; Lk 17.6; 18.8; Acts 6.5; 11.24; 14.27; 15.9; Rom 1.16-17; 3.27-31; 5.1; 11.20; 14.22-23; 1 Cor 13.13; 2 Cor 5.7; Gal 3.2, 6-14, 22-26; 5.6; Eph 2.8; 4.5; 6.16; 1 Thes 5.8; Heb 11.1; Jas 1.6; 2.14-26

(b) in God Ps 78.22; Mk 11.22-24; Jn 12.44-45; 14.1; Acts 16.34; 27.25; Rom 4.1-25; 1 Cor 2.12; Heb 11.1.40; 1 Pet 1.21

(c) in Christ Mt 8.13; 9.28-29; Mk 2.5; 5.34, 36; 9.23-24; Jn 1.7, 12, 50, 3.16; 5.46-47; 6.29, 35, 40; 9.35-38; 11.15, 25-27; 12.11; 14.1; 17.20; 20.29, 31; Acts 3.16; 13.39; 16.31; 20.21; 24.24; Rom 3.22-26; 10.6-17; Gal 2.16, 20; 1 Tim 3.13; 2 Tim 1.13; 3.15; 1 Jn 3.23; 5.1, 5, 10, 13

(d) great faith Mt 8.10; 15.28; Lk 7.9

(e) little faith Mt 6.30; 8.26; 14.31; 16.8; 17.20; Lk 12.28; 17.5; 24.25; weak in faith Rom 14.1

(f) broken, or no faith Num 5.6; Deut 32.51; Ezra 10.2; Ps 78.22; 106.24; Mt 21.32; Mk 4.40; 16.11, 14; Lk 20.5; 24.41; Jn 3.18; 6.64; 7.5; 10.25; 12.37-41; 20.25; Acts 13.45-47; 19.9; 28.24-28; Rom 11.20; 2 Tim 2.13

(g) the faith Acts 6.7; 13.8; 14.22; 16.5; Gal 1.23; Phil 1.25, 27; Col 1.23; 2.7; 1 Tim 1.2; 3.9; 4.1, 6; 5.8; 6.10, 12, 21; Tit 1.13; 3.15; Jude 3, 20; see also BELIEVE

Faithful

FAITHFUL,-NESS (a) of man Gen 24.27; Josh 24.14; 1 Sam 22.14; 2 Chr 31.18, 20; Neh 7.2; 9.8; Ps 31.23; 149.5; Prov 28.20; Mt 25.21, 23; Lk 12.42; 16.10-12; 19.17; Acts 11.23; Gal 5.22; Eph 1.1; Col 1.2; 1 Tim 1.12; 3.11; Heb 3.2, 5; Rev 2.10, 13; 17.15

(b) of God Deut 7.9; 32.4; Ps 31.5; 119.90; 145.13; 146.6; Is 49.7; Jer 31.3; Lam 3.23; Rom 3.3; 1 Cor 1.9; 10.13; 2 Cor 1.18; 1 Thes 5.24; 2 Thes 3.3; Heb 10.23; 11.11; 1 Pet 4.19; 1 Jn 1.9

(c) of Christ 2 Tim 2.13; Heb 2.17; 3.2, 6; Rev 1.5; 3.14; 19.11

FAITHLESS,-NESS Prov 13.15; Jer 3.14, 22; Hos 14.4; Rom 3.3; Gal 5.22

FALSE (a) gods 2 Kgs 17.15; Ps 40.4; Jer 14.22; 18.15

(b) witnesses Deut 5.20; Prov 6.19; 12.17; 19.5; Mt 15.19; 19.18; 26.59-60; Mk 10.19; 14.56-57; Lk 18.20; Acts 6.13

(c) Christs Mt 24.24; Mk 13.22

(d) prophet(s) Mt 7.15; 24.11, 24; Mk 13.22; Lk 6.26; 2 Pet 2.1; 1 Jn 4.1; Rev 16.13; 19.20; 20.10

(e) apostles 2 Cor 11.13

(f) brethren 2 Cor 11.26; Gal 2.4

(g) general 2 Chr 26.16; Ps 119.29; Hos 10.2; see LIAR

FALSEHOOD Ps 119.163; Prov 13.5; 30.8; Ezek 13.6; Hos 12.1; Jn 7.18; Eph 4.25; Rev 21.27; see LIE

FALSELY Ex 8.29; Lev 6.3; 19.11; 19.12; Josh 24.27; Jer 5.31; Zech 5.3, 4; Mt 5.11, 33

FAMILY,-IES Gen 8.19; 10.5, 32; Num 26.7-58; Lev 25.10, 49; Num 1.18; 2.34; Judg 8.27, 35; Ruth 2.1; 1 Sam 9.21; 20.6, 29; Mk 3.31-35; Eph 3.15; 5.22--6.4; Col 3.18-21; 1 Tim 5.8; see HOUSE,-HOLD (a)

FAMINE(S) Gen 12.10; 26.1; 41.27-57; Ruth 1.1; 2 Sam 21.1; 1 Kgs 18.2; 2 Kgs 4.38; 6.25; Job 5.20; Jer 52.6; Amos 8.11 (spiritual); Mt 24.7; Mk 13.8; Lk 4.25; 15.14; 21.11; Acts 7.11; 11.28; Rom 8.35; Rev 6.8; 18.8

FASHIONED Job 10.8; Ps 33.15; 119.73; Is 45.9; 54.17

FAST,-ING (a) general 2 Sam 12.23; 1 Kgs 21.9, 12; 2 Chr 20.3; Ezra 8.21; Neh 1.4; 9.1; Esth 4.3, 16; Is 58.4; Jer 14.12; 36.9; Dan 6.18; 9.3; Joel 1.14; 2.12-15; Zech 7.1-7; Lk 2.37

(b) day of Atonement Lev 16; 23.26-32; Num 29.7-11; Acts 27.9

(c) Jesus Mt 4.1-2; Lk 4.1-2

(d) Jewish Mk 2.18; 5.33; 18.12

(e) Christian Acts 13.2-3; 14.23

(f) teaching Mt 6.16-18; 9.14-15; Mk 2.18-20; Lk 5.33-35

FAT (in sacrifices) Ex 29.13, 22; Lev 3.3, 4, 9-17; 4.8, 9, 26, 31, 35, etc through Lev 17; Is 43.24; Ezek 44.7, 15

FATHER (a) human Gen 22.7; 25.19; 27.34; 45.3; 50.14; Judg 14.3-4; 1 Sam 9.3; 14.51; 17.34; 2 Sam 6.21; 2 Kgs 2.12; Mt 4.21; 8.21; 10.21, 35, 37; 15.4, 5; 19.5; 21.31; 23.9; Lk 15.12; Jn 6.42; Heb 12.9

(b) Abraham Gen 25.19; 26.24; Josh 24.3; Is 51.2; Mt 3.9; Lk 16.24; Jn 8.39-40, 53, 56; Rom 4.1-12, 16-17

(c) divine Ps 68.5; 89.26; Is 9.6; 63.16; Mal 1.6; Mt 5.48; 6.8-9, 32; 7.21; 10.20; 11.25-27; 12.50; 18.10; 23.9; 24.36; 26.53; Lk 2.49; 6.36; 12.32; 22.42; 23.34, 46; Jn 1.14, 18; 5.17-27, 36-45; 10.29-38; 12.27-28; 14.6-11; 15.8-10; 17.1-26; 1 Cor 8.6; 2 Cor 1.3; Gal 4.6; Eph 4.6; Phil 2.11; Col 1.12; Heb 12.5-9; Jas 1.17; 1 Pet 1.17; 1 Jn 3.1-2, 9-10; 5.18; Rev 14.1; see GOD (a)

(d) <u>instructions concerning</u> Gen 2.24; Ex 21.15, 17; Lev 19.3; Deut 27.16; Lk 11.11-13; Eph 6.4; Col 3.21; Heb 12.7-9; 1 Jn 2.13-14; <u>see also</u> FATHERS

FATHER-IN-LAW Ex 3.1; 18.1, 12-27; Num 10.29; Judg 1.16; Jn 18.13

FATHERLESS Deut 10.18; 24.17-21; Ps 10. 14, 18; 68.5; 82.3; Is 1.17; Lam 5.3; see ORPHAN

FATHERS Gen 15.15; 47.3; Ex 3.13-16; 13. 5; 20.5; Lev 25.41; Num 14.23; Deut 10.22; 30.9; Josh 4.21; 24.6; Judg 6. 13; 2 Chr 30.7-8; Ezra 7.27; Ps 22.4; 44.1; 78.12; 106.6; Zech 1.2-6; Mt 23. 30-32; Lk 1.55, 72; 6.23, 26; 11.47-48; Jn 4.20; 6.31, 49, 58; Acts 3.13, 25; 5.30; 7.51-52; 13.17; 15.10; 22. 14; 28.25; 1 Cor 10.1; Eph 6.4; Heb 1. 1; 1 Pet 1.18; 2 Pet 3.4; see FATHER (a)

FATHOM, a measure of length, about 6 feet Acts 27.28

FAVOR Gen 6.8; Ex 3.21; 11.3; 33.12-17; Ruth 2.2; 1 Sam 2.26; 1 Kgs 13.6; Neh 13.22; Esth 2.15; Ps 101.6; Prov 3. 34; 12.2; 22.1; Is 61.2; Dan 1.9; Lk 1.30; 2.40, 52; Acts 2.47; <u>see</u> GRACE

FEAR (a) <u>general</u> Gen 50.21; 2 Kgs 17. 37-38; Esth 8.17; 9.2-3; Job 4.14, 15; Ps 23.4; 27.1; Mt 10.26-31; 14.26-27; 28.4, 8; Mk 5.33, 36; 6.20, 50; 11.18; 12.12; Lk 1.12, 65; 2.9-10; 8.37; 12. 4-7, 32; 21.26; Jn 7.13; 9.22; 12.42; 19.38; 20.19; Acts 2.43; 5.5, 11; 16. 29; 19.17; Rom 8.15; 13.3-4; 1 Cor 2. 3; 2 Cor 7.5, 15; Eph 6.5; Phil 2.12; Heb 2.15; 4.1; 1 Pet 1.17; 3.14; 1 Jn 4.18; Rev 1.17; 2.10; 11.11

(b) <u>of God, the Lord</u> Gen 42.18; Ex 18. 21; Lev 19.14; 25.17; Deut 6.13; 1 Sam 12.14, 24; 2 Kgs 17.36; 2 Chr 6.31-33; 26.5; Neh 1.11; Job 1.1, 8, 9; 2.3; 28.28; Ps 27.1; Prov 1.7; 8.13; 9.10; 10.27; Jon 1.9; Mic 6.9; Mt 10.28; Lk 18.4; 23.40; Acts 9.31 Rom 3.18; 2 Cor 5.11; 7.1; Heb 5.7; 1 Pet 2.17; Rev 15.4; 19.5

(c) <u>confidence in God</u> (fear not) Gen 15.1; 21.17; Ex 14.13; Num 14.9; Deut 1.21; Josh 8.1; Hag 2.5; Mt 1. 20; 10.31; 14.27; Mk 5.36; Lk 12.32; 1 Pet 3.14; Rev 1.17

FEAST(S) (a) <u>Passover</u> Ex 12.18, 19, 27, 43-48; 13.3-10; Lev 23.5; Num 9. 2-14; Deut 16.1-6; Josh 5.10; 2 Kgs 23.21-23 (2 Chr 35.1-19); Ezra 6.19-20; Mt 26.2, 5, 17-19; 27.15; Mk 14. 1, 2, 12, 14, 16; 15.6; Lk 2.41-43; 22.1, 8, 13; 23.17 (some manuscripts); Jn 2.13, 23; 4.45; 6.4; 11.55-56; 12.1, 12, 20; 13.1, 29; 18.28, 39; 19.14; Acts 12.4; 1 Cor 5.7; Heb 11. 28; for those unable to keep regular feast, Num 9.10-11

(b) <u>Unleavened Bread</u> Ex 12.15-20; 13.6-7; Lev 2.4-5; 7.12; 23.6; Num 28.17; Deut 16.8-16; 2 Chr 35.17; Ezra 6.22; Mt 26.17; Mk 14.1, 12; Lk 22.1, 7; Acts 12.3; 20.6; 1 Cor 5.7-8

(c) <u>Pentecost</u> (or <u>Weeks</u>, or <u>Day of Firstfruits</u>) Ex 23.16; 34.22; Lev 23.15-21; Num 28.26; Deut 16.9-10, 16; 2 Chr 8.13; Acts 2.1; 20.16; 1 Cor 16.8

(d) <u>tabernacles, booths, ingathering</u> Lev 23.34, 42; Deut 16.13-16; 2 Chr 9.12, 13; Ezek 3.4; Zech 14.16-19; Jn 7.2, 8, 10, 11, 14, 37

(e) <u>new moon</u> (beginning of months) Num 10.10; 28.11-14; 1 Sam 20.5; Ps 81.3; Amos 8.5; Col 2.16

(f) <u>others</u> trumpets, Num 29.1; wine, oil, Ex 23.16; Lev 23.34; Deut 16. 13; solemn assembly, Lev 23.36; Num 29.35; Neh 8.18; Purim, Esth 9.21-32; dedication of temple, Jn 10.22

(g) <u>unspecified</u> Esth 8.16-17; Lam 2.6, 7; Hos 9.5; Jn 5.1; Acts 18.21 (some manuscripts); Col 2.16

(h) <u>unacceptable to God</u> Is 1.14; 29. 1-2; Amos 5.21; 8.10

FEET (a) <u>God</u> Ex 24.10; 2 Sam 22.10; Ezek 43.7

Felix 36

(b) <u>Christ</u> Lk 7.38; 24.39; Acts 2.35; Rev 1.15

(c) <u>others</u> Gen 19.2; Ex 3.5; Lev 11.42; Josh 5.15; 10.24; Ps 8.6; 18.33; 40.2; 119.105; Is 52.7; Dan 2.33, 34, 41, 42; Mt 10.14; Jn 13.5; Rom 10.15; 16.20

FELIX, Roman governor of Judea Acts 23.24, 26; 24.2-27; 25.14

FELLOWSHIP Acts 2.42; 1 Cor 1.9; 2 Cor 6.14; 13.14; Gal 2.9; 1 Jn 1.3, 6, 7

FESTUS, Roman governor of Judea Acts 24.27; 25.1--26.32

FEVER Mt 8.14-15; Mk 1.30-31; Lk 4.38-39; Jn 4.52; Acts 28.8

FIELD OF BLOOD see **AKELDAMA**

FIGHT(S) (the Lord <u>f</u> for Israel) Ex 14.14, 25; Deut 3.22; Josh 23.10; Neh 4.20; see also WAR

FIGHTING see WAR

FILTH,-INESS 2 Chr 29.5; Ezek 22.15; Eph 5.4

FINGER, measure of length, about .728 inches 1 Kgs 7.15; Jer 52.21

FIRE (a) <u>literal</u> in offerings, Gen 8.20-21; from the presence of God to consume sacrifice, Lev 9.24; not permitted to die out, Lev 6.9-13; from heaven at dedication of temple, 2 Chr 7.1; God's acceptance indicated by miraculous kindling, Judg 6.21; 1 Kgs 18.23, 24 (1 Chr 21.26); other, Ex 3.2; Josh 6.24; Judg 15.5-6, 14; 1 Sam 30.1-3, 14; 2 Kgs 1.10, 12; in NT, Mt 17.15; Mk 9.22; 14.54; Lk 17.29; 22.55; Jn 18.18; 21.9; Acts 7.30; 28.2-5; Jas 3.5

(b) <u>symbolic</u> Prov 6.27; 25.22; Is 10.17; Jer 23.29; Lam 2.3-4; Mic 1.6; Mt 3.10-12; 5.22; 7.19; 13.40, 42, 50; 18.8-9; 25.41; and parallels in other Gospels; Mk 9.48, 49; Lk 12.49; Jn 15.6; Acts 2.3; 1 Cor 3.13-15; 2 Thes 1.7; Heb 1.7; 10.27; 12.29; Jas 3.6; 5.3; 2 Pet 3.7, 10, 12; Jude 7; Rev 14.10; 19.20; 20.9-10, 14, 15; 21.8; see HELL

FIREPAN (used for carrying fire) Ex 27.3; Lev 16.12; 1 Kgs 7.50 (2 Chr 4.22); 2 Kgs 25.15

FIRST-BORN Gen 27.19, 32; Ex 4.22, 23; 13.2, 13, 15; 22.29; Num 3.40; Ps 89.27; 2 Chr 21.3; Lk 2.7, 22-23; Rom 8.29; Col 1.15, 18; Heb 1.6; 11.28; 12.23; Rev 1.5

FIRSTFRUITS Ex 23.19; Lev 23.10, 17; Deut 26.1-11; Rom 8.23; 11.16; 1 Cor 15.20, 23; Jas 1.18; Rev 14.4; see FRUIT

FIRSTLING(S) Gen 4.4; Ex 13.13; Lev 27.26; Deut 12.6

FLAME see FIRE

FLESH (a) <u>human or animal body, muscles</u> Gen 2.21; Ex 12.8; 16.12; Deut 12.20; Lk 24.39

(b) <u>human or animal nature or beings</u> Gen 6.3; Lev 17.11; 2 Kgs 4.32-37; 2 Chr 32.8; Job 19.26; Ps 78.39; Is 49.26; 66.23; Mt 26.41; Mk 14.38; Jn 1.13; 3.6; 2 Cor 4.11; Gal 2.20; Phil 1.22, 24; 1 Pet 4.2, 6

(c) <u>"all flesh," all people and occasionally animals</u> Gen 6.13, 17, 19; 7.15, 16; Ps 136.25; 145.21; Is 40.6; Jer 32.27; Joel 2.28; Zech 2.17; Lk 3.6; Jn 17.2; Acts 2.17; 1 Pet 1.24

(d) <u>"flesh and blood,"</u> (1) <u>human being</u>, Mt 16.17; Gal 1.16; Eph 6.12; (2) <u>human body</u>, 1 Cor 15.50; Heb 2.14

(e) <u>human kinship</u> Gen 2.23, 24; 29.14; 37.25-28; Judg 9.2; 2 Sam 5.1; 19.12, 13; 1 Chr 11.1; Is 58.7; Rom 4.1

(f) <u>human nature apart from God</u> Rom 7.5, 18, 25; 8.3-9, 12, 13; 13.14; 1 Cor 3.1, 3; 5.5; Gal 5.13, 16, 17, 19, 24; 6.8; Eph 2.3; Phil 3.3, 4; Col 2.11; 1 Pet 2.11; 1 Jn 2.16

(g) Christ's body and humanity Jn 1.14; 6.51-56, 63; Acts 2.26, 31; Rom 1.3; 8.3; 9.5; Eph 2.15; Col 1.22; 1 Tim 3.16; Heb 5.7; 10.20; 1 Pet 3.18; 4.1; 1 Jn 4.2; 2 Jn 7

FLOCK(S) (a) literal Gen 4.4; 13.5; 24.35; Lev 5.6, 15, 18; Amos 7.15; Lk 2.8; 1 Cor 9.7

(b) figurative Is 40.11; Jer 23.2-3; Zech 9.16; 10.3; Mt 26.31; Lk 12.32; Jn 10.16; Acts 20.28-29; 1 Pet 5.2-3

FLOOD(S) Gen 6.17; 7.6-17; 9.11-15; Ex 15.5-8; Mt 7.25; 24.38; 2 Pet 2.5

FLOUR Lev 2.1-7; Num 7.13-19; 28.5, 9, 12-13

FOE see ENEMY

FOLLOW,-ED,-ING,-S (a) God Num 14.43; Deut 1.38; Josh 14.8; 22.16; 1 Sam 12.14; 1 Kgs 18.21; 2 Kgs 17.21; Is 59.13

(b) his commandments 2 Kgs 17.34; Ezek 37.24; Dan 9.10

(c) Christ Mt 4.19; 8.19; 9.9; 10.38; 19.21; 26.58; Jn 1.37, 43; 10.27; 12.26; 13.36; 21.19; 1 Pet 2.21; Rev 14.4

(d) evil Deut 12.30; 18.9; 2 Kgs 17.15; 2 Chr 36.14; Jer 3.17; Eph 2.2, 3; 2 Pet 2.2

FOLLY Gen 34.7; 1 Sam 25.25; 2 Sam 13.12; Ps 69.5; Prov 5.23; 9.13-18; 12.23; 13.16; 26.11; Ecc 2.12-13

FOOL,-ISHNESS 1 Sam 26.21; Ps 14.1; Prov 10.8; 15.5; Ecc 10.14; Jer 4.22; Ezek 13.3; Mt 5.22; 7.26; 23.17; 25.2-3, 8; Mk 7.22; Lk 11.40; 12.20; 24.25; Rom 1.14, 22, 31; 2.20; 10.19; 1 Cor 1.20, 25, 27; 3.18; 15.36; 2 Cor 11.1, 16, 17, 19, 21; 12.6, 11; Gal 3.1, 3; Eph 5.17; Tit 3.3; Jas 2.20; 1 Pet 2.15

FOOTSTOOL 1 Chr 28.2; Ps 99.5; 110.1; Is 66.1; Mt 5.35; Acts 7.49

FORBEAR,-ANCE Rom 2.4; 3.25; 2 Cor 6.6; Eph 4.2; Phil 4.5; Col 3.13; 2 Tim 2.24; 2 Pet 3.9, 15

FOREFATHERS see FATHERS

FOREIGN,-ER,-ERS Gen 35.2; Ex 2.22; 12.43; Josh 24.19-25; Ezra 10; Ps 137.4; Ezek 44.9

FORGIVE,-NESS,-EN (a) general Lev 4.20-35; Deut 21.8; 1 Kgs 8.30-39, 46-50; Ps 32.1; 130.4; Is 33.24; Dan 9.19; Mic 7.18, 19; Mt 6.12, 14-15; 9.1-8; 18.21-35; 26.28; Mk 1.4; 4.12; 11.25-26; Lk 3.3; 6.37; 7.36-50; 11.4; 17.3-4; 23.34; 24.47; Jn 20.23; Acts 2.38; 5.31; 8.22; 10.43; 13.38; 26.18; Rom 4.7; 2 Cor 2.5-10; Eph 1.7; 4.32; Col 1.14; 2.13; 3.13; Heb 10.18; Jas 5.15; 1 Jn 1.9; 2.12

(b) no forgiveness Mt 12.31-32; Mk 3.28-30; Lk 12.10; Heb 9.22; 1 Jn 5.16

FORSAKING warnings against f God, Deut 29.22-28; 31.16-21; Josh 24.30; no f on God's part, Deut 31.6; Josh 1.5; Ezra 9.8-9

FORTRESS (with reference to God) 2 Sam 22.2; Ps 18.2; 31.2-3; 59.9, 16-17; 91.2; 144.2; see REFUGE, ROCK

FORTUNATUS, a Christian at Corinth 1 Cor 16.17

FOUNDATION(S) (a) general 1 Kgs 5.17; 7.9-10; Ezra 3.6-12; Lk 6.48-49; 14.29; Acts 16.26; Heb 11.10; Rev 21.14, 19

(b) "of the world," "...earth" Job 38.4; Ps 102.25; Is 48.13; Mt 13.35; 25.34; Lk 11.50; Jn 17.24; Eph 1.4; Heb 4.3; 9.26; 1 Pet 1.20; Rev 13.8; 17.8

(c) figurative Is 28.16; Rom 15.20; 1 Cor 3.10-14; Eph 2.20; 1 Tim 6.19; 2 Tim 2.19; Heb 6.1; see CORNERSTONE

FRANKINCENSE fragrant ingredient in sacred incense, Ex 30.34; used in meal offerings, Lev 2.1, 2, 15, 16;

Free, Freedom

forbidden in sin and jealousy offerings, Lev 5.11; Num 5.15; pure _f_ poured on showbread, Lev 24.7; offered to baby Jesus, Mt 2.11

FREE,-DOM   Ex 21.1-6 (Deut 15.12-18); 21.26-27; Lev 19.20; Ps 146.7; Jer 34.9-16; Mt 17.26; Lk 4.18; 13.12; Jn 8.32-36; Rom 6.7, 15-23; 7.1-6; 8.1-2, 19-21; 1 Cor 7.20-22; 8.9; 10.29; 2 Cor 3.17; Gal 2.4; 3.28; 4.8-11, 21--5.1; 5.13; Col 3.11; Jas 1.25; 2.12; 1 Pet 2.16; 2 Pet 2.19; Rev 1.5; see LIBERTY

FRIEND,-SHIP   2 Chr 20.7; Job 2.11; Ps 25.14; 41.9; Prov 17.17; 18.24; 27.6; Lk 16.9; Jn 11.11; 15.13-15; Jas 2.23

FROGS   Ex 8.2-13; Ps 78.45; 105.30

FRONTLETS (forehead bands)   Ex 13.16; Deut 6.8, 9; 11.18

FRUIT(S),-FUL   (a) literal   Gen 3.2-6, 12; Ex 23.16-19; Lev 25.19-21; Num 13.20-27; Deut 28.4, 11, 18, 30, 33, 42, 51; Amos 8.1; Mt 3.10; 12.33; 21.19, 34, 41; 26.29; Lk 1.42; 13.6-9; 22.18; Jn 12.24; Acts 14.17; Jas 3.17; 5.7, 18; Rev 6.13; 18.14; 22.2

(b) figurative   Gen 49.22; Prov 11.30; 12.14; 13.2; Is 3.10; Hos 10.12-13; Mt 3.8; 7.16-20; 12.33; 21.43; Mk 4.20; Lk 3.9; 8.14, 15; Jn 4.36; 15.2-8, 16; Rom 7.4, 5; Gal 5.22; Eph 5.9; Phil 1.11, 22; 4.17; Col 1.6, 10; Heb 12.11; 13.15; see FIRSTFRUITS

FURLONG, a measure of length, Greek stadion, about 607 feet   Mt 14.24

FURNACE   Gen 19.28; Deut 4.20; Prov 17.3; Dan 3.4-30; Mt 13.42; Rev 9.2

FURY   see ANGER, WRATH

G

GAAL   Judg 9.26-41

GABBATHA   Jn 19.13

GABRIEL   Dan 8.15-26; 9.20-27; Lk 1.11-20, 26

GAD   (a) son of Jacob by Zilpah   Gen 30.10, 11; 49.19; Num 26.15-18

(b) tribe (Gadites)   Num 1.14, 24, 25; 26.15-18; Deut 27.13; 1 Chr 12.8

(c) prophet and adviser to David   1 Sam 22.5; 2 Sam 24.11-14; 1 Chr 29.29; 2 Chr 29.25

GADARENES, people of Gadara, E of Sea of Galilee   Mt 8.28

GAIN   Prov 13.3-4; 15.27; Is 33.15-16; Ezek 22.12-14; Mk 8.36; Lk 17.33; 21.19; 1 Cor 13.3; Phil 1.21; 3.7-8; 1 Tim 3.8; 6.5-6; Tit 1.7, 11; 1 Pet 5.2; 2 Pet 2.15; Jude 11

GAIUS   (a) Acts 20.4; Rom 16.23; 1 Cor 1.14; (b) Acts 19.29; (c) 3 Jn 1

GALATIA,-NS, a district in central Asia Minor   Acts 16.6; 18.23; 1 Cor 16.1; Gal 1.2; 3.1; 2 Tim 4.10; 1 Pet 1.1; Epistle to Galatians

GALILEAN(S)   (a) Jesus   Mt 26.69; Lk 23.6

(b) other   Mk 14.70; Lk 13.1-2; 22.59; Jn 4.45; Acts 2.7; 5.37

GALILEE   (a) province   2 Kgs 15.29 (1 Chr 6.76); Is 9.1; Mt 2.22; 3.13; 4.23; 17.22; 26.32; 28.7, 10, 16; and parallels in other Gospels; Jn 2.1; 4.3; 7.1, 9, 41, 52; Acts 1.11; 9.31; 10.37; 13.31

(b) sea   see SEA (a)

GALLIO, Roman governor of Achaia   Acts 18.12, 14, 17

GAMALIEL   (a) head of tribe of Manasseh   Num 1.10; 2.20; 7.54, 59

(b) member of Jewish Sanhedrin   Acts 5.34; 22.3

GARMENT(S)   Gen 3.21; 37.34; 39.12; Ex 28.2-4; Lev 8.30; 19.19; 2 Kgs 1.8;

Prov 31.24; Is 61.10; 63.1; Joel 2.13; Mt 3.4; 9.16, 21; 17.2; 27.35; Rev 3.5

GATE (in walled cities) as a place of business, 1 Kgs 22.10; 2 Kgs 7.1; locale for legal transactions, Gen 23.10, 18; Ruth 4.1-11; cases tried, Deut 21.19; 25.7-9; Amos 5.15; in **NT**, Mt. 7.13; Acts 3.2; Heb 13.12; Rev 21.12

GATH, a Philistine city Josh 11.22; 1 Sam 17.4; 2 Sam 21.15-22; 1 Chr 20.4-8; 2 Chr 26.6; **Mic 1.10**

GATHER Is 54.7; 66.18; Jer 23.3; 29.14; Ezek 34.13; Mic 2.12

GAZA, a Philistine town Josh 13.3; Judg 1.18; 16.1-3; 1 Sam 6.17; Jer 25.20; Amos 1.6-7

GAZELLES Deut 12.22; 14.5; 1 Chr 12.8; Song 2.9; Is 13.14

GEBA, city allotted to priests Josh 18.24; 21.17; 2 Kgs 23.8

GECKO, a lizard, among unclean animals, Lev 11.30

GEDALIAH (a) governor of Judah after fall of Jerusalem 2 Kgs 25.22-26; Jer 39.14; 40.5--41.18

  (b) musician under David 1 Chr 25.3,9

  (c) others (1) Zeph 1.1; (2) Jer 38.1

GEDEON see GIDEON

GEHAZI, servant of Elisha 2 Kgs 4.11-17, 25-37; 5.20-27

GENEALOGY(IES) (a) general Gen 4.17--5.31; 10.8-19, 21, 24-30; 11.12-24; Num 1.2, 18; 1 Chr 1--9; Ezra 2.59-63; 10.9-44; Neh 7.5, 63-64; 13.23-28; 1 Tim 1.4; Tit 3.9; Heb 7.3, 6

  (b) Christ Mt 1.1-17; Lk 3.23-38

GENERATION(S) Gen 6.9; 7.1; Ex 1.6; 20.5; 34.7; Num 14.18; Judg 2.10; Ps 14.5; 22.30-31; 78.5-8; Ps 24.6; 90.1; Is 53.8; Jer 2.3; Mt 11.16; 12.39--42, 45; 16.4; 17.17; 23.36; 24.34; and parallels in other Gospels; Acts 2.40; 8.33; 13.36; Phil 2.15; Heb 3.10; Jude 14

GENNESARET, a plain NW of Sea of Galilee Mt 14.34; Mk 6.53; see SEA (a)

GENTILES (nations, in OT) Is 2.2-4; 49.1-6; Amos 9.12; Mt 5.47; 6.7, 32; 10.5, 18; 12.18, 21; 18.17; 20.19, 25; and parallels; Lk 2.32; 21.24; Acts 4.25, 27; 9.15; 10.45; 11.1, 18; 13.46-48; 14.27; 15.3-29; 18.6; 21.25; 22.21; Rom 2.14; 3.29; 11.11-14, 25; 15.16; 1 Cor 1.23; 2 Cor 11.26; Gal 2.14-15; 3.8; Eph 3.6, 8; 4.17; Col 1.27; 1 Tim 2.7; 1 Pet 2.12

GERASENES, people of Gerasa, in Transjordan Mk 5.1; Lk 8.26, 37

GERAH, a Hebrew weight, one twentieth of a shekel Ex 30.13; Lev 27.25; Num 3.47; Ezek 45.12; see MONEY

GERIZIM, mount from which half the tribes of Israel pronounced blessings Deut 11.29; 27.12, 13; Josh 8.33-35; Judg 9.7; Jn 4.20

GERSHOM (a) elder son of Moses Ex 2.22; 18.3

  (b) son of Levi 1 Chr 6.16-71; also called Gershon

  (c) descendant of Phinehas, the priest Ezra 8.2

GERSHON, son of Levi Gen 46.11; Ex 6.16; Num 3.17; also called Gershom

GERSHONITES, descendants of Gershon Num 3.23-26; 4.21-28

GESHEM, Arabian who opposed rebuilding wall of Jerusalem Neh 2.9; 6.1-8

GESHUR, place to which **Absalom fled** after killing Amnon 2 Sam 13.37-39

GETHSEMANE Mt 26.36; Mk 14.32

GEZER Josh 10.33; 16.3; 21.21; Judg 1.29; 2 Sam 5.25; 1 Kgs 9.15, 16, 17; 1 Chr 14.16; 20.4

GIANTS Deut 3.11; 1 Sam 17.4; 2 Sam 21. 15-22; 1 Chr 11.22-23; see ANAKIM, NEPHILIM, REPHAIM

GIBBETHON Josh 19.44; 21.20-23; 1 Kgs 15.27; 16.15, 17

GIBEAH (a) town of Benjamin near Ramah Judg 19.13, 14; 1 Sam 10.26; 11.4; 15.34; Hos 5.8

(b) town in Ephraim Josh 24.33

(c) town in Judah Josh 15.57

GIBEON,-ITES city inhabited by the Hivites, Josh 11.19; obtained treaty with Joshua, Josh 9.1-27; treaty honored, 10; execution of Saul's sons, 2 Sam 21.1-9; other, 2 Sam 2.8-17, 24; 1 Kgs 3.4-15; 1 Chr 16.39, 40; Neh 7.25

GIDEON ancestry, Judg 6.11; called to deliver Israelites, 6.12-24; response, 6.24, 25-27; call confirmed by fleece, 6.36-40; selection of men and battle, 7.1--8.21; refusal to be made king, 8.22-23; leads Israel into idolatrous practices, 8.24-27; faith, Heb 11.32; see JERUBBAAL

GIFTS (a) of men: Gen 34.12; Lev 1.10; 17.3-4; Prov 18.16; Ezek 20.39; 46.16, 17; Mt 2.11; 5.23-24; 7.11; Lk 11.13; 21.1; Rom 11.35

(b) from God Num 8.19; Ecc 3.13; 5.19; Mt 7.11; Lk 11.13; Jn 4.10; Acts 2.38; 8.20; 10.45; 11.17; Rom 3.24; 5.15-17; 6.23; 11.29; 12.6; 1 Cor 2.12, 14; 4.7; 12.1-31; 14.1; 2 Cor 9.15; Eph 2.8; 3.7; 4.7-12; 1 Tim 4.14; 2 Tim 1.6; Heb 2.4; 6.4; Jas 1.17; 1 Pet 4.10

GIHON (a) river of Eden Gen 2.13

(b) spring near Jerusalem 1 Kgs 1.33; 2 Chr 32.30; 33.14

GILBOA, NE spur of Mt Ephraim 1 Sam 28.4; 31.1, 8; 2 Sam 1.6, 21; 1 Chr 10.1,8

GILEAD (a) area in central Transjordan Gen 31.21; Num 32.1-42; Josh 13.8-11; Jer 8.22

(b) others (1) Num 24.29; (2) Judg 11.1; (3) 1 Chr 5.14; (4) Judg 7.3; (5) Hos 6.8

GILGAL (a) first encampment of Israelites after crossing Jordan, Josh 4.10-24; renewal of circumcision ordinance, 5.7-9; people mustered to fight Philistines, 1 Sam 13.4; Saul offers sacrifices at, 1 Sam 8--12; Saul rejected by God here, 15.20-23; return of David as king, 2 Sam 19.14-15, 40; denounced by prophets for idolatry, Hos 4.15; 9.15; Amos 4.4; 5.5

(b) others (1) Deut 11.30; 2 Kgs 2.1-4; (2) Josh 12.23

GIRDLE(S) (a) literal Ex 28.4, 39-40; 39.27-29; 1 Sam 18.4; Mt 3.4; Acts 21.11; Rev 1.13; see also CLOTHING
(a) for high priests

(b) figurative Is 11.5; Eph 6.14

GLAD,-NESS 1 Chr 16,31; Esth 9.17-19; Ps 9.2; 92.1-4; 97.8-9; 122.1; Prov 10.1; 15.13, 20; Is 25.9; Zeph 3.17; Mk 14.11; Lk 1.14; 15.32; 23.8; Jn 6.21; 8.56; 11.15; 20.20; **Acts 2.26, 46; 11.23; 13.48; 2 Cor 13.9; Phil 2.17-18; Phm 13; 1 Pet 4.13**

GLEANING(S) Lev 19.9, 10; 23.22; Deut 24.19; Ruth 2.2; Is 17.4-6

GLORIA IN EXCELSIS (Latin for "Glory in the highest") Luke 2.14

GLORIFY,-IED Lev 10.3; Ps 22.22-24; Is 61.1-3; 66.5; Mt 9.8; 15.31; Mk 2.12; Lk 2.20; 4.15; 5.25-26; 7.16; 18.43; Jn 7.39; 8.54; 11.4; 12.16, 23, 28; 13.31, 32; 14.13; 15.8; 16.14; 17.1; 4, 5, 10; 21.19; Acts 3.13; 11.18; 13.48; 21.20; Rom 8.17, 30; 15.6, 9; 1 Cor 6.20; 2 Cor 9.13; Gal 1.24; 2 Thes 1.10; 1 Pet 2.12; 4.11; Rev 15.4

GLORY (a) general Esth 1.2, 4; Job 19.9; Ps 8.5; Prov 16.31; Dan 2.37; Hos 4.7; 9.11; Mt 4.8; 6.29; Lk 2.32; 9.31; Jn 5.41, 44; 7.18; 8.50; Acts 12.23; Rom 8.18; 9.4; 16.27; 1 Cor 11.7; 15.40-43; 2 Cor 4.17; Gal 6.14; Eph 3.13, 21; Phil 1.26; 2.11; 4.19-20; Col 3.4; 1 Thes 2.6, 20; 1 Tim 3.16; 2 Tim 2.10; Heb 2.10; 1 Pet 1.7; 5.4; Rev 1.6; 21.24, 26

(b) of God, Lord, Christ Ex 14.4, 17-18; 24.16-18; 33.18-23; Num 14.10; Deut 5.23-24; 1 Chr 16.28-29; 2 Chr 5.14; 7.1-3; Ps 19.1; 29.1-3; 96.7-8; Is 6.3; 48.11; Ezek 1.28; 11.23; 43.2; Hab 2.14; Mt 5.16; 16.27; 24.30; 25.31; Mk 10.37; 13.26; Lk 2.9, 14; 9.26, 32; 24.26; Jn 1.14; 2.11; 11.4, 40; 12.41; 17.5, 22, 24; Acts 7.55; Rom 1.23; 3.7, 23; 5.2; 6.4; 9.23; 1 Cor 10.31; 2 Cor 1.20; 3.18; 4.4, 6, 15; 8.19, 23; Eph 1.12, 14; 3.16; Phil 1.11; Col 1.27; 1 Thes 2.12; 2 Thes 1.9; 2.14; Tit 2.13; Heb 1.3; 2.7, 9; 1 Pet 1.11, 21; 4.11, 13, 14; 5.10; 2 Pet 1.17; Jude 24, 25; Rev 15.8; 21.11, 23

(c) God of Ps 29.3; Acts 7.2

(d) of Israel 1 Sam 15.28-29

(e) King of Ps 24.7-10

(f) Lord of 1 Cor 2.8; Jas 2.1

(g) Father of Eph 1.17

GOAT(S) Gen 15.9; Ex 12.5; Lev 1.10; 4.24; Lev 16.9, 10; Num 7.17; 15.27; Ezra 6.17; 8.35; Ps 66.15; Is 1.11; see HE-GOAT

GOD (a) titles of Abraham, Isaac and Jacob, Ex 3.6, 15; 4.5; Mt 22.32; Mk 12.26; Lk 20.37; Acts 3.13; 7.32; of all comfort, 2 Cor 1.3; of all grace, 1 Pet 5.10; the Almighty, Gen 17.1; 28.3; 35.11; 48.3; Ex 6.3; Ruth 1.20; Job 40.2; Ps 68.14; 91.11; Rev 19.15; the Blessed, Mk 14.61; 1 Tim 1.11; the Creator, Ecc 12.1; Is 40.28; 43.15; Rom 1.25; 1 Cor 8.6; defence, Ps 48.3; of our fathers, Deut 6.3; 12.1; 27.3; Josh 18.3; Ezra 7.27; Acts 3.13; 5.30; 7.32; 22.14; 24.14; of Glory, 1 Sam 15.29 (Glory of Israel); Ps 24.8-10 (King of Glory); Acts 7.2; of the Hebrews, Ex 3.18; 7.16; 9.1; of hope, Rom 15.13; of Israel, Ex 24.10; 34.23; Num 16.19; Mt 15.31; Lk 1.68; Acts 13.17; living, Deut 5.26; Josh 3.10; Jer 10.10; Dan 6.20, 26; Hos 1.10; Mt 26.63; Acts 14.15; Rom 9.26; 1 Thes 1.9; 1 Tim 3.15; Heb 3.12; 9.14; 10.31; 12.22; Rev 7.2; of love and peace, 2 Cor 13.11; Lord, the Everlasting G, Gen 21.33; the LORD, the G of heaven, Gen 24.7; the Most High, Gen 14.19; Num 24.16; 2 Sam 22.14; Mk 5.7; Acts 16.17; Heb 7.1; of peace, Judg 6.24; Is 9.6 (Prince of); Rom 15.33; 16.20; Phil 4.9; 1 Thes 5.23; Heb 13.20; of seeing, Gen 16.3; of the spirits of all flesh, Num 16.22; 27.16; see FATHER (c)

(b) attributes creator, Gen 1.1-27; Prov 26.10; Mal 2.10; Mk 13.19; Acts 14.15-17; 17.24-29; 1 Cor 11.9; Eph 3.9; Col 1.16; 1 Tim 4.3, 4; Heb 1.2; 11.3; Rev 4.11; 10.6; eternal, Deut 33.27; Ps 90.2; Is 40.28; Rom 16.26; faithfulness, Ex 34.6; Num 23.19; Deut 7.9; Rom 3.3; 1 Cor 1.9; 10.13; 2 Cor 1.18; favor, Gen 6.8; 1 Sam 2.26; Lk 2.40; foreknowledge, Acts 2.23; Rom 8.28-30; 11.2; Heb 11.40; forgiveness Ex 34.7; Ps 103.3; 130.4; Mt 6.14; Mk 2.7; Lk 23.34; Eph 4.32; glory, Ex 16.10; 24.16, 17; 40.34-35; Num 14.10, 21-22; 1 Chr 16.24; 2 Chr 5.14; Ps 19.1; 106.20; Is 48.11; 60.19; Jn 11.4, 40; Acts 7.55; Rom 3.23; 5.2; 15.7; 1 Cor 10.31; 2 Cor 4.6, 15; Heb 1.3; Rev 15.8; 21.11, 23; goodness, Ex 33.19; 2 Chr 6.41; Neh 9.25, 35; Ps 27.13; 68.10; Jer 31.12, 14; Hos 3.5; Mk 10.18; Lk 18.19; grace, Ex 34.6; Is 84.11; Acts 11.23; 13.43; 14.26; 20.24; Rom 5.15; 1 Cor 1.4; 15.10; 2 Cor 1.12; 6.1; 8.1; 9.14; Gal 2.21; Col 1.6; 2 Thes 1.12; Tit 2.11; Heb 2.9; 12.15; 1 Pet 5.12; Jude 4; holiness, Ex 15.11; Lev 19.2; Josh 24.19; 1 Sam 2.2; 1 Chr 16.10; Ps 89.35; Is 5.16; Ezek 38.16, 23; Amos 4.2; Lk 1.49; Heb 12.10; 1 Pet 1.15-16; Rev 4.8; 6.10; 15.4; 16.5; immortal, Rom 1.23; invisible, Ex 33.20; Deut 4.15;

God

Jn 1.18; Col 1.15; justice, Deut 10.18; 32.4; Job 8.3; 24.12; Ps 119.149, 156; 140.12; 146.7; Prov 29.26; Is 30.18; Rom 3.5; kindness, 2 Sam 9.3; Jer 9.24; Rom 11.22; Tit 3.4; love, Deut 7.7-13; 1 Kgs 3.6; 2 Chr 7.3; Ps 21.7; 26.3; 33.5; 36.5, 7, 10; 136; Is 54.8, 10; Lam 3.22; Hos 2.19; Jn 3.16; Rom 5.8; 8.39; 2 Cor 13.14; 1 Jn 4.7-12, 16; Jude 21; mercy, Ex 20.6; 34.6; 2 Sam 24.14; 1 Chr 21.13; Ps 25.6; 51.1; 69.16; Is 60.10; Jer 33.26; Dan 2.18; 9.9; Hos 2.18; Hab 3.2; Lk 1.78; Rom 12.1; 2 Cor 4.1; Eph 2.4; Phil 2.27; oneness, Deut 6.4; Mk 12.29; Jn 5.44; 17.3; Rom 3.30; 1 Cor 8.4, 6; Gal 3.20; Eph 4.6; 1 Tim 1.17; 2.5; Jude 25; peace, Is 9.6-7; 26.12; Phil 4.7; Col 1.2; 2 Thes 1.2; 2 Tim 1.2; Tit 1.4; power, Ex 15.6; Num 14.17; 2 Chr 25.8; Neh 1.10; Job 36.22; 37.23; Ps 68.34; 71.19; 147.5; Mt 22.29; Mk 12.24; Lk 22.69; Acts 8.10; Rom 1.16; 1 Cor 1.18, 24; 2 Cor 6.7; 13.4; 2 Tim 1.8; Rev 15.8; punishment, Is 30.32; Jer 48.44; Gal 6.7; Heb 10.30-31; 12.29; righteousness, Ps 7.17; 9.8; 35.24; 50.6; 96.13; Is 5.16; Jer 23.6; Dan 9.14, 16; Zech 8.8; Rom 1.17; 3.21, 22; 10.3; 2 Cor 5.21; Phil 3.9; Jas 1.20; 2 Pet 1.1; severity, Rom 11.22; spirit, Gen 1.2; 6.3; Ex 31.3; Num 11.29; 1 Sam 10.6; 2 Chr 15.1; Jn 4.24; true, 2 Sam 7.28; 22.31; 2 Chr 15.3; Jer 10.10; Jn 3.33; Rom 3.4; 1 Thes 1.9; wisdom, 1 Kgs 3.28; Job 12.13, 16; Prov 3.19; Lk 11.49; Rom 11.33; 16.27; 1 Cor 1.21, 24; 2.7; Eph 3.10; wrath, Ex 32.12; Num 16.46; 2 Kgs 22.13, 17; Job 20.28; 21.20; Ps 78.21, 38, 49, 59; Lam 4.11; Ezek 38.18, 19; Dan 9.16; Jn 3.36; Rom 1.18; 5.9; 12.19; Eph 5.6; Col 3.6; Rev 14.19; 15.1, 7; 16.1; 19.15

(c) God's bread, Lev 21.6, 17; Num 4.7; Jn 6.33; call, Is 45.4; Rom 11.29; city, Heb 12.22; Rev 3.12; 21.2; commandment, Ex 17.1; Num 3.39; Deut 31.5; Josh 15.13; Ps 19.8; Mk 7.8, 9; 1 Cor 7.19; Rev 12.17; 14.12; counsel, Ps 33.11; 73.24; Acts 13.36; 20.27; depths, 1 Cor 2.10; doctrine, Tit 2.10; dwelling, Deut 33.12, 27; 1 Kgs 8.30, 39, 43; Ps 132.5; Eph 2.22; Rev 21.3; finger, Ex 8.19; 31.18; Deut 9.10; Lk 11.20; flock, Ps 68.10; 78.52; Is 40.11; Jer 13.17; 23.2; Ezek 34.17, 22; Zech 10.3; 1 Pet 5.2; gift, Ecc 3.13; 5.19; Jn 4.10; Acts 8.20; Rom 6.23; 11.29; Eph 2.8; 2 Tim 1.6; gospel, Mk 1.14; Rom 1.1; 15.16; 1 Thes 2.2, 8, 9; 1 Pet 4.17; hand, Ex 13.16; 15.6, 12; Num 11.23; Ps 118.15-16; Ecc 2.24; 9.1; Is 31.3; 48.13; Dan 5.23; Zech 2.1, 9; Acts 2.33; 7.55, 56; Rom 8.34; Col 3.1; Heb 10.12; 1 Pet 3.22; 5.6; house, 2 Sam 7.13; 2 Sam 12.20; 1 Kgs 8.10, 11; Ezra 1.3; Neh 6.10; 12.40; Mk 2.26; Lk 6.4; Heb 10.21; household, Eph 2.19; 1 Tim 3.15; 1 Pet 4.17; judgment, Gen 15.14; Deut 1.17; Ps 75.7; Is 66.16; Rom 2.2, 3; 2 Thes 1.5; judgment seat, Rom 14.10; kingdom, 1 Chr 28.5, 7; Ps 145.11-13; Dan 4.34; 7.27; Mt 19.24; 21.31, 43; Mk 1.15; 4.11, 26, 30; 9.1; 10.23-25; 14.25; 15.43; Lk 10.9, 11; Jn 3.3, 5; Acts 28.31; 1 Cor 6.10; 15.50; Rev 12.10; law, Ex 13.9; 2 Kgs 10.31; 1 Chr 22.12; Ezra 7.14; Ps 37.31; Hos 4.6; Rom 7.22, 25; life, Ps 36.9; Eph 4.18; majesty, Ex 15.7; Job 37.22; Ps 45.3, 4; Is 2.10; 35.2; Lk 9.43; mouth, Is 40.5; 62.2; Lam 3.38; Mic 4.4; Mt 4.4; mystery, Rev 10.7; mysteries, 1 Cor 4.1; oracles, Hab 1.1; Rom 3.2; 1 Pet 4.11; plan, Jer 49.20; Acts 2.23; promise, Josh 21.45; 2 Sam 22.31; 1 Kgs 8.20, 56; Rom 4.20; Gal 3.21; purpose, Job 42.2; Ps 57.2; 138.8; Is 55.11; Lk 7.30; salvation, Gen 49.18; Ex 14.13; Ps 50.23; 68.20; Lk 3.6; Acts 28.28; temple, 2 Kgs 18.16; 2 Chr 26.16; Ps 11.4; 29.9; Hab 2.20; Mt 21.12; 26.61; 2 Cor 6.16; 2 Thes 2.4; Rev 3.12; 11.1; throne, 1 Kgs 22.19 (2 Chr 18.18); Ps 11.4; 47.8; Is 6.1; Mt 5.34; 23.22; Heb 12.2; Rev 7.15; 12.5; 22.1, 3; trumpet, Zech 9.14; 1 Thes 4.16; way, Ps 18.30; 27.11; 77.13; Mt 22.16; Mk 12.14; Lk 20.21; Acts 18.26; will, Ezra 7.18; Ps 40.8; 143.10; Rom 8.27; 12.2; 1 Cor 1.1; 2 Cor 8.5; Gal 1.4; Eph 1.1; Col 1.1; 1 Thes 4.3; 5.18; 2 Tim 1.1; Heb 10.36; 1 Pet 4.2; 1 Jn

2.17; word, Gen 15.1, 4; Ex 9.20; Num 3.16; Deut 5.5; Josh 8.27; 1 Sam 1.23; 2 Sam 24.11; 1 Kgs 6.11; 2 Kgs 3.12; 1 Chr 22.8; 2 Chr 11.2; Ezra 1.1; Ps 119.105; 147.18; Is 66.5; Mt 15.6; Mk 7.13; Lk 3.2; 5.1; 8.11, 21; 11.28; Jn 10.35; Acts 4.31; 6.2, 7; 8.14; 11.1; 12.24; 13.5, 7, 44, 46, 48; 17.13; 18.11; Rom 9.6; Eph 6.17; 1 Thes 2.13; 1 Tim 4.5; 2 Tim 2.9; Tit 2.5; Heb 4.12; 6.5; 11.3; 13.7; 1 Pet 1.23; 2 Pet 3.5; 1 Jn 2.14; Rev 1.2, 9; 6.9; words, Jer 15.16; 23.9; Amos 8.11; Zech 7.12; Jn 3.34; Rom 3.4; work(s), Jn 6.28, 29; 9.3; Acts 2.11; Rom 14.20

GOD(S) (idol(s)) Gen 3.5; Ex 18.11; 20.3 (Deut 5.7); 20.23; 22.28; 34.14, 17; Deut 8.19; 11.16; 17.3; 1 Kgs 18.27; 2 Kgs 17.33; Jer 2.11; Dan 3.18; Jn 10.34, 35; Acts 7.40, 43; 12.22; 14.11; 17.18, 23; 19.26; 28.6; 1 Cor 8.5; 2 Cor 4.4; Gal 4.8; 2 Thes 2.4

GODDESS   1 Kgs 11.5, 33; Acts 19.27, 37

GOG (a) a prince, invader of Israel Ezek 38.2, 3, 14-21; 39.1, 11; Rev 20.8

(b) a Reubenite   1 Chr 5.4

GOLAN, city in Bashan   Deut 4.43; Josh 20.8; 21.27; 1 Chr 6.71

GOLD, GOLDEN (a) literal Ex 20.23; 25.17 (37.6) (and many other passages in Exodus referring to tabernacle furniture, etc.); 1 Kgs 6.20-22 (and other sections in chapters 6 through 10 referring to temple and palace); 2 Kgs 18.16; Dan 3.1; Hag 2.8; Zech 4.2

(b) figurative Job 23.10; Prov 25.11; Zech 13.9; Mt 2.11; 10.9; 23.16; Acts 3.6; 20.33; 1 Cor 3.12; 1 Tim 2.9; 2 Tim 2.20; Jas 5.3; 1 Pet 1.7, 18; Rev 3.18; 9.20; 17.4; 21.18, 21

GOLGOTHA Mt 27.33; Mk 15.22; Jn 19.17

GOLIATH (a) giant of the Philistines slain by David, 1 Sam 17.1-58; 21.9, 10; 22.10

(b) perhaps another giant of same name   2 Sam 21.19

GOMER (a) wife of prophet Hosea Hos 1.3

(b) descendants of Japheth Gen 10.2, 3; 1 Chr 1.5, 6; Ezek 38.6

GOMORRAH, city in the plain of Jordan Gen 10.19; 13.10; plundered by Chedorlaomer, 14.8-11; destroyed by fire because of wickedness, 18.20; 19.24-28; Deut 29.23; Is 1.9; Jer 23.14; 49.18; Mt 10.15; Rom 9.29; 2 Pet 2.6; Jude 7

GOODNESS Ex 33.19; 1 Kgs 8.66; 2 Chr 6.41; 7.10; Neh 9.25, 35; Ps 23.6; Jer 31.12-14; Hos 3.5; Mt 5.16; 12.12, 33-35; 19.16-17; Mk 3.4; 10.17-18; Lk 5.39; 6.27, 33, 35; 14.34; Jn 5.29; Acts 10.38; 14.17; 15.28; Rom 3.8, 12; 7.12, 13, 16, 18, 19; 8.28; 12.2, 9, 21; 13.3-4; 15.14; 1 Cor 9.11; 10.24; 12.7; Gal 5.22; 6.10; Eph 4.29; 5.9; 6.8; 1 Thes 5.15, 21; 1 Tim 1.8; 4.4; 6.18; Tit 1.8; 2.3; 3.4; Phm 14; Heb 5.14; 6.5; 3 Jn 11

GOSHEN a district of Egypt where Hebrews were permitted to settle, Gen 45.10; 46.28-29, 34; 47.1-6, 27; 50.8; Ex 8.22; 9.26

GOSPEL (good news) (a) general Mt 4.23; 9.35; 24.14; 26.13; Mk 1.1, 14, 15; 8.35; 10.29; 13.10; 14.9; Lk 9.6; 20.1; Acts 8.25, 40; 14.7, 21; 15.7; 16.10; 20.24; Rom 1.1, 3, 9, 15, 16; 10.16; 15.19, 20; 1 Cor 1.17; 9.14, 16, 18; 2 Cor 4.4; 10.16; Gal 1.6-9, 11; 2.5, 7; Eph 1.13; 3.6, 7; 6.15, 19; Phil 1.5, 7, 12, 16, 27; Col 1.5, 23; 1 Thes 2.2, 4, 8, 9; 2 Thes 1.8; 1 Tim 1.11; 2 Tim 1.8, 10, 11; 2.9; Phm 13; 1 Pet 4.6, 17; Rev 14.6

(b) "my gospel"   Rom 2.16; 16.25; 2 Tim 2.8

(c) "our gospel"   2 Cor 4.3; 1 Thes 1.5; 2 Thes 2.14

Government

GOVERNMENT Is 9.6, 7; Rom 13.1-7; 1 Pet 3.13-17

GOVERNOR(S) Gen 42.6; 2 Kgs 25.22-23; Ezra 5.3-6, 14; 6.6-7, 13; Neh 3.7; 5.14-18; 8.9; 10.1; 12.26; Hag 1.1, 14; 2.2, 21; Mal 1.8; Mt 10.18; 27.2, 11, 14, 15, 21, 27; 28.14; Mk 13.9; Lk 2.2; 3.1; 20.20; 21.12; Acts 23.24, 26, 33; 24.1, 10; 26.30; 2 Cor 11.32; 1 Pet 2.14

GOZAN, city in N Mesopotamia 2 Kgs 17.6; 18.11; 19.12; 1 Chr 5.26

GRACE (a) general Esth 2.17; Ps 45.2; Zech 4.7; 11.7, 10; Jn 1.14, 16, 17; Acts 11.23; 13.43; 14.3, 26; 15.11, 40; 18.27; 20.24, 32; Rom 1.5; 3.24; 4.16; 5.2, 15, 17, 20, 21; 6.1, 14, 15; 11.5, 6; 12.3, 6; 15.15; 1 Cor 1.4; 15.10; 2 Cor 1.12; 6.1; 8.1, 9; 9.14; 12.9; Gal 1.6, 15; 2.9, 21; 5.4; Eph 1.6, 7; 2.5, 7, 8; 3.2, 7, 8; 4.7, 29; Phil 1.7; Col 1.6; 2 Thes 1.12; 2.16; 1 Tim 1.14; 2 Tim 1.9; 2.1; Tit 2.11; 3.7; Heb 2.9; 4.16; 10.29; 12.15; 13.9; Jas 4.6; 1 Pet 1.10, 13; 3.7; 4.10; 5.5, 10, 12; 2 Pet 3.18; Jude 4

(b) in salutations Rom 1.7; 16.20; 1 Cor 1.3; 16.23; 2 Cor 1.2; 13.14; Gal 1.3; 6.18; Eph 1.2; 6.24; Phil 1.2; 4.23; Col 1.2; 4.18; 1 Thes 1.1; 5.28; 2 Thes 1.2; 3.18; 1 Tim 1.2; 6.21; 2 Tim 1.2; 4.22; Tit 1.4; 3.15; Phm 3, 25; 1 Pet 1.2; 2 Pet 1.2; Rev 1.4; 22.21; see FAVOR

GRACIOUS (a) God, Christ Ex 33.19; 34.6; Num 6.25; 2 Kgs 13.23; Neh 9.17, 31; Ps 67.1; 77.9; 86.15; 103.8; 145.8; Is 30.18-19; Jon 4.2; Mal 1.9; Mt 11.26; Lk 4.22

(b) others Ruth 2.13; Prov 11.16; 22.11; 2 Cor 8.6

GRAIN Gen 41.5, 35, 49, 57; 42.1-3, 19; Lev 23.16 (Num 28.26); Deut 23.25; 2 Kgs 18.32; Neh 13.5, 12, 15; Is 62.8; Mt 12.1; 13.8; 17.20; Jn 12.24; 1 Cor 9.9; 15.37

GRAPE(S) (a) literal Lev 25.5, 11; Num 6.3; 13.20-24; Deut 23.24; 24.21; Jer 31.29, 30; Mt 7.16

(b) figurative Is 5.1-7; Jer 8.13; 31.29-30 (Ezek 18.2); Hos 9.10; Rev 14.18

GRASSHOPPER(S) (a) literal Lev 11.22; Ecc 12.5

(b) figurative Num 13.33; Is 40.22; Nah 3.15, 17

GREATNESS Ex 15.7, 16; Num 14.19; Deut 5.24; 9.26; 32.3; 2 Sam 7.21 (1 Chr 17.19); 29.11; Neh 13.22; Ps 145.3, 6; Ezek 38.23; Eph 1.19

GREECE,-K(S) Dan 8.21; 10.20; 11.2; Joel 3.6; Zech 9.13; Mk 7.26; Jn 7.35; 12.20; 19.20; Acts 11.20; 14.1; 16.1, 3; 17.4, 12; 18.4; 19.10, 17; 20.2, 21; 21.28, 37; Rom 1.14, 16; 2.9, 10; 3.9; 10.12; 1 Cor 1.22, 24; 10.32; 12.13; Gal 2.3; 3.28; Col 3.11; Rev 9.11

GRIEF,-VE Is 53.3, 10; Lam 2.11; 3.32; 2 Cor 7.9-11; Eph 4.30; 1 Thes 4.13

GROAN,-ING Ex 2.24; 6.5; Job 3.24; Ps 32.3; Jer 45.3; Rom 8.22, 23

GROUND Gen 2.7, 9, 19; 3.17, 19; 4.10; Ex 3.5; Ps 107.33; Is 35.7; Jer 4.3 (Hos 10.12); Mt 13.5; Jn 8.6; 9.6; see EARTH, LAND

GUARANTEE 2 Cor 1.22; 5.5; Eph 1.14

GUARD(S) Gen 40.4; 2 Sam 20.3; 2 Kgs 11.4-12; Neh 4.9, 22; Ezek 38.7; Zech 9.8; Mt 27.65, 66; Acts 12.4; Phil 1.13; 2 Tim 1.12, 14

GUIDE(S),-ANCE Ex 15.13; 1 Chr 10.13-14; Ps 31.3; 48.14; 67.4; 73.24; 78.52, 72; Prov 11.14; Is 42.16; 49.10; 58.11; Mt 15.14; Jn 16.13; Acts 8.31; Jas 3.3

GUILT,-LESS,-Y Ex 20.7; Deut 5.11; Josh 2.17-20; Lev 5.6-7, 15-19; 7.1-7; 1 Sam 6.3-8, 17; 26.9; 2 Sam

21.1; 1 Chr 21.3; Ezra 9.6-15; Ps 25.11; Prov 21.8; Is 6.7; 50.9; Jer 3.13; 30.14-15; Mt 12.5, 7; Mk 3.29; Lk 23.14; Jn 9.41; 1 Cor 1.8; 5.11; 11.27; 2 Cor 7.11; Jas 2.10; 1 Jn 3.4; see SIN

H

HABAKKUK, a prophet of Judah Hab 1.1--3.19

HABITATION(S) (a) God's Deut 12.5; 26.15; 2 Chr 29.6; Ps 26.8; 46.4; Acts 7 46

(b) other Lev 13.46; Ps 104.12; Is 22.16; 54.2; Jer 10.25; 33.12; Lam 2.2; Lk 16.9; Acts 17.26

HABOR, river in N Mesopotamia 2 Kgs 17.6; 18.11; 1 Chr 5.26

HADAD (a) son of Ishmael Gen 25.15; 1 Chr 1.30; called Hadar in Gen 36.39

(b) king of Edom Gen 36.35-36; 1 Chr 1.46, 47

(c) king of Edom 1 Chr 1.50

(d) Edomite prince and adversary of Solomon 1 Kgs 11.14-25

HADADEZER, king of Zobah in Syria 2 Sam 8.3-13 (1 Chr 18.3-10); 2 Sam 10.15-19 (1 Chr 19.16-19)

HADASSAH, original Jewish name for Queen Esther Esth 2.7

HADES Mt 11.23; 16.18; Lk 10.15; 16.23; Acts 2.27, 31; Rev 1.18; 6.8; 20.13, 14; see HELL

HAGAR, Egyptian bondwoman of Sarah and mother of Abraham's son, Ishmael Gen 16.1-16; 21.9-21; Gal 4.24, 25

HAGGAI, prophet, contemporary of Zechariah Hag 1.1; Zech 1.1; encouraged Jews to continue rebuilding temple, Ezra 5.1, 2; 6.14; Hag 1.1--2.23

HAGGITH, David's wife and mother of Adonijah 2 Sam 3.4; 1 Kgs 1.5

HAGRITE(S), nomad people in land east of Gilead vanquished during Saul's reign, 1 Chr 5.10, 18-22; a H in charge of David's sheep, 1 Chr 27.30, 31

HAIL, HAILSTONES Ex 9.18-34; 10.12-15; Job 38.22; Ps 78.47-48; Rev 16.21

HAIR rounding off forbidden, Lev 19.27; making bald forbidden, Lev 21.5; Deut 14.1; shaving for purification, Lev 14.8, 9; Deut 21.10-12; Nazirite vow, Num 6.5,18; Samson, Judg 16.13-22; Absalom, 2 Sam 14.26; 18.9; beloved's, Song 5.11; 6.5; Arabs cut corners, Jer 25.23; in NT, Mt 10.30; Lk 7.38; Jn 12.3; 1 Cor 11.15; Rev 1.14

HALAH district in Assyrian empire to which Israelite captives were brought, 2 Kgs 17.6 (18.11); 1 Chr 5.26; Ob 1.20 (RSV)

HALF SHEKEL see MONEY

HALLELUJAH (Hebrew word meaning "Praise the Lord") Rev 19.1, 3, 4, 6; see PRAISE

HALLOW,-ED Gen 2.3; Ex 20.11; Lev 22.32; 25.10; Mt 6.9

HAM (a) son of Noah Gen 6.10; 7.13; 9.18, 22-27; 10.6; 1 Chr 1.4, 8; Ps 105.23

(b) Egypt Ps 78.51; 105.23, 27; 106.22

(c) a place in Transjordan Gen 14.5

HAMAN Esth 3.1--7.10; 9.6-10

HAMATH, city N of Damascus Gen 10.18; 2 Sam 8.9-10; 2 Kgs 14.25-28; 18.34; 19.13; Is 11.11; Jer 49.23; Ezek 47.15-20; 48.1

HAMMER(S) (a) literal Judg 4.21; 1 Kgs 6.7; Is 44.12; Jer 10.4

(b) figurative Jer 23.29

HAMOR, prince of Shechem Gen 34.2; Josh 24.32; Judg 9.28; killed by Levi and Simeon, Gen 34.1-31

HAMUTAL, wife of Josiah; mother of Jehoahaz and Zedekiah   2 Kgs 23.31; 24.18; Jer 52.1

HANANI   (a) a musician appointed by David   1 Chr 25.4, 25

(b) father of prophet Jehu, and a seer   1 Kgs 16.1; 2 Chr 16.7

(c) others   (1) Neh 1.1-3; 7.2; (2) Ezra 10.20; (3) Neh 12.36

HANANIAH   (a) a musician appointed by David   1 Chr 25.4, 23

(b) one of king Uzziah's captains   2 Chr 26.11

(c) father of the prince Zedekiah   Jer 36.12

(d) a false prophet   Jer 28.1-17

(e) many others, including   1 Chr 8.24; Neh 12.12; Jer 37.13

HAND(S)   (a) man   Ex 4.2; 17.12; Deut 8.17; 15.7-8; 1 Sam 18.17; 23.16-17; 2 Sam 6.6-7 (1 Chr 13.9-10); Ps 37.24; 90.17; 91.7; Prov 6.17; 10.4; Eccl 9.10; Mt 5.30; 6.3; 12.10, 13; 18.8; 1 Cor 12.15, 21; Gal 2.9

(b) laying on of   Lev 1.4; 3.2, 7-8, 12-13; 4.4, 24, 29, 33; Acts 6.6; 13.3; 1 Tim 4.14; 5.22; 2 Tim 1.6; Heb 6.2; Moses' h, Deut 34.9

(c) in the taking of an oath   Gen 24.2-9; 47.29-30

(d) "into the hands..." (as a symbol of victory)   Gen 9.2; Num 21.34 (Deut 3.2); Josh 8.7; 9.25; Judg 10.7; 1 Sam 12.9; 17.46; 23.4-7

(e) God   Ex 3.20; 15.6; Num 11.23; Judg 2.15; 1 Sam 5.6-7; 17.46; 2 Sam 24.14 (1 Chr 21.13); 1 Kgs 18.46; Ezra 7.9; 8.22; Neh 2.8; Job 2.10; 34.19; Ps 16.8, 11; 20.6; 118.15; Is 40.12; 41.10; 59.1; 64.8; Mt 22.44; 26.64; Mk 12.36; 14.62; Lk 1.66; 20.42; 22.69; 23.46; 24.39, 40, 50; Jn 10.29; Acts 2.33,34; 4.28, 30; 5.31; 7.50, 55, 56; 11.21; 13.11; Rom 8.34; Eph 1.20; Col 3.1; Heb 1.3, 13; 8.1; 10.12, 31; 1 Pet 3.22; 5.6; Rev 5.1, 7; 14.14

(f) Jesus   Mt 8.3; 9.18; 12.49; 14.31; 19.13, 15; 20.23; 27.29; Mk 1.41; 6.2, 5; 7.32; 8.23, 25; 10.16, 37, 40; Lk 4.40; 5.13; 13.13; Jn 3.35; 10.28; 20.20, 25, 27; Rev 1.16, 17, 20; 2.1

(g) angel(s)   Ps 91.12; Mt 4.6; Acts 7.35; Rev 8.4; 10.2, 5, 8, 10; 20.1

(h) of idols   Ps 115.7

HANDBREADTH, measure of length, equal to 4 fingers, about 2.915 inches   Ex 25.25; 37.12; 1 Kgs 7.26; 2 Chr 4.5; Ezek 40.5, 43; 43.13

HANNAH, one of Elkanah's wives, and mother of Samuel, the prophet   1 Sam 1.2--2.21

HANUN   (a) king of Ammonites   2 Sam 10.1--11.1; 2 Chr 19.1--20.3

(b) others   (1) Neh 3.13; (2) Neh 3.30

HAPPY   Deut 33.29; Job 5.17; Ps 127; 5; 144.15; 146.5; Prov 3.13; 14.21; 16.20; Rom 14.22

HARAN   (a) son of Terah; brother of Abraham   Gen 11.26-29

(b) city of Mesopotamia where Abraham and Terah lived   Gen 11.31,32; 12.4, 5; 27.43; 2 Kgs 19.12

(c) Levite   1 Chr 23.9

HARD   Gen 18.14; Jer 32.17, 27; Mt 7.14; 19.23; 23.4; Rom 2.5; 2 Pet 3.16

HARDEN,-ED (figurative)   Ex 4.21 (7.3; 14.4); 14.17; Deut 15.7; 1 Sam 6.6; Ps 95.8; Mk 8.17; Jn 12.40; Rom 11.7, 25; see HEART

HARLOT(S), HARLOTRY,-IES   (a) literal   Gen 34.31; 38.15, 24; Lev 21.14; Josh 6.17; 1 Kgs 3.16-27; 2 Kgs 9.22; Prov 29.3; Mt 21.31, 32; Lk 15.30 (parable); Jas 2.25

(b) figurative   Is 1.21; Jer 2.20; 3.1-3; Ezek 16.15-36; 23; Hos 4.10-15; Nah 3.4; Rev 17.1, 5, 15, 16; 19.2

HARP(S)   2 Sam 6.5; 1 Kgs 10.12; 1 Chr. 15.16, 20; Neh 12.27; Ps 33.2; 57.8; 150.3; Dan 3.5; Amos 5.23; Rev 5.8; 15.2

HARSHNESS   Lev 25.43-46, 53

HARVEST(S)   Gen 8.22; Ex 22.29; 23.16; 34.21-22; Lev 19.9; Jer 8.20; Hos 6.11; Mt 9.37, 38; 13.30, 39; Mk 4.29; Lk 10.2; Jn 4.35; Rom 1.13; 2 Cor 9.10; Jas 3.18; Rev 14.15

HASHUM   Ezra 2.19; 10.33; Neh 7.22; 8.4; 10.18

HATE, HATRED   Gen 27.41; 29.31-33; Ex 20.5; Lev 19.17; Ps 69.4; Ps 139.22; Prov 8.13, 36; 10.12; 12.1; 13.5; Is 60.15; Amos 5.10, 15, 21; Mal 1.3; 2.16; Mt 5.43; 6.24; Lk 6.22; Jn 15.18, 19, 23; Rom 9.13; 12.9; 1 Jn 2.9; 4.20

HATHACH   Esth 4.5-10

HAUGHTY   2 Sam 22.28; Prov 16.18; 18.12; Is 2.11; 3.16-17; 5.15; Zeph 3.11; Rom 12.16; 1 Tim 6.17

HAVILAH, a district of Arabia   Gen 2.11-12; 25.18; 1 Sam 15.7

HAVVOTH-JAIR, unwalled towns in northwestern section of Bashan   Num 32.41; Deut 3.14; Judg 10.4; 1 Chr 2.23

HAWK   Lev 11.13, 16; Deut 14.11, 12, 15; Job 39.26

HAZAEL   Syrian courtier anointed by Elijah as king over Syria, 2 Kgs 8.8--13.25

HAZEROTH   camping ground of Israelites in wilderness; location, Num 11.35; 12.16; 33.17, 18; Deut 1.1; site of Aaron's and Miriam's murmuring against Moses, Num 11.35--12.16

HAZOR   (a) capital of Canaanite kingdom in north of Palestine in time of Joshua   taken by Joshua, Josh 11.1-13; 12.19; rebuilt, assigned to Naphtali, Josh 19.36; defeat of Sisera, death of Jabin, Judg 4.1-24; 1 Sam 12.9; inhabitants captured by Tiglath-pileser, 2 Kgs 15.29

(b) region in Arabian desert, east of Palestine   Jer 49.28-33

(c) others   (1) Josh 15.23; (2) Josh 15.25; (3) Neh 11.33

HEAD(S)   (a) literal   Gen 3.15; 24.26; 48.14, 16-19; Ex 29.6, 7; Num 6.5 (Judg 13.5); 1 Sam 17.51; Esth 6.8; Ps 23.5; Mt 5.36; 6.17; 8.20; 10.30; 14.8, 11; 26.7; 27.29, 30, 37, 39; and parallels in other Gospels; Lk 7.38, 46; 21.18, 28; Jn 13.9; 19.2, 30; 20.7, 12; Acts 21.24; 27.34; 1 Cor 11.4, 5, 7, 10, 13; 12.21; Rev 1.14; 4.4; 9.7; 10.1; 12.1; 13.1; 14.14; 17.7; 18.19; 19.12

(b) figurative   Ex 18.25; 24.7; 38.4; Prov 25.21-22 (Rom 12.20); Is 1.5, 6; 9.14, 15; 59.17; Acts 18.6; Rom 12.20; 1 Cor 11.3; Eph 1.22; 4.15; 5.23; Col 1.18; 2.10, 19; 1 Pet 2.7

HEAL,-ING   (a) literal   by God, Num 12.13; Josh 5.8; 2 Kgs 20.5-11; 2 Chr 30.20; Acts 4.30; by prophets, 1 Kgs 17.22; 2 Kgs 4.35; 5.10; by Jesus, Mt 4.23, 24; 8.3, 7, 13, 16; 9.35; 12.10, 15, 22; 14.14; 15.28, 30; 19.2; 21.14; and parallels in other Gospels; Lk 5.17; 6.19; 8.2; Jn 4.47; 5.4, 6, 9, 11, 13, 15; Acts 10.38; by apostles, Mt 10.1, 8; 17.16; Lk 9.2; 10.9; Acts 4.9, 14, 22; 5.16; 8.7; 9.34; 28.8; Heb 12.13; Jas 5.16

(b) figurative   Deut 32.39; Ps 107.20; Prov 12.18; Is 6.10; 53.5; 57.18, 19; Hos 6.1; 11.3; 14.4; Mal 4.2; Mt 13.15; Lk 4.23; Jn 12.40; Acts 28.27; 1 Pet 2.24; Rev 13.3, 12; 22.2

(c) gifts of   1 Cor 12.9, 28, 30

HEARKEN   see OBEY

HEART(S)   (a) general   Gen 8.21; 20.5-6; Ex 4.14; 25.2; 28.29-30; 35.5, 21-22, 26, 29; Lev 19.17; Num 32.7-9; Deut 6.5-6; 10.12-16; 30.2, 6, 10, 14, 17-18; Josh 22.5; 23.14; Judg 5.

Heaven

15-16; 1 Sam 1.8, 13; 2.1; 10.26; 16.
7; 17.32; 1 Kgs 8.17-18, 39, 58; 1 Chr
17.2, 19; 22.7, 19; 28.2, 9; 29.17, 18;
2 Chr 6.7-8; 11.16; 15.17; 19.3; 29.
31-34; Ps 69.32; Prov 17.3; Is 29.13;
51.7; 57.15, 17; 63.15; 65.14; Jer 15.
16; 17.1, 9, 10; 24.7; 29.13; 31.20,
33; 32.39-41; Zeph 3.14; Zech 10.7;
Mt 5.8, 28; 6.21; 9.4; 12.34; 13.19;
15.8, 18, 19; 18.35; 22.37; and parallels in other Gospels; Mk 2.6, 8; 11.
23; Lk 1.17, 51, 66; 2.19, 35, 51; 8.
15; 24.32; Jn 7.38; 13.2; 14.1, 27; 16.
6, 22; Acts 1.24; 2.26, 37; 5.3, 4; 8.
21, 22; 15.8, 9; 16.14; 21.13; Rom 1.
24; 2.15, 29; 5.5; 8.27; 10.6, 8-10; 1
Cor 2.9; 4.5; 2 Cor 1.22; 3.2, 3; 4.6;
Gal 4.6; Eph 1.18; 3.17; 5.19; 6.5, 6;
Phil 4.7; Col 3.15, 16, 22; 1 Thes 2.
4; 3.13; 2 Thes 3.5; 1 Tim 1.5; 6.10;
2 Tim 2.22; Phm 12, 20; Heb 3.12; 8.10;
10.16, 22; 13.9; Jas 1.26; 4.8; 5.8; 1
Pet 3.4, 8, 15; 1 Jn 3.17, 19-21; Rev
2.23

(b) hard,-en,-ness (stubbornness) Ex
4.21; 7.3, 13-14, 22; 9.12; 14.4, 8,
17; Deut 15.7; 29.19; Ps 81.12; 95.8;
Mt 19.8; Mk 3.5; 6.52; 8.17; 10.5; Jn
12.40; Rom 2.5; 9.18; Eph 4.18; Heb 3.
8, 15; 4.7

(c) other descriptions circumcize...h,
Deut 10.16; 30.6; dull,-ness, Lam 3.65;
Mt 13.15; Acts 28.27; evil, Jer 18.12;
...flesh, Ezek 11.19; melted, Josh 2.11;
7.5; new, Ezek 36.26; slow, Lk 24.25;
stony, Ezek 11.19; trembling, Deut 28.
65; uncircumcised, Lev 26.41; Ezek 44.
7, 9; Acts 7.51

HEAVEN(S) (a) general Gen 1.1; 14.19,
22; 15.5; 28.17; Ex 16.4; 20.4, 22;
Deut 3.24; 30.12; Josh 2.11; 10.13; 1
Kgs 8.27; 2 Kgs 1.10; 2.11; 2 Chr 7.
14; Neh 9.13; Mt 3.16, 17; 5.12, 18,
34; 6.10, 20; 11.23, 25; 14.19; 16.1,
19; 18.10, 18; 19.21; 21.25; 22.30;
23.22; 24.29-31, 35, 36; 26.64; 28.2,
18; and parallels in other Gospels; Lk
2.15; 4.25; 9.54; 10.18, 20; 15.7, 18,
21; 18.13; 19.38; 22.43; Jn 1.51; 3.13,
27, 31; 6.31-33, 38, 41, 42, 50, 51,
58; 12.28; 17.1; Acts 1.10, 11; 2.2, 5,
19, 34; 3.21; 4.24; 7.42, 49, 55, 56;
9.3; 10.11, 16; 11.9; 14.15, 17; 17.
24; 22.6; 26.13; Rom 1.18; 10.6; 1
Cor 8.5; 15.47-49; 2 Cor 5.1; 12.2;
Gal 1.8; Eph 1.10; 3.15; 4.10; 6.9;
Phil 2.10; 3.20; Col 1.5, 16, 20, 23;
4.1; 1 Thes 1.10; 4.16; 2 Thes 1.7;
Heb 1.10; 4.14; 7.26; 8.1; 9.24; 11.
12; 12.23, 25, 26; Jas 5.12, 18; 1
Pet 1.4, 12; 3.22; 2 Pet 1.18; 3.5,
7, 10, 12, 13; Rev 3.12; 4.1, 2; 5.
13; 8.1; 10.1, 4-8; 11.12-15, 19; 12.
3, 7-12; 13.13; 14.13; 15.1, 5; 19.
1, 11-14; 21.1, 2, 10

(b) kingdom of Mt 3.2; 4.17; 5.3,
10, 19, 20; 7.21; 8.11; 10.7; 11.11,
12; 13.11, 24, 31, 33, 44, 45, 47, 52;
16.19; 18.1, 3, 4, 23; 19.12, 14, 23;
20.1; 22.2; 23.13; 25.1

(c) Father in Mt 5.16, 45; 6.1, 9;
7.11, 21; 10.32, 33; 12.50; 16.17;
18.10, 14, 19; 23.9; and parallels
in other Gospels

(d) queen of, a pagan goddess Jer 7.
18; 44.17, 18, 19, 25

HEAVENLY (a) Father Mt 5.48; 6.14, 26,
32; 15.13; 18.35; Lk 11.13

(b) beings Ps 29.1; 89.6

(c) host Lk 2.13

(d) places Eph 1.3, 20; 2.6; 3.10;
6.12

(e) other Jn 3.12; Acts 26.19; 2 Cor
5.2; 2 Tim 4.18; Heb 3.1; 6.4; 8.5;
9.23; 11.16; 12.22

HEBREW(S) (a) race Gen 14.13; 39.14;
Ex 1.15, 22; 2.7, 11, 13; 21.2; 1 Sam
4.6, 9; Jon 1.9; Acts 6.1; 2 Cor 11.
22; Phil 3.5; see ISRAELITE

(b) "God of the Hebrews" Ex 3.18; 5.
3; 7.16; 9.1, 13; 10.3

HEBREW (language) Jn 5.2; 19.13, 17, 20;
20.16; Acts 21.40; 22.2; 26.14; Rev
9.11; 16.16; see LANGUAGE; TONGUE

HEBRON town (Kirjath-arba) in Judah,
Gen 23.2; Josh 15.54; 20.7; Abraham
in H, Gen 13.18; 35.27; death of
Sarah and purchase of burial cave,

23.2-20; Isaac and Jacob's residence, 35.27; 37.14; visited by spies, Num 13.22; its king defeated by Joshua, Josh 10.1-27; inhabitants destroyed, 10.36-39, and 11.21, 22; Caleb's claim to, and taking of, Hebron, Josh 15.13-14; Judg 1.10; a city of refuge, Josh 20.7; 21.10-13; 1 Chr 6.54-57; other references, 1 Sam 30.31; 2 Sam 2.1-4, 11, 32; 5.1-5, 13; 1 Kgs 2.11; and many other passages

HE-GOAT(S) for sacrifice, Ezek 43.22; 45.23; in vision of Daniel, Dan 8.5-8, 21; see GOAT

HEIFER(S) Num 19.2-10; Deut 21.3-6; figurative, Judg 14.18; Hos 4.16; 10.11

HEIR(S) Gen 15.2-4; 21.10; Jer 49.1; Mt 21.38; Mk 12.7; Lk 20.14; Rom 4.14; 8.17; Gal 3.29; 4.1, 7; Eph 3.6; Tit 3.7; Heb 1.2; 6.17; 11.7, 9; Jas 2.5; 1 Pet 3.7

HELL Mt 5.22, 29, 30; 10.28; 18.9; 23.15, 33; Mk 9.43, 45, 47; Lk 12.5; Jas 3.6; 2 Pet 2.4; see FIRE (b), HADES, PIT (b)

HELMET (a) literal 1 Sam 17.5, 38; 2 Chr 26.14; Jer 46.4; Ezek 27.10; 38.5

(b) figurative Ps 60.7 (108.8); Is 59.17; Eph 6.17; 1 Thes 5.8

HELP,-ER in reference to God, Gen 49.25; Ex 18.4; Deut 33.29; 2 Chr 14.11; 25.8; Neh 6.16; Ps 30.10; 33.20; 42.5, 11; 54.4; 94.17; 115.9-11; Prov 20.22; Is 41.10-14; Hos 12.6

HEMAN (a) wise man in Solomon's reign 1 Kgs 4.31; 1 Chr 2.6; composer of Ps 88 (see title)

(b) singer during David's reign, grandson of prophet Samuel 1 Chr 6.33; 15.16-17, 19; 16.41, 42

HERITAGE Deut 9.26-29; Josh 18.7; 1 Sam 26.19; 1 Kgs 8.51-53; Ps 2.8; 16.6; 33.12; 74.2; 119.111; 127.3; 135.12; Is 63.17; Joel 2.17; Rev 21.7; see INHERITANCE

HERMAS Rom 16.14

HERMES (a) Greek god, messenger of the gods Acts 14.12; (b) Rom 16.14

HERMOGENES, a man of W Asia Minor who turned away from Paul 2 Tim 1.15

HERMON mountain on N. border of Palestine, Deut 3.8, 9; Josh 11.3, 16-17; 12.4-5; 13.5, 11; 1 Chr 5.23; in Hebrew poetry, Ps 42.6; 89.12; 133.3; Sol 4.8

HEROD (a) the Great, King of Judea Mt 2.1-22; Lk 1.5; Acts 23.35

(b) Antipas, Tetrarch of Galilee Mt 14.1-10; Mk 6.14-27; 8.15; Lk 3.1, 19; 8.3; 9.7, 9; 13.31; 23.6-12, 15; Acts 4.27; 13.1

(c) Philip, a son of Herod the Great Mt 14.3; Mk 6.17

(d) Agrippa I see AGRIPPA (a)

(e) Agrippa II see AGRIPPA (b)

HERODIANS, a Jewish party which supported the policies of Herod's family Mt 22.16; Mk 3.6; 12.13

HERODIAS Mt 14.3, 6; Mk 6.17, 19, 22; Lk 3.19

HERODION Rom 16.11

HESHBON city of Sihon, Amorite king, originally captured from Moabites, Num 21.25-30, 34; assigned and rebuilt by Reubenites, Num 32.37; Josh 13.17; assigned to Levites, Josh 21.39; 1 Chr 6.81; held by Moabites, Is 15.4; 16.8, 9; Jer 48.2, 34; other passages, Deut 1.4; 2.24-30; 3.2, 6; 29.7; Sol 7.4

HEZEKIAH (a) son of Ahaz and king of Judah repaired temple, reinstated Passover with invitation to all Israelite tribes, 2 Chr 29.1-30.13; realm invaded by Assyria (1) 2 Kgs 18.13; Is 36.1; (2) 2 Kgs 18.14--19.35; 2 Chr 32.9-21; Is 36.2; (3) 2 Kgs 19.36-37; Is 37.37-38; near death, but life extended, 2 Kgs 20.

1-11; Is 38; warned about Babylonian captivity, 2 Kgs 20.12-19; 2 Chr 32. 31; Is 39.1-8; genealogy of Christ, Mt. 1.9, 10

(b) others (1) Zeph 1.1 (perhaps same as (a)); (2) 1 Chr 3.23; (3) Ezra 2.16; Neh 10.17

HEZRON (a) town near Kadeshbarnea Josh 15.3

(b) son of Reuben Gen 46.9; Ex 6.14; Num 26.6; 1 Chr 5.3

(c) son of Perez Gen 46.12; Num 26.21; Ruth 4.18-19; 1 Chr 2.5, 21, 24, 25; Mt 1.3; Lk 3.35

HIDDAI, one of David's heroes 2 Sam 23.30

HIDDEKEL (Tigris River) Gen 2.14; Dan 10.4 (AV)

HIEL, native of Bethel fortified Jericho during Ahab's reign, 1 Kgs 16.34

HIERAPOLIS, a city near Colossae Col 4.13

HIGH (a) place Num 23.3; 1 Kgs 12.31; 14.23; 15.14; 2 Kgs 14.4; 15.35

(b) Most H God Gen 14.18-23; Num 24.16; 2 Sam 22.14 (Ps 18.13); 83.18; 92.1; Dan 4.17; LORD is h Ps 138.6; LORD, h and lifted up Is 6.1; see also GOD (a)

(c) h priest see PRIEST (c)

HILKIAH (a) high priest during Josiah's reign helped Josiah in reformation and found book of the law, 2 Kgs 22.4-14; 23.4; 1 Chr 6.13; 2 Chr 34.9-22

(b) father of Eliakim 2 Kgs 18.18, 26; Is 22.20; 36.3

(c) priest, father of Jeremiah Jer 1.1

(d) others (1) Jer 29.3; (2) 1 Chr 6.45; (3) 1 Chr 26.10-11; (4) Neh 8.4; (5) Neh 12.7

HIN, Hebrew liquid measure, 12 logs about 11 pints Ex 29.40; 30.24; Lev 19.36; Num 15.4-10; Ezek 4.11; 46.5, 7, 11

HINNOM, VALLEY OF valley at Jerusalem, near gate of potsherds, Jer 19.2; designated in boundary between Judah and Benjamin, Josh 15.8; 18.16; Molech worship here by Ahaz and Manasseh, 2 Chr 28.3; 33.6; prediction that H would be called "valley of slaughter," Jer 7.31-34; 19; 32.35; high places ruined by Josiah to prevent idolatrous rituals, 2 Kgs 23.10

HIRAM (HURAM) (a) king of Tyre, friend of David and Solomon 2 Sam 5.11; 1 Kgs 5.1-12 (2 Chr 2.3-12); 1 Kgs 9.11-28 (2 Chr 8.1-18)

(b) artisan who did bronze or copper work in Solomon's temple 1 Kgs 7.13-45 (2 Chr 2.13—4.16)

HIRE(D) Gen 30.16, 18; Ex 12.43-45; 22.14-15; Lev 19.13; 22.10; 25.50; Deut 23.18; 24.14-15; Mic 3.9-11; Mt 20.2; Lk 15.17

HITTITE(S), a people in Asia Minor, N. Syria and Canaan Gen 15.20; 23.3-20; 25.9-10; 49.30-32; Ex 23.28; Josh 1.4; 11.3; 24.11; 1 Sam 26.6; 2 Sam 11.3-24; 12.9-10; 1 Kgs 9.20; 11.1; 2 Chr 1.17; Ezra 9.1

HIVITE(S), a Canaanite people before Israelite conquest Gen 10.17; 34.2; 36.2; Ex 3.8, 17; 23.23, 28; Deut 7.1; 20.17; Josh 3.10; 9.1, 7; 1 Kgs 9.20-22

HOBAB Num 10.29; Judg 4.11

HODIAH (a) 1 Chr 4.19; (b) Neh 8.7; 9.5

HOGLAH, daughter of Zelophehad Num 26.33; 27.1; 36.10-12; Josh 17.3

HOLINESS Ex 15.11; Ps 93.5; Ezek 36.23; 38.16, 23; 44.19; Amos 4.2; Lk 1.75; Rom 1.4; 2 Cor 1.12; 7.1; Eph 4.24;

1 Thes 3.13; 4.4, 7; 1 Tim 2.15; Heb 12.10, 14; 2 Pet 3.11; see SANCTIFY

HOLLOW literal, Gen 32.25, 32; figurative, Is 40.12

HOLON, town in Judah given to priests, Josh 15.51; 21.15; Jer 48.21

HOLY (a) general Mt 7.6; Mk 6.20; Lk 1.35, 49; 2.23; Rom 11.16; 12.1; 1 Cor 7.14, 34; Eph 1.4; 5.27; Col 1.22; 3.12; 1 Thes 2.10; Tit 1.8; Heb 7.26; 1 Pet 1.15, 16; Rev 4.8; 6.10; 15.4; 20.6; 22.11

(b) God; One; Name (of God) Lev 19.2; 22.2, 32; Josh 24.19; 1 Sam 2.2; Josh 24.19; 1 Sam 2.2; 6.20; 99.3; Prov 9.10; Is 5.16; 6.3; 57.15; Ezek 39.7; Hos 11.9; Mk 1.24; Lk 4.34; Jn 6.69; Acts 2.27; 3.14; 13.35; 1 Jn 2.20; Rev 3.7; 16.5

(c) "Holy One of Israel" 2 Kgs 19.22; Ps 71.22; Is 1.4; 5.19; 40.25; 41.14 and often in Is; Jer 50.29; 51.5

(d) beings angel(s), Mt 8.38; Lk 9.26; Acts 10.22; Rev 14.10; apostles, Eph 3.5; brethren, Heb 3.1; men (people), Lev 11.44, 45; 20.7; Num 16.3-7; Deut 7.6 (14.2, 21); 26.19; Is 62.12; myriads, Jude 14; nation, Ex 19.6; 1 Pet 2.9; priests (priesthood), Lev 21.6-8; Ezra 8.28; 1 Pet 2.5; prophets, Lk 1.70; Acts 3.21; Eph 3.5; 2 Pet 3.2; servant, Acts 4.27, 30; women, 1 Pet 3.5

(e) place Ex 26.33; 28.29; 2 Chr 29.5; Ezek 41.21, 23; Mt 24.15; Jn 11.48; Acts 6.13; 21.28; Heb 9.2, 12, 25

(f) city Neh 11.1, 18; Mt 4.5; 27.53; Rev 11.2; 21.2, 10; 22.19

(g) other abode, Ex 15.13; altar, Ex 29.37; 40.10; assembly, Ex 12.16 (convocation); Lev 23.2-8, 21-38; blessings, Acts 13.34; bread, 1 Sam 21.4, 6; calling, 2 Tim 1.9; coat, Lev 16.4; commandment, Rom 7.12; 2 Pet 2.21; covenant, Dan 11.28, 30; Lk 1.72; crown, Ex 39.30; Lev 8.9; day, Neh 8.9-11; faith, Jude 20; garments, Ex 28.2-4; 40.13; Lev 16.4; ground, Ex 3.5; Josh 5.15; Acts 7.33; habitation, Deut 26.

15; hands, 1 Tim 2.8; of Holies, Heb 9.3; kiss, Rom 16.16; 1 Cor 16.20; 2 Cor 13.12; 1 Thes 5.26; law, Rom 7.12; mount,-ain, Is 11.9; 27.13; 2 Pet 1.18; offering, Ex 28.38; Lev 2.3, 10; Num 18.19; oil, Ex 30.25-28; Num 35.25; place, Ex 28.43; Lev 6.16, 26, 27; sabbath, Ex 16.23; 20.8; scriptures, Rom 1.2; temple, Ps 11.4; Jon 2.4, 7; Mic 1.2; Hab 2.20; figurative, 1 Cor 3.17; Eph 2.21; vessels, 1 Sam 21.5; 1 Kgs 8.4; water, Num 5.7

HOLY SPIRIT (a) in person, ministry and teaching of Jesus Mt 1.18, 20; 3.11, 16; 4.1; 10.20; 12.18, 28, 31, 32; 22.43; 28.19; and parallels in other Gospels; Lk 1.35; 4.14, 18; 10.21; 11.13; Jn 3.5, 6, 8, 34; 7.39; 14.17, 26; 15.26; 16.13; 20.22; Acts 1.2, 5, 8

(b) in book of Acts 2.1-4, 17, 18, 33, 38; 4.8, 25, 31; 5.3, 9, 32; 6.3, 5, 10; 7.51, 55; 8.15-19, 29, 39; 9.17, 31; 10.19, 38, 44-47; 11.12, 15-17, 24, 28; 13.2, 4, 9, 52; 15.8, 28; 16.6, 7; 19.1-7, 21; 20.22-23, 28; 21.4, 11; 28.25

(c) in Epistles many times see especially Rom 8; 1 Cor 12.1-13; Gal 5; Rev 2; 3; 22.17

(d) John the Baptist Lk 1.15

(e) other Ps 51.11; Is 63.10, 11; Lk 1.41, 67; 2.25, 26, 27

HOMER, Hebrew measure, 10 ephahs, about 10 bushels Lev 27.16; Num 11.32; Is 5.10; Ezek 45.11-14

HONEY Ex 3.8; 16.31; Deut 8.8; 32.13; Ps 19.10; 119.103; Mt 3.4; Rev 10.9

HONOR Ex 20.12 (Deut 5.16); 2 Sam 6.22; 1 Kgs 3.13 (2 Chr 1.11, 12); Ps 8.5; Prov 3.9; Is 29.13; Mt 13.57; 15.4; Jn 5.23; 12.26; Rom 1.21; 13.7; 1 Tim 1.17; 6.16; Heb 2.7; 1 Pet 2.17; Rev 5.12, 13

HOPE Ps 39.7; 42.5, 11; 43.5; 69.6; 71.5, 14; 116.11; Prov 10.28; 13.12; 19.18; Jer 17.13; 29.11; 50.7; Mt 12.21;

Hophni 52

Lk 6.34; Jn 5.45; Acts 2.26; 23.6; 24.15; 26.7; 28.20; Rom 4.18; 5.2, 4, 5; 8.20, 24, 25; 12.12; 15.4, 13; 1 Cor 9.10; 13.13; 15.19; 2 Cor 1.10; 3.12; 10.15; Gal 5.5; Eph 1.18; 2.12; 4.4; Phil 1.20; Col 1.5, 23, 27; 1 Thes 1.3; 2.19; 4.13; 5.8; 1 Tim 1.1; 4.10; 5.5; Tit 1.2; 2.13; 3.7; Heb 3.6; 6.11, 18, 19; 7.19; 10.23; 11.1; 1 Pet 1.3, 13, 21; 3.15

HOPHNI, a son of Eli 1 Sam 1.3; 2.22--4.22

HOR mountain in Edomite country where Aaron died, Num 20.22-29; 33.37-39, 41; Deut 32.49-50; another mountain, Num 34.7, 8

HOREB mount of God in Sinai peninsula, Ex 3.1; 18.5; law given to Israel, Deut 4.10-15; 5.2-5; 1 Kgs 8.9; 19.8; some interchange of names Horeb and Sinai Horeb, Ex 17.6; Deut 1.6; 1 Kgs 8.9; 19.8; 2 Chr 5.10; Sinai, Ex 19.11; 24.16; 31.18; Lev 7.37-38; 25.1, 2; Deut 33.2; Judg 5.5; see SINAI

HORITE(S) Gen 14.6; 36.20-30; Deut 2.12, 22

HORMAH, town in south of Canaan Num 14.45; 21.1-3; Deut 1.44; Josh 12.14; 15.30; 19.4; Judg 1.17; 1 Sam 30.30; 1 Chr 4.30

HORN(S) Gen 22.13; Josh 6.4; Dan 7.7, 8, 24; Zech 1.18-21; Rev 5.6; 9.13; 12.3; of the altar, Ex 29.10-12; 1 Kgs 1.50, 51; 2.28; figurative, 2 Sam 22.3; 1 Kgs 22.11; Ps 89.24; 92.10; 132.17; Lk 1.69

HORNET(S) Ex 23.28; Deut 7.20; Josh 24.12

HORROR Deut 28.25, 37; Jer 19.8; 34.17; 42.18; 48.39; 50.23

HORSE(S) Gen 47.17; Ex 15.1, 19, 21; Deut 17.16; 1 Kgs 10.28, 29; 2 Kgs 6.14-17; Esth 6.7-11; Job 39.19; Ps 20.7; 32.9; 33.17; 147.10; Jer 46.4. 9: Amos 6.12; Zech 1.8; 6.2-6; 9.10; 12.4; Jas 3.3; Rev 6.2-8; 19.11

HORSEMEN Ex 14.17-28; 15.19; 1 Sam 8.11; 13.5; 2 Sam 10.18; 2 Kgs 2.12 (13.14); 2 Kgs 18.24; Ezra 8.22; Jer 46.4; Hos 1.7

HOSANNA (a Hebrew word meaning "Save, [O God]!") Mt 21.19, 15; Mk 11.9, 10; Jn 12.13

HOSEA, prophet during reigns of Uzziah, Jotham, Ahaz, Hezekiah of Judah and Jeroboam II of Israel (a) book of H unfaithfulness of Israel and Lord's patience described as adulterous wife and faithful husband, Hos 1--3; sin and need for repentance, 4--6.3; chastisement for wickedness, 6.4--10.15; yearning love of God and warnings of punishment, 11.1--13.16; plea for repentance and humble submission with promise of God's acceptance, 14.1-9

(b) N.T. reference to H Rom 9.25

HOSHEA (a) Joshua, son of Nun, earlier name Num 13.8, 16; see JOSHUA

(b) prince of Ephraim in David's reign 1 Chr 27.20

(c) king of Israel and son of Elah 2 Kgs 15.30; 17.1-6; 18.10

(d) Neh 10.23

See also HOSEA

HOSTS, LORD OF 2 Sam 5.10; 6.2, 18; 1 Kgs 18.15; 19.10, 14; Ps 24.10; Is 6.3; Jer 11.17; Hos 12.5; Amos 4.13; 5.15; Mic 4.4; Nah 2.13; Zeph 2.9, 10; Hag 1.2, 5, 7, etc. Zech 1.3, 4, 6, etc.; Mal 1.4, 6, 8-14, etc.

HOUR(S) (a) general Mt 20.12; 26.40; Mk 6.35; 14.37; Lk 1.10; 7.21; 10.21; 13.31; Jn 11.9

(b) time of the day or night third h, 9.00 A.M. Mt 20.3; Mk 15.25; Acts 2.15; sixth h, 12.00 noon, Mt. 20.5; 27.45; Mk 15.33; Lk 23.44; Jn 4.6; 19.14; Acts 10.9; seventh h,

1.00 P.M. Jn 4.52; ninth h, 3.00 P.M. Mt 20.5; 27.45, 56; Mk 15.33, 34; Lk 23.44; Acts 3.1; 10.3, 30; tenth h, 4.00 P.M., Jn 1.39; eleventh h, 5.00 P.M., Mt 20.6, 9; third h of the night, 9.00 P.M., Acts 23.23

(c) critical events Jer 45.17; Mt. 10.19; 26.45, 55; Mk 13.11; 14.35, 41; Lk 12.12; 22.14, 53; Jn 2.4; 4.21, 23; 7.30; 8.20; 12.23, 27; 13.1; 16.2, 4, 21; 17.1; Rom 13.11; Rev 3.10

(d) eschatological Mt 24.36, 44, 50; 25.13; Mk 13.32; Lk 12.39, 40, 46; Jn 5.25, 28; 1 Jn 2.18; Rev 3.3; 14.7, 15; 18.10, 17, 19

HOUSE,-HOLD (a) general Gen 7.1; 47.12; Ex 12.3, 4, 30; Deut 6.22; 14.26; 15.16, 20; Josh 24.15; 1 Sam 3.14; 27.3; 2 Sam 6.11, 20; 7.18; 2 Kgs 20.12-17; Prov 31.27; Mt 2.11; 7.24-27; 10.12-14; 12.25, 29; Mk 3.25-27; 10.29; Lk 4.38; 6.48-49; 10.5-7; 17.31; 19.9; Jn 8.35; Acts 8.3; 16.15; 17.5; 21.8, 16; Rom 16.5; 1 Cor 16.19; Col 4.15; Phm 2; 1 Pet 2.5; see FAMILY

(b) of God Gen 28.17; Judg 20.18 (Bethel); 1 Kgs 5.5; 8.11 (2 Chr 5.14); 8.43; 2 Kgs 22.8 (2 Chr 34.15); 1 Chr 29.3, 4; Mt 12.4; 21.13; Mk 2.26; 11.17; Lk 2.49; 6.4; 19.46; Jn 2.16-17; 14.2; Acts 7.47, 49; 2 Cor 5.1; Eph 2.19; 1 Tim 3.15; Heb 3.2-6; 10.21; 1 Pet 4.17

(c) of bondage Ex 13.14; Deut 8.14

HULDAH, a prophetess in Jerusalem 2 Kgs 22.12-20 (2 Chr 34.20-28)

HUMBLE, HUMILITY Ex 10.3; Deut 8.2, 3, 16; 2 Sam 22.28; 1 Kgs 21.29; 2 Kgs 22.19; 2 Chr 7.14; Ps 18.27; 25.9; Prov 11.2; 12.9; 15.33; 18.12; 22.4; Is 57.15; 66.2; Zeph 2.3; Zech 9.9; Mt 18.4; 21.5; 23.12; Lk 14.11; 18.14; Acts 8.33; 20.19; 2 Cor 10.1; 12.21; Phil 2.3, 5-11; Jas 1.10; 4.6, 10; 1 Pet 3.8; 5.5, 6

HUNGER,-RY Deut 8.3; 1 Sam 2.5; Ps 107.4-9; Prov 25.21; Neh 9.15; Is 49.10; Jer 42.14; Ezek 34.29; Mt 4.2; 5.6;
12.1; 21.18; 25.35, 37, 42, 44; Lk 6.21, 25; 15.17; Jn 6.35; Acts 10.10; Rom 12.20; 1 Cor 11.21, 34; 2 Cor 6.5; 11.27; Phil 4.12; Rev 7.16

HUR (a) man of Judah, house of Caleb 1 Chr 2.18, 19; grandfather of Bezaleel, 2.20; Ez 31.1, 2; with Aaron supported Moses, Ex 17.10-12; with Aaron governed Israel when Moses was in Mt. Sinai, 24.14

(b) others (1) Josh 13.21; (2) 1 Kgs 4.8; (3) Neh 3.9

HURAM see HIRAM

HUSBAND(S) (a) literal Gen 3.16; Deut 25.5; Ruth 1.11-13; Esth 1.17, 20; Prov 12.4; 31.11; Mt 1.16, 19; Mk 10.12; Lk 1.34; 2.36; 16.18; Jn 4.16-18; Acts 5.9-10; Rom 7.2-3; 1 Cor 7.2-4, 10-16, 34, 39; 11.3; Eph 5.22-28, 33; Col 3.18-19; Tit 2.4-5; 1 Pet 3.1, 5, 7

(b) figurative Is 54.5; Jer 31.31-32; 2 Cor 11.2; Gal 4.27; Rev 21.2

HUSHAI, a counsellor to David 2 Sam 15.32-37; 16.16-19; 17.5-16; 1 Kgs 4.16; 1 Chr 27.33

HUSHAM, Temanite who succeeded Jobab as king of Edom Gen 36.34, 35 (1 Chr 1.45, 46)

HYMENAEUS 1 Tim 1.20; 2 Tim 2.17

HYMNS, spiritual meditation suitable for singing or chanting in worship song of Moses, Ex 15.1-19; Deut 32.1-43; of Deborah, Judg 5; Hannah, 1 Sam 2.1-10; of David, 2 Sam 22.2--23.7; Book of Psalms; Mary, Lk 1.46-55; Zacharias, Lk 1.68-79; also, Mt 26.30; Mk 14.26; Acts 16.25; 1 Cor 14.26; Eph 5.19; Col 3.16

HYPOCRISY, HYPOCRITE(S) Mt 6.2, 5, 16; 7.5; 15.7; 22.18; 23.13-29; 24.51; Mk 7.5, 6; 12.15; Lk 12.1, 56; 13.15

Hyssop

HYSSOP Ex 12.22; Lev 14.4-6, 49-52; Num 19.6, 18; 1 Kgs 4.33; Ps 51.7; Jn 19.29; Heb 9.19

I

I AM (a) Ex 3.14; see NAME (a); (b) Jn 6.35; 8.12; 10.7, 11; 11.25; 14.6; 15.1; Rev 1.17-18; (c) Jn 8.24, 28, 58

IBLEAM, city in territory of Issachar Josh 17.11, 12; Judg 1.27; 2 Kgs 9.27; 11.10

IBZAN, judge who ruled Israel Judg 12.8-10

ICHABOD, son of Phinehas; grandson of Eli 1 Sam 4.19-22

ICONIUM, city in central Asia Minor Acts 13.51--14.6; 14.19, 21; 16.2; 2 Tim 3.11

IDDO (a) 1 Chr 27.21; (b) 2 Chr 9.29; 12.15; 13.22; Ezra 5.1; 6.14; Zech 1.1, 7; (c) 1 Kgs 4.14; (d) 1 Chr 6.21; (e) Ezra 8.17-20

IDLE,-NESS Ex 5.8, 17; Prov 19.15; 31.27; Amos 6.5; Mt 20.3, 6; Lk 24.11; 1 Thes 5.14; 2 Thes 3.6, 7, 11; 1 Tim 5.13; 2 Pet 2.3

IDOL(S) Lev 19.4; 26.1; Deut 29.17; 32.21; 1 Kgs 15.12; 2 Kgs 17.12, 15; 2 Chr 33.7, 15; Ps 96.5; 115.4; Is 40.19; 44.17; 48.5; 57.13; Jer 10.5; Ezek 30.13; 36.25; Hos 4.17; 14.6, 8; Acts 7.41; 15.20, 29; 17.16; 21.25; Rom 2.22; 1 Cor 8.1, 4, 7, 10; 10.14, 19; 12.2; 2 Cor 6.16; 1 Thes 1.9; 1 Jn 5.21; Rev. 2.14, 20; 9.20; see IMAGE

IDOLATRY-ER(S) 1 Sam 15.23; Ezek 43.9; 1 Cor 5.10, 11; 6.9; 10.7; Gal 5.20; Eph 5.5; Col 3.5; 1 Pet 4.3; Rev 21.8; 22.15

IGAL (a) spy from tribe of Issachar Num 13.7

(b) one of David's heroes 2 Sam 23.36

(c) son of Shemaiah 1 Chr. 3.22

IGNORANT,-CE Acts 3.17; 17.30; Rom 10.3; 2 Cor 1.8; 2.11; Eph 4.18; 1 Thes 4.13; 1 Tim 1.13; Heb 5.2; 1 Pet 1.14; 2.15; 2 Pet 2.12; 3.16

IJON, fortified city of Naphtali captured by Benhadad, 1 Kgs 15.20; 2 Chr 16.4; made captive by Tiglath-pileser, 2 Kgs 15.29

IMAGE(S) Gen 1.26-27; Ex 20.4; Num 33.52; Deut 4.16, 23, 25; Judg 18.14-20, 30-31; Ps 97.7; 106.19-20; Is 40.20; 41.29; 44.10, 15; Jer 8.19; Dan 3.1-18; Hab 2.18; Rom 1.23; 8.29; 1 Cor 11.7; 15.49; Col 1.15; 3.10; Rev 13.14, 15; 14.9, 11; 15.2; 16.2; 19.20; 20.4; see IDOL, LIKENESS

IMMANUEL, name meaning "God with us" Is 7.14; 8.8; see EMMANUEL

IMMER descendant of Aaron and a priest in David's time, 1 Chr 9.12; 24.14; descendant of I, an antagonist of Jeremiah, Jer 20.1; members of I's family with Zerubbabel in return from Babylon, Ezra 2.37; Neh 11.13; son of I helper in rebuilding walls of Jerusalem, Neh 3.29

IMMORAL,-ITY 1 Cor 5.1, 9, 10, 11; 6.9, 13, 18; 7.2; 10.18; 2 Cor 12.21; Gal 5.19; Eph 5.3, 5; Col 3.5; 1 Thes 4.3; 1 Tim 1.10; Heb 12.16; 13.4; Jude 7; Rev 2.14, 20, 21; 9.21

IMMORTAL,-ITY Rom 1.23; 2.7; 1 Cor 15.53, 54; 1 Tim 1.17; 6.16; 2 Tim 1.10

IMPATIENT Num 21.4; Mic 2.7; Zech 11.8

IMPERISHABLE 1 Cor 9.25; 15.42, 50-54; 1 Pet 1.4, 23; 3.4

IMPOSSIBLE Mt 17.20; 19.26; Mk 10.27; Lk 1.37; 18.27; Heb 6.4, 18; 10.4; 11.6

IMPRISONED,-MENT(S) Acts 20.23; 21.13; 22.19; 23.29; 26.31; 2 Cor 6.5; 11.

23; Phil 1.7, 13, 14, 17; Phm 10, 13; Heb 11.36; see CAPTIVE

IMPURE,-ITY Lev 15.19-33; Num 19.9-21; Ezek 36.17; Rom 1.24; 6.19; 2 Cor 12.21; Gal 5.19; Eph 5.3, 5; Col 3.5; Rev 14.8; 17.4; 18.3

INCENSE fragrant substance used in worship, Ex 25.6; 35.8, 28; 37.29; forbidden to be made for ordinary purposes, Ex 30.34-38; Lev 10.1-7; burned on altar each morning, Ex 30.1-9; Lk 1.10; annual (day of atonement) burning in most holy place, Lev 16.12, 13; gift brought at dedication of altar, Num 7.14, 20; for atonement, Num 16.46, 47; typifying prayer, Ps 141.2; Rev 8.3; used by worshippers of false gods, 2 Chr 34.25; Jer 48.35

INCLINE,-ED (figurative) Josh 24.23; 1 Sam 14.7; 1 Kgs 8.58; Ps 40.1; 116.2; 119.112; Eccl 10.2; Jer 35.15; Dan 9.18

INDIA, district in Persian empire, in modern Pakistan Esth 1.1; 8.9

INDIGNATION Ps 7.11; 85.4; Is 66.14; Jer 10.10; Mic 7.9; Nah 1.6

INHERIT,-ANCE (a) literal custom known to Abraham, Gen 15.2-4 (heir); Ishmael, son of slave, not an inheritor with son of freewoman, Gen 21.10; 25.5-6; daughter of Job inherited as sons, Job 42.15; Mosaic law: double for eldest son, Deut 21.15-17; to daughters, if no sons, Num 27.1-8 (see also Num 36.1-12); if no children, Num 27.9-11; Canaan as an i to Israel, Ex 32.13; Lev 20.24; Deut 1.38-39; the Lord as an i, Num 18.20; Deut 10.9; Josh 13.14; in NT, Mt 5.5; 21.38; Mk. 12.7; Lk 12.13; 20.14; Acts 7.5; 13.19; Heb 12.17

(b) figurative Mt 5.5; 19.29; 25.34; Mk 10.17; Lk 10.25; 18.18; Acts 20.32; Rom 4.13; 1 Cor 6.9, 10; 15.50; Gal 3.18; 4.30; 5.21; Eph 1.14, 18. 5.5; Col 1.12; 3.24; Heb 6.12; 9.15; 11.8; 1 Pet 1.4, 18; see HERITAGE

INIQUITY,(IES) Ex 20.5; 34.7-9; Lev 16.21; Num 14.18-19; Ps 32.2; 51.2-11; 130.3; Is 40.2; 43.24; 53.5, 11; 64.9; Jer 31.34; Ezek 36.31, 33; Dan 9.24; Hos 10.13; 14.1-2; Mal 2.6; Mt 23.28; Lk 13.27; Acts 8.23; Rom 4.7; 6.19; 2 Cor 6.14; 2 Tim 2.19; Tit 2.14; Heb 8.12; Rev 18.5; see SIN, TRANSGRESSION

INJUSTICE Lev 19.15; Prov 22.8; Hos 10.13; Rom 9.14

INNOCENT Gen 20.4, 5; Ex 23.7; Deut 25.1; 1 Sam 19.5; Job 34.5; Mt 10.16; 23.35; 27.4, 24; Lk 23.47; Acts 18.6; 20.26; Phil 2.15

INSPIRED Prov 16.10; Mt 22.43; Mk 12.36; Lk 2.27; 1 Cor 12.6, 11; Col 1.29; 1 Thes 1.6; 1 Tim 1.18; 2 Tim 3.16

INSTRUCT,-ION Ex 24.12; 1 Sam 12.23; 2 Chr 19.10; 26.5; Neh 9.20; Ps 32.8; Prov 4.13; 8.10, 33; 15.32; Is 40.13; Mt 11.1; Acts 7.22; 15.24; 18.25; 23.31; Rom 2.18; 15.4, 14; 1 Cor 2.16; 10.11; 11.17; 14.19; Eph 6.4; Col 4.10; 1 Thes 4.2; 1 Tim 3.14; 4.6; 2 Tim 3.15; Tit 1.9; Heb 6.2; 8.5

INSTRUMENT(S) 1 Sam 18.6; 1 Chr 15.16; 16.42; 23.5; 2 Chr 5.13; 7.6; Acts 9.15; Rom 6.13

INTEGRITY Gen 20.5-6; Job 2.3; 31.6; Ps 25.21; Prov 20.7; 28.6, 18; Tit 2.7

INTERCEDE,INTERCESSION 1 Sam 2.25; Is 53.12; Jer 27.18; Rom 8.26, 27, 34; 1 Tim 2.1; Heb 7.25

INTEREST (financial) Ex 22.25; Lev 25.36, 37; Deut 23.19, 20; Ps 15.5; Prov 28.8; Ezek 18.8, 13, 17; 22.17; Mt 25.27; Lk 19.23

INTERPRET,-ATION(S) Gen 40.8; 41.8-15; Dan 5.9-17, 26; Mt 16.3; Lk 12.56; 24.27; 1 Cor 2.13; 12.10, 30; 14.5, 13, 26-28; 2 Pet 1.20

Iob

IOB see JASHUB

IRA (a) 2 Sam 20.26; (b) 2 Sam 23.26; 1 Chr 11.28; (c) 2 Sam 23.38; 1 Chr 11.40

IRIJAH, captain of guard and arrester of Jeremiah Jer 37.13

IRON Tubal-cain, worker in brass and i, Gen 4.22; tools and instruments of, Num 35.16; Rev 2.27; vessels, Josh 6.19, 24; chariots for war purposes, Josh 17.16; Judg 1.19; 4.3, 13; armor and weapons, 1 Sam 17.7; agricultural tools, 2 Sam 12.31; Amos 1.3; importation, Jer 15.12; Ezek 27.12, 19; in Palestine, Deut 8.9; legs and part of feet of statue, Dan 2.33-45; part of beast in vision, Dan 7.7, 19

ISAAC birth foretold, Gen 18.1-15; born, 21.1-7; offered to God, 22.1-19; married Rebekah, 24; father of twins, 25.19-26; residence in Gerar, 26.1-6; and Abimelech, 26.7-33; blessed Jacob, 27.1-40; death and burial, 35.29; in NT, Mt 1.2; 8.11; Lk 3.34; 13.28; Acts 7.8; Rom 9.7, 10; Gal 4.28; Heb 11.9, 17, 18, 20; Jas 2.21

ISAIAH called of God, Is 6; father of two sons, 7.3; 8.3; prophesied during reign of Uzziah, Jotham, Ahaz, Hezekiah, Is 1.1; counseled Ahaz, 7; counseled Hezekiah, 2 Kgs 19--20 (Is 37--39); quoted in NT, Mt 3.3; 4.14; 8.17; 12.17; 13.14; 15.7; Mk 1.2; 7.6; Lk 3.4; 4.17; Jn 1.23; 12.38-41; Acts 8.28, 30; 28.25; Rom 9.27-29; 10.16, 20-21; 15.12

ISCARIOT (a) Judas Mt 10.4; 26.14; Mk 3.19; 14.10; Lk 6.16; 22.3; Jn 12.4; 13.2; 14.22

(b) Simon Jn 6.71; 13.2, 26

ISHBI-BENOB, Philistine giant 2 Sam 21.16, 17

ISH-BOSHETH, a younger son of Saul chosen by all tribes but Judah to succeed Saul, 2 Sam 2.8-10; capital at Mahanaim, 2.8, 12; unsuccessful war against David for allegiance of all tribes, 2.12--3.1; alienation of staunch supporter, Abner, 3.6-11; loss of courage, 4.1; assassination of, 4.5-8; burial, 4.12

ISHI name for Jehovah, Hos 2.16, 17; others, (1) 1 Chr 2.31; (2) 1 Chr 4.20; (3) 1 Chr 4.42; (4) 1 Chr 5.24

ISHMAEL (a) son of Abraham by Hagar, Gen 16.3, 15; circumcised, 17.25-26; expulsion from Abraham's home, and God's protection, 21.3-21; progenitor of twelve princes as promised, 17.20; 25.12-16 (see ISHMAELITES); daughter wed to Esau, 28.9; 36.10; with Isaac buried Abraham, 25.9; death 25.17

(b) son of Nethaniah, murderer of Gedaliah 2 Kgs 25.25; Jer 40.7-16; 41.1-18

(c) others (1) 1 Chr 8.38; (2) 2 Chr 19.11; (3) 2 Chr 23.1; (4) Ezra 10.22

ISHMAELITE(S), descendant(s) of Ishmael promised, Gen 17.20; listed, 25.12-16; nomadic people, 25.18; famed for archery skill, Is 21.16 (see KEDAR); purchased Joseph, Gen 37.25, 28; Obil the I in charge by David's camels, 1 Chr 27.30

ISRAEL (a) name given to Jacob Gen 32.22-32; see JACOB

(b) descendants of Jacob Gen 34.7; Ex 32.4; Deut 4.1; 27.9

(c) other uses of term: name for northern kingdom, 1 Sam 11.8; 17.52; 18.16 (see JUDAH for southern kingdom); name for united monarchy, 1 Kgs 11.42; used as name for returning exiles of various tribes, Ezra 9.1; 10.5; Neh 9.2; 11.3

(d) New Testament usage (1) people Mt 2.6; 8.10; 9.33; 19.28; 27.9, 42; Mk 12.29; 15.32; Lk 1.16, 54, 68, 80; 2.25, 32, 34; 7.9; 22.30; 24.21; Jn 1.31, 49; 3.10; 12.13; Acts 1.6; 2.22; 3.12; 4.10, 27; 5.21, 31, 35; 7.23; 9.15; 10.36; 13.16, 17, 23, 24;

21.28; 28.20; Rom 9.6, 27, 31; 10.19, 21; 11.2, 7, 11, 25, 26; 1 Cor 10.18; Gal 6.16; Eph 2.12; Phil 3.5; Rev 2.14; 7.4; 21.12

(2) house of Mt 10.6; 15.24; Acts 2.36; 7.42; Heb 8.8, 10

(3) land Mt 2.20, 21; 10.23; Lk 4.25 27

(4) God of Mt 15.31

ISRAELITE(S), name used to designate descendant(s) of Jacob Gen 32.32; 36.31; 2 Kgs 17.6; Neh 9.2; Jn 1.47; Acts 7.37; Rom 9.4; 11.1; 2 Cor 3.7, 13; 11.22; Heb 11.22; see HEBREW(S)

ISSACHAR ninth son of Jacob, Gen 30.17, 18; 35.23; sons, 46.13; Num 26.23, 24; departure for Egypt with Jacob, 46.13; Ex 1.3; Jacob's prophecy concerning, Gen 49.14, 15; descendants on Mt. Gerizim, Deut 47.12; Moses' prophecy concerning, Deut 33.18

ITALY,-IAN Acts 10.1; 18.2; 27.1, 6; Heb 13.24

ITHAMAR youngest son of Aaron, Ex 6.23; 1 Chr 6.3; 24.1; consecrated as priest, Ex 28.1; 1 Chr 24.2; responsible for inventory of tabernacle materials, Ex 38.21; superintended Gershonites and Merarites, Num 4.21-33; founder of priestly family, 1 Chr 24.4, 5, 6, which was in existence after captivity, Ezra 8.2

ITTAI (a) a mighty man of David 2 Sam 23.29; 1 Chr 11.31 (ITHAI)

(b) inhabitant of Gath faithful to David in opposition to Absalom 2 Sam 15.18-22; 18.2, 5

IVORY 1 Kgs 10.18 (2 Chr 9.17); 10.22 (2 Chr 9.21); 22.39; Amos 3.15; 6.4; Rev 18.12

IVVAH, city in Syria captured by Assyrians 2 Kgs 18.34; 19.13; Is 37.13

J

JAAZANIAH (a) son of Shaphan and leader in idolatrous practices Ezek 8.11

(b) son of Azzur, seen in a vision by Ezekiel Ezek 11.1; cf 8.1, 3; 11.24

(c) others 2 Kgs 25.23 (see JEZANIAH); Jer 35.3

JABBOK, eastern tributary of Jordan River Gen 32.22; Num 21.24; Deut 2.36, 37; 3.12, 13, 16; Josh 12.2-6

JABESH-GILEAD, a town in Gilead, east of River Jordan unconcern of town's inhabitants toward national sin, Judg 21.8-15; beseiged in Saul's day by Ammonites, 1 Sam 11.1-11; Saul and sons buried temporarily in area, 31.11-13 (1 Chr 10.11, 12); gratitude to men of J expressed by David, 2 Sam 2.4-7

JABIN (a) Canaanite, king of Hazor defeated in battle by Joshua Josh 11.1-14

(b) Canaanite king, oppressed Israelites and eventually defeated (after 20 years) Judg 4.2-24; 1 Sam 12.9; Ps 83.9

JABNEEL (a) town on northern border of Judah Josh 15.5-11; 2 Chr 26.6 (Jabneh)

(b) town of Naphtali Josh 19.33

JABNEH see JABNEEL (a)

JACHIN (a) son of Simeon founder of a tribal family Gen 46.10; Ex 6.15; Num 26.12; 1 Chr 4.24 (Jarib)

(b) descendant of Aaron 1 Chr 24.17

(c) name given to right-hand pillar of porch before Solomon's temple 1 Kgs 7.15-22; see BOAZ (b)

JACKAL, animal which lives in wilderness and desert Is 34.13, 14; 35.7; 43.20; Jer 49.33; 51.37

Jacob

JACOB (a) <u>son of Isaac</u> born, Gen 25.19-26; obtained Esau's birthright, 25.17-34; received Isaac's blessing, 27.1-29; fled from Esau, 27.41--28.5; dream and vow at Bethel, Gen 28.10-22; labor for Rachel and Leah, 29.1-30; dealings with Laban, 30.25-43; departure from Padan-aram, 31; experience at Peniel, 32.24-32; name changed to <u>Israel</u>, 32.28; 35.10; reconciliation with Esau, 33.1-16; blessing of God at Bethel, 35.1-15; to Egypt, 46--47; gives blessing to Joseph's sons, Ephraim and Manasseh, 48; gives blessing to his own sons, 49.1-27; death and burial, 49.28--50.14; NT references to <u>J</u>, Mt 1.2; 8.11; Lk 1.33; 3.34; 13.28; Jn 4.5, 6, 12; Acts 7.8, 12, 14, 15, 46; Rom 9.13; 11.26; Heb 11.9, 20, 21; <u>see</u> ISRAEL

(b) <u>son of Matthan and father of Joseph</u> Mt 1.15, 16

JAEL wife of Heber the Kenite Judg 4.17; murderer of Sisera, 4.18-22; her deed commended by Deborah, 5.24-27

JAHATH Merarite Levite, overseer of temple repairs in Josiah's reign, 2 Chr 34.12; others, 1 Chr 4.2; 1 Chr 6.20; 1 Chr 23.10; 1 Chr 24.22

JAHAZ site in plain of Moab (east of Dead Sea) (Jer 48.21) where Israel defeated Sihon, Num 21.23; Deut 2.32; Judg 11.20; assigned to Reubenites, Josh 13.18; set apart for Merarite Levites, 21.36; held by Moab in time of Isaiah and Jeremiah, Is 15.4; Jer 48.21, 34

JAIR (a) <u>Gileadite, judge of Israel</u> Judg 10.3-5

(b) <u>captured villages in N Transjordan</u> Num 32.41; Deut 3.14; 1 Chr 2.21, 22; 5.23

(c) <u>others</u> (1) 2 Sam 21.19; (2) Esth 2.5

JAIRUS Mk 5.22; Lk 8.41

JALAM, son of Esau Gen 36.18; 1 Chr 1.35

JAMBRES, one of Pharaoh's magicians 2 Tim 3.8; <u>see</u> JANNES

JAMES (a) <u>son of Zebedee</u> Mt 4.21; 10.2; 17.1; Mk 1.19, 29; 3.17; 5.37; 9.2; 10.35, 41; 13.3; 14.33; Lk 5.10; 6.14; 8.51; 9.28,54; Acts 1.13; 12.2

(b) <u>son of Alphaeus</u> Mt 10.3; Mk 3.18; Lk 6.15; Acts 1.13

(c) <u>son of Mary</u> (perhaps the same as "the younger") Mt 27.56; Mk 15.40; 16.1; Lk 24.10

(d) <u>brother of Jesus</u> Mt 13.55; Mk 6.3; Acts 12.17; 15.13; 21.18; 1 Cor 15.7; Gal 1.19; 2.9, 12

(e) <u>father of Judas</u> Lk 6.16; Acts 1.13

(f) <u>author of Epistle</u> (perhaps brother of Jesus) Jas 1.1

(g) <u>brother of Jude</u>, author of Epistle (perhaps brother of Jesus) Jude 1

JAMIN (a) <u>son of Simeon</u> Gen 46.10; Ex 6.15; Num 26.12; (b) <u>man of Judah</u> 1 Chr 2.27; (c) <u>a Levite</u> Neh 8.7, 8

JANNES, one of Pharaoh's magicians 2 Tim 3.8; <u>see</u> JAMBRES

JAPHETH, son of Noah Gen 5.32; 9.18--10.2

JAPHIA (a) <u>king of Lachish</u> defeated, captured and put to death by Joshua Josh 10.3-27

(b) <u>son of David</u> 2 Sam 5.15

(c) <u>border town of Zebulon</u> Josh 19.12

JARMUTH (a) <u>town conquered by Joshua</u> Josh 10.3-27; Neh 11.29

(b) <u>town of Issachar</u> Josh 21.28, 29; called Ramoth, 1 Chr 6.73; called Remeth, Josh 19.21

JASHAR book of Jashar, quoted in Josh 10.13; 2 Sam 1.17-18 (probably a collection of poems)

JASON Acts 17.5-9; Rom 16.21

JATTIR, town in hill country of Judah assigned to priests Josh 15.48; 21.14; 1 Sam 30.27; 1 Chr 6.57

JAVAN (a) a son of Japheth Gen 10.2, 4; 1 Chr 1.5, 7

(b) the Greeks Is 66.19; Ezek 27.13

JAVELIN Josh 8.18, 26; 1 Sam 17.6, 45

JAZER, city in Gilead east of Jordan River captured by Israelites Num 21.24, 32; 32.1-5; Josh 13.25; 21.39; 2 Sam 24.5; Is 16.8, 9; Jer 48.32

JEALOUS,-Y (a) human Gen 37.11; Num 5.14; Prov 6.34; 27.4; Sol 8.6; Acts 7.9; 17.5; Rom 10.19; 11.11, 14; 13.13; 1 Cor 3.3; 13.4; 2 Cor 12.20; Gal 5.20; Jas 3.14, 16; see ENVY

(b) divine Ex 20.5 (Deut 5.9); 34.14; Num 25.11; Deut 4.24; 6.15; 1 Kgs 14.22; Ezek 39.25; Joel 2.18; Nah 1.2; 1 Cor 10.22; 2 Cor 11.2; Jas 4.5

JEBUS, name of Jerusalem while occupied by Jebusites Josh 15.63; Judg 19.10; 1 Chr 11.4

JEBUSITE, a tribe of Canaan before Hebrew conquest Josh 15.36 (Judg 1.21); 2 Sam 5.6 (1 Chr 11.4, 5)

JECONIAH, variant of name Jehoiachin, king of Judah 1 Chr 3.16, 17; Esth 2.6; Jer 24.1; see also JEHOIACHIN

JEHOAHAZ (a) king of Judah, variant name for Ahaziah 2 Chr 21.17; cf. 22.1; see AHAZIAH (b)

(b) king of Israel, son and successor of Jehu 2 Kgs 13.1-9

(c) king of Judah, son and successor of Josiah 2 Kgs 23.30-34 (2 Chr 36.1-4)

JEHOASH (a) king of Judah, son of Ahaziah 2 Kgs 11.2--12.21 (2 Chr 22.11--24.27, where he is called Joash)

(b) king of Israel, son of Jehoahaz 2 Kgs 13.10--14.16 (also called Joash)

JEHOIACHIN, king of Judah, son and successor to Jehoiakim 2 Kgs 24.6--25.30; 2 Chr 36.8-9; Jer 52.31-33; Ezek 1.2; see also JECONIAH

JEHOIADA (a) father of Benaiah, high officer in David's and Solomon's reigns 2 Sam 23.22; 1 Kgs 4.4; 1 Chr 12.27; 27.5

(b) high priest during usurpation of throne by Athaliah 2 Kgs 11.1--12.16; 2 Chr 22.10--24.16; 2 Chr 22.17-22

(c) others (1) 1 Chr 27.34; (2) Jer 29.26

JEHOIAKIM, son of king Josiah; original name Eliakim, changed by Pharaoh Neco, who made him king in place of brother Jehoahaz 2 Kgs 23.34--24.6 (2 Chr 36.4-8); Jer 22.18; 26.21; 36.32; Dan 1.2

JEHONADAB see JONADAB

JEHORAM (a) son of Ahab and king of Israel 2 Kgs 3.1--9.26; 2 Chr 22.5, 6, 7; also called Joram

(b) son of Jehoshaphat and king of Judah 2 Kgs 8.16-24 (2 Chr 21.1-20); also called Joram

(c) priest during reign of Jehoshaphat 2 Chr 17.8

JEHOSHAPHAT king of Judah, son and successor to Asa, 1 Kgs 15.24; worshipped the Lord, in contrast to the people's worship of Baalim, 1 Kgs 22.43; 2 Chr 17.3; arranged for instruction of people of Judah in the book of the law, 2 Chr 17.7-9; garrisoned cities of the kingdom, 17.12-19; made peace with Israel, 1 Kgs 22.44; removed idols and places of idol worship, 2 Chr 17.5, 6; and removed sodomites, 1 Kgs 22.46; allied himself with Ahab, 1 Kgs 22.1-38 (2 Chr 18.1-34); reproved by Jehu,

Jehozabad

2 Chr 19.1, 2; continued reforms, religious and political, 2 Chr 19.4-11; prayed when attacked and delivered, 2 Chr 20.1-30; allied with Ahaziah (Israel), rebuked by prophet, and refused to make new alliance, 1 Kgs 22. 48, 49; 2 Chr 20.35-37; allied with Jehoram (Israel) against Moab, 2 Kgs 3.2-27; death and burial, 1 Kgs 22.50

JEHOZABAD (a) a Levite 1 Chr 26.4; (b) a servant and assassin of Joash 2 Kgs 12.21 (2 Chr 24.26); 2 Chr 25.3; (c) a Benjamite 2 Chr 17.18

JEHU (a) prophet, son of Hanani denounced Baasha, 1 Kgs 16.1-4, 7; reproved Jehoshaphat, 2 Chr 19.2; recorded acts of Jehoshaphat, 20.34

(b) king of Israel, son of Jehoshaphat grandson of Nimshi (called son of Nimshi), 1 Kgs 19.16; 2 Kgs 9.2; a soldier in Ahab's service, 2 Kgs 9.25; Elijah commanded by God to anoint J king, 1 Kgs 19.16-17; anointing by Elisha, and the deaths of members of Ahab's family, 2 Kgs 9.1-37; 10.1-14; destroys worshipers of Baal, 10.18-29; obedience commended, 10.30; but motives not for God, 10.29, 31; reproof by Hosea, Hos 1.4; dynasty of J for four generations fulfilled (see JEHOAHAZ, JEHOASH, JEROBOAM (b), ZECHARIAH), 2 Kgs 10.30; 15.8-12

(c) others (1) 1 Chr 2.38; (2) 1 Chr 4.35; (3) 1 Chr 12.3

JEHUCAL, son of Shelemiah and prince of Judah Jer 37.3; 38.1-6

JEHUDI Jer 36.14, 21, 23

JEIEL (a) ancestor of Saul 1 Chr 9.35, 36, 39 (see KISH); (b) a Reubenite 1 Chr 5.6, 7; 11.44; (c) a Levite 1 Chr 15.18,21 and 16.5; (d) a Levite, 2 Chr 20.14; (e) a scribe 2 Chr 26.11; (f) man who put away foreign wife Ezra 10.43

JEMIMAH Job 42.14

JEPTHAH, a judge of Israel Judg 11.1-- 12.7; 1 Sam 12.11; Heb 11.32

JEREMIAH (a) major prophet, son of Hilkiah the priest called, Jer 1.1-10; vision of almond rod and seething pot, 1.11-19; sign of marred girdle, 13.1-11; sign of potter's vessel, 18; of earthen bottle, 19; put in stocks, 20.1-6; sign of basket of figs, 24; his life threatened, 26; sign of purchase of field, 32.6-44; prophesied to Rechabites, 35; wrote prophecies, 36; imprisoned, 32.1-5; 37.11--38.28; released, 39.11-14; 40.1-6; taken into Egypt, 43.1-7; in NT, Mt 2.17; 16.14; 27.9

(b) others, including (1) 1 Chr 12. 4; (2) 1 Chr 12.10; (3) 1 Chr 12.13; (4) 2 Kgs 23.30, 31; (5) Neh 10.2

JERICHO, important city in western Jordan valley (a) OT references named, Deut 34.1, 3; encampment of Israel across river from, Num 22.1; 26.3; spies sent to examine city, Josh 2. 1--24; town surrounded and conquered, with warning from Joshua that J not be fortified, 5.13--6.26; assigned to Benjamin, 16.1, 7; 18.12, 21; occupied by Eglon of Moab, Judg 3.13 (cf Deut 34.3); city fortified with consequences predicted by Joshua, 1 Kgs 16.34; community of prophets at J, 2 Kgs 2.5; other, 2 Sam 10.5 (1 Chr 19.5); 2 Kgs 2.4, 5, 15, 18; 2 Chr 28.15; Jer 39.5

(b) NT references Mt 20.29; Mk 10. 46; Lk 10.30; 18.35; 19.1; Heb 11.30

JEROBOAM (a) king of Israel, son of Nebat 1 Kgs 11.26--14.20 (2 Chr 10. 2--13.20); prophecy of his rule and attempt by Solomon to kill J, 1 Kgs 11.29-40; set up images and center of worship in Bethel and Dan, 12.26-30 (2 Chr 13.8); known as the king who led Israel into sin, 1 Kgs 15. 26, 34; 16.19, 31; 22.52; 2 Kgs 3. 3; 10.29; and more

(b) king of Israel, son of Joash 2 Kgs 14.23-29; Hos 1.1; Amos 7.10,11

JERUBBAAL Judg 6.32; 7.1; 8.29; see GIDEON

JERUSALEM (a) general Josh 15.63 (Judg 1.21); Judg 1.8; 2 Sam 5.6 (1 Chr 11.4); 16.15; 20.3; 24.16 (1 Chr 21.15); 1 Kgs 11.36 (Is 36.2); 2 Kgs 14.13 (2 Chr 25.23); 16.5 (Is 7.1); 18.17; 24.10; 25.10 (Jer 52.14); 2 Chr 36.23 (Ezra 1.2); Neh 2.17; 12.27; Ps 51.18; 79.1; 122.6; 137.5; Is 44.26; 52.1; 62.7; Jer 9.11; 26.18 (Mic 3.12); Ezek 5.5; 16.2; Dan 9.16; Joel 3.17; Zech 2.2; 12.2-12; 14.2; Mt 2.1, 3; 3.5; 4.25; 5.35; 15.1; 16.21; 20.17, 18; 21.1, 10; 23.37; and parallels in other Gospels; Lk 2.22, 25, 38, 41, 43, 45; 13.4, 33-35; 21.20, 24; 24.47; Jn 4.20, 21; Acts 1.4, 8, 12; see CITY OF GOD, ZION

(b) figurative above Gal 4.26; the heavenly Heb 12.22; Rev 3.12; 21.2, 10

JESHUA (a) high priest under Zerubbabel Ezra 2.2; 3.2-9; Neh 7.7; called Joshua in Hag and Zech

(b) Levite who assisted (a) Ezra 2.40; Neh 7.43; 12.8

(c) others, including (1) Neh 8.17 (=Joshua (a)); (2) 2 Chr 31.15; (3) Neh 8.7

JESSE, son of Obed, father of David Ruth 4.18-22; 1 Sam 16.1-22; 17.12-14, 17; 20.30, 31; 22.7; 1 Kgs 12.16; 2 Chr 10.16; Is 11.1, 10; Mt 1.5, 6; Lk 3.32; Acts 13.22; Rom 15.12

JESHURUN, a name for Israel Deut 32.15; 33.5, 26; Is 44.2

JESUS (a) Justus Col 4.11

(b) son of Eliezer (also translated Joshua) Lk 3.29

JESUS CHRIST (a) name Mt 1.21, 25; Lk 1.31; 2.21

(b) genealogy Mt 1.1-17; Lk 3.23-38

(c) birth and infancy Mt 1.18-2.23; Lk 1.26-38; 2.1-40

(d) twelve years Lk 2.41-52

(e) baptism and temptation Mt 3.13--4.11; Mk 1.9-13; Lk 3.21-22; 4.1-13

(f) ministry in Galilee Mt 4.12--18.35; Mk 1.14--9.50; Lk 4.14--9.50

(1) Sermon on Mount Mt 5.1--7.29; Lk 6.17-49

(2) confession at Caesarea Philippi Mt 16.13-28; Mk 8.27--9.1; Lk 9.18-27

(e) Transfiguration Mt 17.1-13; Mk 9.2-13; Lk 9.28-36

(g) last days in Jerusalem Mt 21.1--27.66; Mk 11.1--15.47; Lk 19.28--23.56; Jn 12.1--19.42

(1) triumphal entry Mt 21.1-11; Mk 11.1-11; Lk 19.29-44; Jn 12.12-19

(2) discourse on last things Mt 24.1--25.46; Mk 13.1-37; Lk 21.5-36

(3) Last Supper Mt 26.17-35; Mk 14.12-31; Lk 22.7-38; Jn 13.1--17.26

(4) Gethsemane Mt 26.36-46; Mk 14.32-42; Lk 22.39-46

(5) arrest, trial, crucifixion, death and burial Mt 26.47--27.66; Mk 14.43--15.47; Lk 22.47--23.56; Jn 18.1--19.42

(h) resurrection, appearances, ascension Mt 28.1-20; Mk 16.1-20; Lk 24.1-53; Jn 20.1--21.25; Acts 1.1-11; 1 Cor 15.4-8; see CHRIST, CROSS, CRUCIFY, MIRACLES, PARABLES, RESURRECTION

JETHER (a) first-born son of Gideon Judg 8.20, 21

(b) others (1) 1 Chr 2.32; (2) 1 Chr 4.17; (3) 1 Chr 7.37; (4) 1 Kgs 2.5

JETHRO, priest of Midian, and Moses' father-in-law Ex 3.1; 4.18; 18.1-12; called Reuel in Ex 2.18

Jeush

JEUSH (a) son of Esau Gen 36.5, 14, 18

(b) descendant of Jonathan 1 Chr 8.39

(c) son of Rehoboam 2 Chr 11.19

JEW(S) 2 Kgs 25.25; Ezra 5.1, 5; 6.7, 8, 14; Neh 1.2; 13.23; Esth 2.5; 3.4-13; 8.1-17; 9.1-31; Jer 40.11-12; Dan 3. 8, 12; and often in NT

JEZANIAH, a son of Hoshaiah and one who came to pay respects to Gedaliah, governor of Judah Jer 40.7, 8; cf 2 Kgs 25.23 and see JAAZANIAH

JEZEBEL (a) wife of Ahab, king of Israel 1 Kgs 16.31; 19.1-2; 21.1-25; 2 Kgs 9.7-10, 30-37

(b) name given to woman who lured Christians to fornication and idolatry Rev 2.20, 23

JEZREEL,-ITE (a) fortified town in territory of Issachar, west of river Jordan, and its inhabitants Josh 19.17, 18; 1 Sam 29.1, 11; 2 Sam 2.9; 1 Kgs 18.45; 21.1, 23; 2 Kgs 8.29; 9.10, 30-35; 10.11; Hos 1.4

(b) others (1) Josh 15.56; (2) 1 Chr 4.3; (3) Hos 1.4, 5

JOAB (a) son of Zeruiah 2 Sam 8.16; head of David's soldiers in war with Ish-bosheth, 2 Sam 2.12-32; murdered Abner, 3.22-30; set Uriah in forefront of battle, 11.6-21; reconciled David and Absalom, 14.28-33; killed Absalom, 18.9-17; pursued Sheba and killed Amasa, 20.4-23; put to death by Solomon. 1 Kgs 2.28-34

(b) others (1) 1 Chr 4.13, 14; (2) Ezra 2.6; 8.9

JOANNA Lk 8.3; 24.10

JOASH (a) king of Judah 2 Kgs 11.2—14. 23; 2 Chr 22.11-25; also called Jehoash

(b) king of Israel 2 Kgs 13.9-14; 2 Chr 25.17-25; Hos 1.1; Amos 1.1; also called Jehoash

(c) father of Gideon Judg 6.11-31; 7.14; 8.32

(d) others (1) 1 Chr 4.22; (2) 1 Chr 12.3; (3) 1 Kgs 22.26; (4) 1 Chr 7.8; (5) 1 Chr 27.28

JOATHAM see JOTHAM

JOB Job 1.1—42.17; Ezek 14.14, 16, 20; Jas 5.11

JOCHEBED, daughter of Levi, ancestress of Miriam, Aaron, and Moses Ex 6. 20; Num 26.59

JOEL (a) son of Pethuel and writer of prophetic book Joel 1.1—3.21; Acts 2.16

(b) son of Samuel 1 Sam 8.2; 1 Chr 6.33; 15.17

(c) others (1) 1 Chr 6.36; (2) 1 Chr 15.7, 11, 12; 26.22; (3) 1 Chr 7.3; (4) 1 Chr 11.38; (5) 1 Chr 27. 20; (6) 1 Chr 5.12; (7) 1 Chr 5.4; (8) 2 Chr 29.12; (9) 1 Chr 4.35; (10) Ezra 10.43; (11) Neh 11.9

JOHANAN (a) a captain who with his men submitted to Gedaliah, governor of Judah 2 Kgs 25.22, 23; Jer 40.8, 9; warned Gedaliah of assassination plot, Jer 40.13, 14; led army to avenge death of Gedaliah, 41.11-15; removed Jewish remnant to Egypt, after being warned against such a move, 41.16—43.7

(b) others, including (1) 1 Chr 12. 4; (2) 1 Chr 12.12, 14; (3) Neh 12. 22

JOHN (a) the Baptist Mt 3.1-15; 4.12; 9.14; 11.2-19; 14.2-12; 16.14; 17.13; 21.25-32; and parallels; Lk 1.13-25, 57-80; 3.2; 11.1; Jn 1.6-36; 3.23-30; 4.1; 5.33-36; 10.40-41; Acts 1. 5, 22; 10.37; 11.16; 13.24, 25; 18. 25; 19.3-4

(b) son of Zebedee Mk 1.1-9, 29; 3. 17; 5.37; 9.2, 38; 10.35, 41; 13.3; 14.33; and parallels; Lk 9.49, 54; 22.8; Acts 1.13; 3.1-11; 4.13-21; 8. 14-17; 12.2; Gal 2.9

(c) author of Revelation, perhaps same as (b) Rev 1.1, 4, 9; 22.8

(d) father of Simon Peter Jn 1.42 (see also Mt 16.17); 21.15, 16, 17

(e) Mark Acts 12.12, 25; 13.5, 13; 15.37, 39; Col 4.10; 2 Tim 4.11; Phm 24; 1 Pet 5.13

(f) of family of high priest Annas Acts 4.6

JOIADA (a) Neh 3.6; (b) Neh 12.10-11; 13.28

JOIAKIM, high priest, son of Jeshua Neh 12.10, 12, 22-26

JOKTAN, tribe descended from Shem through Eber Gen 10.25-29; 1 Chr 1.19-23

JONADAB (a) son of David's brother, Shemiah 2 Sam 13.3

(b) son of Rechab Jer 35.6; cf. 1 Chr 2.55; head of tribe requiring people to live in tents, refrain from agriculture, abstain from wine, Jer 35.6, 7; helped Jehu in suppressing Baal worship, 2 Kgs 10.15, 23

JONAH prophet of Israel, son of Ammitai 2 Kgs 14.25; Jon 1.1; commissioned to preach to Nineveh, 1.1-2; disobedience and consequent peril, 1.3-17; prayer and deliverance, 2; his message to Nineveh, and response, 3; displeasure with God, 4.1-5; God's remonstrance with Jonah, 4.6-11; in NT, Mt 12.39-41; 16.4; Lk 11.29-32

JONATHAN (a) son of Saul overcame Philistine garrison, 1 Sam 13.2-4; 14.1-15; transgressed Saul's oath, 14.36-46; covenant with David, 18.1-5; friendship with David, 20; killed by Philistines, 31.2

(b) Levite, descendant of Moses through Gershom Judg 17.7-13; 18.3-6, 14.31

(c) son of Abiathar, the high priest 2 Sam 15.36; 17.15-22; 1 Kgs 1.41-49

(d) son of David's brother Shimeah 2 Sam 21.21, 22

(e) others, including (1) 1 Chr 11.34; (2) 1 Chr 27.32; (3) Neh 12.11

JOPPA ancient town assigned to Dan, Josh 19.46; seaport of Jerusalem, 2 Chr 2.16; Ezra 3.7; embarkation site for Jonah in his flight from God, Jon 1.3; Peter there, Acts 9.36-43; 10.5-8, 23, 32; 11.5, 13

JORAM (a) king of Judah 2 Kgs 8.21-24; 11.2; 1 Chr 3.11; also called JEHORAM

(b) king of Israel 2 Kgs 8.16-29; 9.14-29; 2 Chr 22.5, 7; also called JEHORAM

(c) son of Tou, king of Hamath 2 Sam 18.10

(d) a Levite 1 Chr 26.25

JORDAN, most important river in Palestine (flowing north to south between Mount Hermon and Dead Sea) Gen 13.10-11; 32.10; Deut 4.22; Josh 1.2; 3.17; 2 Sam 19.15; 2 Kgs 2.7; 5.10; 6.4; Job 40.23; Ps 114.3; Jer 12.5; 49.19; Zech 11.3; Mt 3.5-6, 13; 4.15, 25; 19.1; Mk 1.5, 9; 3.8; 10.1; Lk 3.3; Jn 1.28; 3.26; 10.40

JOSEPH (a) son of Jacob and one of the twelve patriarchs birth, Gen 30.22-24; incurred jealousy by his dreams, 37.5-11; sold into Egypt, 37.12-28; refused Potiphar's wife, 39.1-18; imprisoned, 39.19-23; interpreted prisoners' dreams, 40; interpreted Pharaoh's dreams, 41.1-36; made ruler over Egypt, 41.37-57; met his brothers, 42--44; made himself known to them, 45; saw Jacob again, 46.28-34; died, 50.22-26; buried in Shechem, Josh 24.32; also, Ex. 1.8 (Acts 7.18); Deut 33.13; Ps 105.17; Amos 6.6; Jn 4.5; Acts 7.9-14; Heb 11.22

(b) husband of Mary Mt 1.16-25; 2.13-15, 19-23; Lk 1.27; 2.4, 16; 3.23; 4.22; Jn 1.45; 6.42

(c) in genealogy of Jesus (1) Lk 3.24; (2) Lk 3.30

Joses

(d) brother of Jesus Mt 13.55 (called Joses in Mk 6.3)

(e) brother of James "the younger" Mt 27.56 (called Joses in Mk 15.40, 47)

(f) of Arimathea Mt 27.57-60; Mk 15.43-46; Lk 23.50-53; Jn 19.38-42

(g) Barsabbas Acts 1.23

(h) Barnabas Acts 4.36

(i) others (1) Num 13.7; (2) 1 Chr 25.2, 9; (3) Ezra 10.42; (4) Neh 12.14

JOSES (a) Mk 6.3; see JOSEPH (d); (b) Mk 15.40, 47; see JOSEPH (e)

JOSHUA (a) Ephraimite, son of Nun defeated Amalekites, Ex 17.8-13; in charge of tabernacle, 33.11; sent with spies, Num 13.1-16; 14.6-9; chosen Moses' successor, 27.18-23; Deut 3.28; commissioned by Moses, Deut 31.23; 34.9; encouraged by the Lord, Josh 1.9; sent spies to Jericho, Josh 2; crossed Jordan, 3; captured Jericho, 6; captured Ai, 7-8; warred against kings, 10--12; allotted the land, 13.1--22.8; addressed the people 23.1--24.24; made a covenant, 24.25-27; death and burial, 24.29-30; in NT, Acts 7.45; Heb 4.8

(b) high priest during Zerubbabel's governorship Hag 1.1, 12, 14; 2.2-4; Zech 3.1-3; called Jeshua in Ezra and Neh

(c) others (1) 1 Sam 6.14; (2) 2 Kgs 23.8

JOSIAH (a) son and successor of Amon, king of Judah 2 Kgs 21.24--23.30 (2 Chr 33.25--35.27)

(b) son of Zephaniah Zech 6.10

JOTBATHAH, an encampment of Israelites in the wilderness Num 33.33; Deut 10.7

JOTHAM (a) youngest son of Gideon Judg 9.1-21

(b) king of Judah, son of Uzziah 2 Kgs 15.5-38 (2 Chr 26.21--27.9); 1 Chr 5.17

(e) son of Jahdai 1 Chr 2.47

JOURNEYS OF ISRAELITES see WILDERNESS

JOY,-FULLY 1 Sam 18.6; 1 Kgs 1.40; 8.66; 1 Chr 12.40; 16.33; 2 Chr 30.26; Neh 8.10; 12.43; Esth 8.16-17; Ps 63.5, 7; 65.8, 12, 13; 137.6; Prov 15.23; 21.15; Is 35.2, 6, 10-11; 51.11; 64.5; Jer 31.13; 33.9; Hab 3.18; Mt 2.10; 13.20, 44; 25.21, 23; 28.8; Mk 4.16; Lk 1.14, 44; 2.10; 6.23; 8.13; 10.17; 15.7, 10; 19.6; 24.41, 52; Jn 3.29; 15.11; 16.20-24; 17.13; Acts 8.8; 12.14; 13.52; 15.3; Rom 14.17; 15.13; 2 Cor 2.3; 8.2; Gal 5.22; Phil 1.4, 25; 2.2, 29; 4.1; Col 1.11; 1 Thes 1.6; 2.19, 20; 3.9; 2 Tim 1.4; Phm 7; Heb 10.34; 12.2; 13.17; Jas 1.2; 4.9; 1 Pet 1.8; 1 Jn 1.4; 2 Jn 12; 3 Jn 4

JOZABAD (a) 1 Chr 12.4; (b) and (c) 1 Chr 12.20; (d) 2 Chr 31.13; (e) 2 Chr 35.9; (f) Ezra 8.33 and probably Neh 8.7; 11.16; (g) Ezra 10.22

JOZACAR, an assassin of Joash 2 Kgs 12.21

JUBAL Gen 4.21

JUBILEE Lev 25.10-15, 28-54; 27.17, 18, 21, 23-24

JUCAL see JEHUCAL

JUDAH (a) one of the patriarchs a son of Jacob; birth, Gen 29.35; saved Joseph's life, 37.26-28; J and Tamar, 38; pleaded for Benjamin, 44.14-34; blessed by Jacob, 49.8-12; in NT, Mt 1.2-3; Lk 3.33; Heb 7.14

(b) tribe of Josh 15.20; Judg 1.2; 2 Sam 2.4; 19.15; 1 Kgs 12.20; 14.22; 2 Kgs 25.21 (Jer 52.27); Heb 8.18; Rev 5.5; 7.5

(c) land Ruth 1.7; 1 Sam 22.5; 30.16; 1 Kgs 4.19; 9.18; 2 Kgs 23.24; 25.22; Mt 2.6; Lk 1.39

(d) others (1) Ezra 3.9; (2) Neh 12.8; (3) Ezra 10.23; (4) Neh 11.9; (5) Neh 12.34; (6) Josh 19.34; Mt 1.2,3,

JUDAS (a) Iscariot Mt 10.4; 26.14, 25, 47; 27.3; Mk 3.19; 14.10, 43; Lk 22.3, 47, 48; Jn 6.71; 12.4; 13.2, 26, 29; 18.2, 3, 5; Acts 1.16, 25

(b) brother of Jesus Mt 13.55; Mk 6.3

(c) apostle Lk 6.16; Jn 14.22; Acts 1.13

(d) the Galilean Acts 5.37

(e) of Damascus Acts 9.11

(f) of Jerusalem Acts 15.22, 27, 32

(g) ancestor of Jesus Lk 3.30

JUDE Jude 1

JUDEA Ezra 5.8; Mt 2.1, 5, 22; 3.1, 5; 4.25; 19.1; 24.16; and parallels in other Gospels; Lk 1.65; 4.44; Jn 3.22; 4.47, 54; 7.1, 3; 11.7; Acts 1.8; 2.9, 14; 12.19; 15.1; 21.10; 28.21; Rom 15.31; 2 Cor 1.16; Gal 1.22; 1 Thes 2.14

JUDGE(S),-MENT (a) human Ex 2.14 (Acts 7.27); 18.13, 22; Ex 28.29-30; Lev 19.15; Deut 1.17; 19.18; Judg 2.16, 18; 4.5; 1 Sam 2.25 (mediate); 24.12, 15; 1 Kgs 3.9 (2 Chr 1.10); 2 Chr 19.6; Mic 3.11; 7.3; Mt 5.25; 7.1-2; 12.27; 19.28; 26.66; 27.19; Lk 6.37; 7.43; 11.19; 12.14, 57, 58; 18.2, 6; 22.30; Jn 7.24, 51; 8.15; 18.31; 19.13; Acts 4.19; 7.27, 35; 13.46; 15.19; 18.15; 21.25; 23.3; 24.6, 10; Rom 2.1, 3; 12.3; 14.3, 4, 10, 13, 22; 1 Cor 1.10; 2.15; 4.3, 5; 5.3, 12; 6.2, 3; 7.40; 10.15; 11.13; Col 2.16; Jas 2.4; 4.11, 12

(b) God Gen 15.14 (Acts 7.7); 16.5; 18.25; Ex 6.6; 7.4; 12.12; Deut 1.17; Judg 11.27; 1 Kgs 8.32 (2 Chr 6.23); Ps 7.6, 8, 11; 58.1; 96.10, 12, 13; 119.120, 137; Ecc 3.17; 12.14; Is 2.4; 11.3, 4; 26.8, 9; 33.22; Ezek 7.3, 8; 33.20; Joel 3.12; Mic 4.3; Mt 5.21, 22; 7.1-2; Lk 6.37; Jn 3.19; 5.30; 8.50; 12.31; 16.8, 11; Acts 7.7; 17.31; Rom 2.2, 3, 5, 16; 3.4, 6; 5.16; 11.33; 13.2; 14.10; 1 Cor 4.4; 5.13; 11.29, 32; Gal 5.10; 2 Thes 1.5; 2 Tim 4.8; Heb 4.1; 10.30; 12.23; 13.4; Jas 2.12, 13; 3.1; 4.12; 5.9; 1 Pet 1.17; 2.23; 4.5, 6, 17; Jude 15; Rev 6.10; 11.18; 14.7; 15.4; 16.5, 7; 17.1; 18.8, 10, 20; 19.2; 20.12, 13

(c) Christ Jn 5.22, 27, 30; 8.15, 16, 26; 9.39; 12.47-48; Acts 10.42; 2 Cor 5.10; 1 Tim 1.12; 2 Tim 4.1; Rev 19.11

(d) day of, j day (also described as terrible day, day of vengeance, of distress, etc) Is 7.17-23; 34.8; 37.3; Ezek 7.7-19; Joel 1.15; 2.1, 2, 11, 31; Amos 5.18, 20; Zeph 1.7-18; 2.2, 3; Mt 10.15; 11.22; 12.36, 41, 42; Lk 10.14; 11.31, 32; Jn 5.24, 29; Acts 24.25; Rom 2.5; 1 Tim 5.24; Heb 6.2; 9.27; 10.27; 2 Pet 2.4, 9; 3.7; 1 Jn 4.17; Jude 6; see DAY OF THE LORD

(e) angels 2 Pet 2.11; Jude 6, 7, 9

(f) glorified martyrs Rev 20.4

JULIA Rom 16.15

JULIUS Acts 27.1, 3

JUNIAS Rom 16.7

JUST,-ICE (a) human Ex 23.2-3; Lev 19.36; Deut 16.19-20; 24.17; 25.15; 1 Sam 7.17; 8.3; 1 Kgs 3.28; 1 Chr 10.9; Job 9.2; Ps 9.4; 106.3; Prov 8.15; 12.5; 21.15; Is 5.7; 59.11, 14, 15; Amos 6.12; Mic 3.1, 8, 9; 6.8; Hab 1.4; Mt 1.19; 5.45; 23.23; Lk 1.17; 11.42; 14.14; 23.41; Acts 8.33; 24.15, 25; Phil 4.8; Col 4.1; 1 Tim 1.9; Heb 11.33; 12.23

(b) Christ Jn 5.30; Acts 22.14; 1 Jn 1.9

(c) God Deut 10.17-18; 32.4; Ezra 9.15; Neh 9.33; Job 8.3; Ps 111.7; 145.17; Prov 29.26; Is 30.18; 42.1-4; 61.8; Jer 33.15; Ezek 45.9; Zeph 3.5; Mt 12.18, 20; Acts 28.4; Rom 3.5, 8; 7.12; 8.4; 2 Thes 1.6; Heb 2.2; 1 Pet 2.23; Rev 15.3; 16.5, 7; 19.2

(d) weights, measures Lev 19.36; Deut 25.15; Prov 11.1; Jer 10.24; 30.11

JUSTIFY,-ICATION Job 33.32; 40.8; Ps 51. 4; Mt 11.19; 12.37; Lk 7.29, 35; 10. 29; 16.15; 18.14; Rom 2.13; 3.4, 20, 24, 26, 28, 30; 4.2, 5, 25; 5.1, 9, 16; 8.30, 33; 10.4, 10; 1 Cor 6.11; Gal 2.16, 17, 21; 3.8, 11, 24; 5.4; Tit 3.7; Jas 2.21, 24, 25

JUSTUS (1) Acts 1.23; (2) 18.7; (3) Col 4.11

K

KAB, Hebrew dry measure, 4 logs, about 3 1/2 pints 2 Kgs 6.25

KADESH, KADESH-BARNEA, place in wilderness on southern frontier of Palestine, Gen 16.14; Num 20.16; 34.4; Josh 15.3; encampment for Israel in wanderings, Num 10.12 (Paran); 13.26; Deut 1.46; Num 33.36, 38; spies' report here, 13.26; death and burial of Miriam at K, Num 20.1; Moses struck rock, 20. 1-13

KADMIEL, Levite who helped in rebuilding temple Ezra 2.40; 3.9; Neh 7.43; 9. 4, 5; 12.8

KAIWAN, god associated with planet Saturn Amos 5.26

KEDAR, tribe descended from Ishmael Gen 25.13; Sol 1.5; Is 21.16; 60.7; Jer 49.28; Ezek 27.21; see ISHMAELITES

KEDEMAH, tribe descended from Ishmael Gen 25.15; 1 Chr 1.31

KEDEMOTH, city allotted to Reubenites Deut 2.26; Josh 13.18; 21.37; 1 Chr 6.79

KEDESH (a) town taken by Joshua, assigned to Naphtali (sometimes called Kadesh-naphtali) Josh 11.12; 12.22; 19.37; given to Gershonite Levites and made a city of refuge, Josh 20.7; 21.32; residence of Barak, Judg 4.6

(b) others (1) Josh 15.23; (2) Josh 21.28

KEEP (a) commandment(s), or covenant Gen 17.9; Ex 20.6 (Deut 5.10); Deut 4.6; 6.17; 7.9; 27.1; 1 Kgs 6.12; Ps 25.10; 78.10; 119.2; Ecc 12.13; Mt 19.17; Jn 12.47; 14.15, 21, 23, 24; 15.10, 20; 1 Cor 7.19; 1 Tim 6.14; 1 Jn 2.3; 3.22, 24; 5.3; Rev 12.17; 14.12; 22.7, 9; see KEEP (b)

(b) law, statutes Deut 17.19; 1 Kgs 2.3; Ps 105.45; 119.4, 5; Jn 7.19; Acts 7.53; 15.5; Rom 2.26, 27; Gal 5.3; 6.13; Jas 2.10

(c) word of God, or of Jesus Ps 119. 101; Lk 11.28; Jn 8.51, 52, 55; 17. 6; 1 Jn 2.6; Rev 3.8, 10

(d) tradition Mk 7.9

(e) the faith 2 Tim 4.7

(f) the sabbath Ex 20.8; 31.13, 14, 16; Jn 9.16

(g) passover Ex 12.6, 24-27, 42; 2 Kgs 23.21; Mt 26.18; Heb 11.28

(h) way Gen 18.19; 2 Sam 22.22 (Ps 18.21); Job 23.11; Ps 37.34; 119.9

(i) as preservation Gen 28.15; Num 6.24; Ps 17.8; 22.9; Jude 24

KEILAH, town in northern Judah Josh 15.44; 1 Chr 4.19; delivered by David from Philistine attack, 1 Sam 23.1-13; inhabited after captivity, Neh 3.17, 18

KEMUEL (a) Gen 22.21; (b) Num 34.24; 1 Chr 27.17

KENAN (or CAINAN), son of Enosh (or Enos) Gen 5.9-14; 1 Chr 1.2; Lk 3. 37, 38

KENITE(S) a tribespeople in Midian and Canaan, Gen 15.19; some incorporated in Midianites, Judg 1.16; 4.11; cf. Num 10.29; 1 Sam 15.6; 27.10; 30.29; 1 Chr 2.55

KENIZZITE, a tribe living in Edom and in Canaan Gen 15.19; 36.11, 15, 40-42; Deut 2.12

KEREN-HAPPUCH Job 42.14

KETURAH, a wife of Abraham   Gen 25.1-2

KEY(S)   Mt 16.19; Lk 11.52; Rev 1.18; 3.7; 9.1; 20.1

KIBROTH-HATTAAVAH, burial place of Israelites who died in a plague   Num 11.33-35; 33.16, 17; Deut 9.22

KID, young goat   as burnt offering, Judg 13.15, 19

KIDRON   ravine separating Jerusalem from Mt of Olives, 2 Sam 15.23; eastern boundary of Jerusalem, 1 Kgs 2.37; Jer 31.40; portion used for common burying ground, 2 Kgs 23.6; dumping place for ashes of idols, 1 Kgs 15.13; 2 Kgs 23.4-6, 12; crossed by Jesus and disciples, Jn 18.1

KILL (a) commandment against   Ex 20.13 (Deut 5.17); Lev 24.17; Num 31.19; 35.30; Deut 19.4; Josh 20.3; Mt 5.21; 19.18; Mk 10.19; Lk 18.20; Rom 13.9; Jas 2.11

(b) Jesus   Mt 16.21; 17.23; 26.4; Mk 8.31; 9.31; 10.34; 14.1; Lk 13.31; 18.33; Jn 5.18; 7.1, 19, 20, 25; 8.37, 40; Acts 2.23; 3.15; 5.30; 1 Thes 2.15

(c) other   Gen 4.15; 37.21; Num 35.9-34; Deut 32.39; 1 Sam 2.6; 17.9; 19.5; 2 Kgs 5.7; Mt 2.16; 10.28; 21.35, 38, 39; 23.34; Mk 3.4; 6.19; 12.7; Lk 11.49; 12.4, 5; 20.14; Jn 10.10; 16.2; Acts 5.33; 7.28; 9.23, 24, 29; 12.2; 16.27; 21.31; 23.14, 15, 21; 25.3; 26.21; 27.42; Heb 11.37; Rev 2.13; 6.8; 9.5, 15; 11.7, 13

KINDNESS   Ruth 2.20; 1 Sam 15.6; 2 Sam 9.1, 3, 7; Mic 6.8; Zech 7.9; Rom 2.4; 11.22; Gal 5.22; 1 Pet 2.3

KING(S)   (a) God   1 Sam 8.7; 12.12; Ps 10.16; 24.7-10; 44.4; 47.7; 74.12; 89.18; Is 6.5; 32.1; 33.17; 33.22; 43.15; Jer 10.10; Zech 9.9; 14.9, 16; Mal 1.14; Mt 5.35; 1 Tim 1.17; 6.15; Rev 15.3

(b) Christ   Mt 25.34, 40; Lk 19.38; 23.2; Jn 6.15; 12.15; 18.37; 19.12; Acts 17.7; Rev 17.14; 19.16

(c) "of the Jews"   Mt 2.2; 21.5; 27.11, 29, 37; Mk 15.2, 9, 12, 18, 26; Lk 23.3, 37, 38; Jn 18.33, 39; 19.3, 14, 15a, 19, 21

(d) "of Israel" (as title of Christ) Mt 27.42; Mk 15.32; Jn 1.49; 12.13

(e) David   2 Sam 5.3 (1 Chr 11.3); 5.12, 17; Hos 3.5; Mt 1.6; Acts 13.22; see DAVID

(f) Herod: (1) the Great   Mt 2.1, 3, 9; Lk 1.5

(2) Antipas   Mk 6.14, 22, 25, 26, 27

(3) Agrippa I   Acts 12.1, 20

(4) Agrippa II   Acts 25.13, 14, 24, 26; 26.2, 7, 13, 19, 26, 27, 30

(g) other   Gen 14.18; 17.6; Ex 1.8; 2.23; Judg 9.8; 17.6 (18.1; 19.1; 21.25); 1 Sam 8.5; 10.24; 12.12-19; 1 Kgs 1.5, 34; Ps 2.2, 3; 102.15; 138.4; 144.9, 10; Prov 8.15; 29.14; Dan 7.17, 24; Mt 14.9; 18.23; 22.2, 7, 11, 13; Lk 10.24; 14.31; 21.12; 22.25; Jn 19.15b; Acts 4.26; 7.10, 18; 13.21; 2 Cor 11.32; 1 Tim 2.2; Heb 7.1, 2; 11.27; Rev 6.15; 9.11; 16.12, 14; 17.2, 10, 12, 14, 18; 18.3, 9; 19.18, 19; 21.24; see also PHARAOH, SOLOMON, etc.

KINGDOM (a) of God, of the Lord   1 Chr 28.5; 29.11; Ps 103.19; 145.11-13; Dan 4.3, 17, 25; 5.26-28; Ob 1.2; Mt 6.10, 33; 12.28; 19.24; 21.31, 43; Mk 1.15; 4.11, 26, 30; 9.1, 47; 10.14, 15, 23, 24, 25; 12.34; 14.25; 15.43; and parallels in other Gospels; Jn 3.3, 5; Acts 1.3; 8.12; 14.22; 19.8; 28.23, 31; Rom 14.17; 1 Cor 4.20; 6.9, 10; 15.24, 50; Gal 5.21; Col 4.11; 1 Thes 2.12; 2 Thes 1.5; Jas 2.5; Rev 12.10

(b) of heaven   Mt 3.2; 4.17; 5.3, 10, 19, 20; 7.21; 8.11; 10.7; 11.11, 12; 13.11, 24, 31, 33, 38, 44,

Kinsman

45, 47, 52; 16.19; 18.1, 3, 4, 23; 19.12, 14, 23; 20.1; 22.2; 23.13; 25.1

(c) of Christ Mt 20.21; Lk 22.29, 30; 23.42; Jn 18.36; Col 1.13

(d) of Christ and of God Eph 5.5

(e) general 1 Sam 10.16; 13.13-14; 15.28; 2 Sam 7.12, 13, 16; 1 Kgs 11.11-13, 31-35; 1 Chr 11.10; 12.23; 2 Chr 11.1, 17; 21.3; 22.9; Esth 1.14; 5.3, 6; Is 60.12; Jer 18.7-10; Dan 2.37-44

KINSMAN Lev 25.49; Num 5.8; 27.11; Ruth 3.12; Rom 9.3

KIR 2 Kgs 16.9; Amos 1.5; 9.7; Is 22.6

KIRIATHAIM (a) Moabite city located about 10 miles east of the Dead Sea Num 32.37; Josh 13.19; Jer 48.1-3; Ezek 25.9

(b) town in Naphtali 1 Chr 6.76, also called KARTAN

KIRIATH-ARBA, old name for city of Hebron Gen 23.2; 35.27; Josh 14.15; 15.13, 54; Neh 11.25

KIRIATH-JEARIM, town belong to Gibeonites Josh 9.17; 18.14-15; Judg 18.11, 12; 1 Sam 6.21; 7.1-2; 1 Chr 13.5-6 (2 Chr 1.4)

KISH (a) Benjamite, father of Saul 1 Sam 9.1; 14.51

(b) others (1) 1 Chr 8.30; (2) 1 Chr 23.21; (3) 2 Chr 29.12; (4) Esth 2.5

KISHON, river in Palestine Judg 4.7, 13; 5.19-21 (Ps 83.9); 1 Kgs 18.40

KISS Gen 33.4; 45.15; 48.10; Ruth 1.9; 2 Sam 20.9; Ps 85.10; Mt 26.48, 49; Mk 14.44, 45; Lk 7.38, 45; 15.20; 22.47, 48; Acts 20.37; Rom 16.16; 1 Cor 16.20; 2 Cor 13.12; 1 Thes 5.26; 1 Pet 5.14

KITE, bird of prey ceremonially unclean, Lev 11.13, 14; Deut 14.12, 13; Is 34.15

KITTIM, descendants of Javan Gen 10.4; Num 24.24; 1 Chr 1.7; Dan 11.30

KNOCK Mt 7.7-8; Lk 11.9-10; 12.36; 13.25; Acts 12.13, 16; Rom 3.20

KNOW,-LEDGE (a) general Gen 3.7; Ex 1.8; 9.29; 18.16; 31.3; 2 Chr 1.10-12; Job 13.23; 15.2; 19.25; 42.3; Ps 39.4; 82.5; Prov 1.1-2, 4; 12.23; 14.6-7; 15.2, 7, 14; 22.17; 23.12; Is 58.2; 59.8; Eccl 1.16, 18; Dan 1.4; Lk 1.77; 11.52; Jn 1.10; 8.19; 10.4, 14; 14.7, 17; Acts 24.22; Rom 2.20; 3.20; 15.14; 1 Cor 1.5; 8.1, 7, 10, 11; 12.8; 13.2, 8, 9; 14.6; 2 Cor 2.14; 4.6; 6.6; 8.7; 11.6; Eph 3.19; Phil 1.9; Col 1.9; 3.10; 1 Tim 6.20; Phm 6; 2 Pet 1.5, 6; 1 Jn 2.3

(b) of the truth Jn 8.32; 1 Tim 2.4; 2 Tim 3.7; Tit 1.1; Heb 10.26

(c) of God, or, God's Gen 3.5; Ex 6.3-7; Num 24.15-16; Deut 4.35; 1 Sam 2.3; 1 Kgs 8.43; 1 Chr 28.9; Job 36.26; Ps 1.6; 46.10; 73.11; 100.3; 139.6; Prov 1.7; 2.3-5; 9.10; Eccl 2.26; Is 11.9; 45.4; Hos 4.1; 6.6; Hab 2.14; Jn 15.21; 17.3, 25; Rom 1.19; 11.33; 1 Cor 15.34; 2 Cor 10.5; Col 1.10; 2 Pet 1.2, 3

(d) of Christ Eph 1.17; 4.13; Col 2.2, 3; 2 Pet 1.8; 2.20; 3.18

(e) of good and evil Gen 2.9, 17; 3.5, 22; Deut 1.39; Is 7.15

KOHATH,-ITE, son of Levi and founder of great family Gen 46.11; Ex 6.16, 18; Num 3.29-30; 4.15, 17-20; 2 Chr 34.12

KORAH (a) Levite who with others rebelled against Moses and Aaron Num 16.1-33, 40, 49; Num 26.9-11; Jude 11

(b) others (1) Gen 36.5, 14; (2) Gen 36.16; (3) 1 Chr 2.43

KORAHITES, descendants of Korah Ex 6.24; Num 26.58; 1 Chr 9.19; 12.6; 26.1, 19; 2 Chr 20.19

KUE, a land in Asia Minor, Cilicia 1 Kgs 10.28; 2 Chr 1.16 (RSV)

L

LABAN (a) brother of Rebekah Gen 24.29; permitted Rebekah's marriage to Isaac, Gen 24.1-67; his home a refuge for Jacob, 27.43-44; head of large household and prosperous herdsman, 30.30, 35; 31.16, 24, 29, 38; trickery with regard to his daughters and Jacob, and covenant with Jacob, 29--31

(b) place in Sinaitic peninsula Deut 1.1

LABOR Ex 20.9 (Deut 5.13); Josh 16.10; 24.13; Judg 1.28-35; Neh 5.13; Ps 107.12; 127.1; Is 55.2; 65.23; Mt 11.28; Jn 4.38; 6.27; 1 Cor 3.8; 4.12; 15.58; Gal 4.11; Eph 4.28; Phil 1.22; 2.16; 4.3; 1 Thes 1.3; 2.9; 3.5; 5.12; 2 Thes 3.8; 1 Tim 5.17

LABORER(S) Mt 9.37, 38; 10.10; 20.1, 2, 8; Lk 10.2, 7; 1 Cor 16.16; 1 Tim 5.18; Jas 5.4

LACHISH, fortified city in lowland of Judah Josh 10.3-35; 12.11; 15.39; 2 Kgs 14.19 (2 Chr 25.27); 18.14, 17; Mic 1.13

LAD Gen 21.12; 43.8; 44.34; 48.16; 2 Sam 17.18; Jn 6.9

LAKE (a) Gennesaret (= Galilee) Lk 5.1, 2; 8.22, 23, 33; see SEA (a)

(b) of fire Rev 19.20; 20.10, 14, 15; 21.8

LAMA (Aramaic word meaning "why") Mt 27.46; Mk 15.34

LAMB(S) (a) sacrifices and offerings before Mosaic law, Gen 4.4; 22.7-8; passover, Ex 12.3, 5; 2 Chr 35.11; Mk 14.12; Lk 22.7; burnt offering, Lev 9.3; Num 6.14; sin offering, Lev 4.27, 32; Num 6.14; guilt offering, Lev 5.16; 14.12, 21; Num 6.12; peace offering, Lev 3.6, 7; 23.19; Num 7.17

(b) symbolic Is 53.7; 65.25; Jer 11.19

(c) figure or title of Christ Jn 1.29, 36; 1 Cor 5.7; 1 Pet 1.19; Rev 5.6, 8, 12, 13; 6.1, 16; 7.9, 10, 14, 17; 8.1; 12.11; 13.8; 14.1, 4, 10; 15.3; 17.14; 19.7, 9; 21.9, 14, 22, 23, 27; 22.1, 3

LAMECH (a) son of Methusael Gen 4.18-24

(b) son of Methuselah Gen 5.25, 28-31

LAMENT,-ATION Gen 50.10; Jer 11.40; 2 Chr 35.25; 2 Sam 1.17; Is 29.2; Jer 31.15; Lam 2.5; Joel 1.8, 13; Mt 2.18; Jn 16.20; Acts 8.2

LAMP(S) (a) literal Ex 27.20; 30.7-8; 37.23; 40.4, 25; Lev 24.2, 4; Num 8.2-3; 1 Sam 3.3; 1 Kgs 7.49; 28.15; Prov 31.8; Mt 5.15; 25.1, 3, 4, 7, 8; Mk 4.21; Lk 8.16; 11.33; 15.8; Rev 18.23; 22.5

(b) figurative 2 Sam 21.17; 22.29; 1 Kgs 11.36; 15.4; Ps 18.28; 119.105; 132.17; Prov 6.23; Mt 6.22; Lk 11.34, 36; 12.35; Jn 5.35; 2 Pet 1.19; Rev 21.23

LAMPSTAND(S) Ex 25.31-35; Num 8.2-4; 1 Kgs 7.49; 1 Chr 28.15; Rev 1.12, 13, 20; 2.1, 5; 11.4

LAND Gen 1.9-10; 12.1; 13.9-17; 15.7, 13, 18; 50.24; Ex 2.22; 3.8, 17; Lev 20.22-24; 25.23, 24, 34; 26.34; 27.30; Deut 1.8; Josh 1.11; Acts 7.3; Heb 11.9; see COUNTRY, EARTH, GROUND

LANDMARK Deut 19.14; 27.17; Prov 22.28; 23.10; Hos 5.10

LANGUAGE(S) Gen 10.5; 11.1, 6-9; Esth 1.22; 3.12; 8.9; Aramaic, 2 Kgs 18.26; of Judah, 18.26, 28; Neh 13.24; Esth 8.9; see also HEBREW, TONGUE

LAODICEA, city in W Asia Minor Col 2.1; 4.13, 15, 16; Rev 1.11; 3.14

LATIN Jn 19.20

LAW(S) (a) Jewish law (generally) Ex 12.
49; 24.12; Lev 6.9, 14, 25; 7.1, 11,
37; Num 6.13, 21; 19.14; Deut 1.5, 6;
17.18, 19; 27.26; Josh 8.34; Neh 8.2,
7; Is 2.3; Jer 2.8; Mic 4.2; Mt 5.17,
18; 7.12; 11.13; 12.5; 22.36, 40; 23.
23; and parallels; Jn 1.17, 45; 7.19,
23, 49, 51; 8.5, 17; 10.34; 12.34; 15.
25; 18.31; 19.7; Acts 5.34; 6.13; 7.
53; 13.15, 39; 15.5; 18.15; 21.20, 24,
28; 22.3, 12; 23.3, 29; 24.14; 25.8;
28.23; Rom 2.12-29; 3.19-21, 28, 31;
4.13-16; 5.13, 20; 6.14-15; 7.1-16;
8.2-4; 9.4, 31; 10.4, 5; 13.8-10; 1
Cor 9.8-9, 20-21; 14.21, 34; 15.56;
Gal 2.16, 19, 21; 3.2, 5, 10-24; 4.4,
5, 21; 5.3, 4, 14, 18, 23; 6.13; Eph
2.15; Phil 3.5, 6, 9; 1 Tim 1.7-9;
Tit 3.9; Heb 7.5, 11, 12, 19, 28; 8.
4; 9.19, 22; 10.1, 8, 28; Jas 2.10,
11; 4.11

(b) of God Ex 13.9; 16.4; 24.12; Josh
24.26; 1 Kgs 2.3; 3.14; 2 Kgs 10.32;
1 Chr 22.12; Ezra 7.25; Neh 8.8, 18;
10.28, 29; Ps 1.2; 19.7; 37.31; 119.
1, 18, 29, etc.; Jer 5.4, 5; 31.33;
Hos 4.6; Amos 2.4; Rom 7.22; 8.7; Jas
1.25; 2.8, 9, 12

(c) of Christ 1 Cor 9.21; Gal 6.2

(d) of the Spirit Rom 8.2

(e) of sin Rom 7.23, 25; 8.2

(f) human Gen 47.26 (statute); Esth
1.8, 13, 15; 3.8; 4.11, 16; Dan 6.8,
12, 15; Acts 18.13; Rom 13.1-7; 1 Cor
6.1, 6

(g) of Moses Deut 4.44, 45; 31.9; 33.
4; Josh 1.7; 8.31, 32; Neh 8.1; Mal
4.4

(h) book of the l Deut 28.61; 29.29;
30.10; Josh 1.8; 23.6; 2 Kgs 22.8; Neh
8.18; Dan 9.11

LAZARUS (a) Lk 16.19-31; (b) Jn 11.1-44;
12.1, 2, 9, 10, 17

LEAD,-S, LED Ex 13.21; Deut 28.37; Ps 5.
8; 23.2, 3; Is 40.11; 53.9; Jer 31.9;
Amos 2.10; Mt 6.13; 7.13, 14; 15.14;
24.5; Rom 8.14; 2 Cor 2.14; Eph 4.8;
Tit 3.3

LEADER(S) Ex 16.22; Num 1.16, 44; 2.
1-29; 7.2, 3, 10-78; 36.1; Josh 9.
15-21; Lk 22.26; Acts 5.31; Heb 13.7

LEAH, elder daughter of Laban Gen 29.
16-35; 30.17-21; 49.31

LEAVEN,-ED Ex 12.15-20, 34, 39; 13.7;
34.25; Lev 2.11; 6.17; 23.17; Deut
16.3, 4; Mt 13.33; 16.6, 11, 12; Mk
8.15; Lk 12.1; 13.21; 1 Cor 5.6-8;
Gal 5.9

LEBANON, mountain range, noted for huge
cedars Deut 1.7; 3.25; 1 Kgs 5.6
(2 Chr 2.8); Ezra 3.7; Ps 92.12; Is
35.2; 40.16; Jer 18.14; Ezek 27.5;
Hos 14.5-7

LEES dregs or sediment of wine, etc.
Is 25.6; indicating contentment, Jer
48.11; Zeph 1.12

LEGION(S) Mt 26.53; Mk 5.9, 15; Lk 8.
30

LEHI, place in Judah Judg 15.9-19;
2 Sam 23.11

LEMUEL Prov 31.1

LEND,-ING Ex 22.25; Lev 25.37; Deut
15.6-8; 23.19-20; Ps 37.26; Lk 6.34

LEOPARD(S) Is 11.6; Jer 5.6; 13.23;
Hos 13.7; Hab 1.8

LEPER(S), LEPROSY Lev 13.2-54; 14.3,
7, 32, 44; etc.; Num 12.10; 2 Kgs
5.1, 11, 27; 7.3, 8; 15.5; 2 Chr 26.
21, 23; Mt 8.2; 10.8; 11.5; 26.6;
Mk 1.40; 14.3; Lk 4.27; 5.12; 7.22;
17.12

LETHECH, Hebrew dry measure, 5 ephahs,
about 5 bushels Hos 3.2

LETTER(S) 2 Sam 11.14-15; 1 Kgs 21.8-
11; 2 Kgs 5.5-7; 10.1-7; 19.14 (Is
37.14); Ezra 4.7-11, 18, 23; Esth
9.26, 29; Acts 9.2; 15.23, 30; 21.
25; 22.5; 23.25, 33, 34; 28.21; Rom
16.22; 1 Cor 5.9; 16.3; 2 Cor 3.1,

2, 3, 7; 7.8; 10.9-11; Gal 6.11; Col 4.16; 1 Thes 5.27; 2 Thes 2.2, 15; 3.14, 17; 2 Pet 3.1, 16

LEVI (a) a son of Jacob and his descendants Gen 29.34; 34.25-31; 49.5, 7; Ex 32.26-28; Num 16.1-10; Deut 10.8, 9; Josh 13.14, 33; Heb 7.5, 9; Rev 7.7; see LEVITES

(b) two ancestors of Jesus Lk 3.24, 29

(c) apostle Mk 2.14; Lk 5.27, 29

LEVIATHAN, a sea monster, in Job 41 perhaps crocodile Job 3.8; 41.1; Ps 74.14; 104.26; Is 27.1

LEVITE(S),-ICAL Ex 6.25; Num 1.47-53; 3.9; 8.6-26; 35.2-8; Deut 12.19; 17.9, 18; 18.1; 26.11-13; Josh 3.3; 8.33; Judg 19.1; 2 Chr 11.14; 29.34; Ezra 6.18; Jer 33.18, 21, 22; Lk 10.32; Jn 1.19; Acts 4.36; see LEVI (a)

LEWDNESS Ezek 23.21-49; Hos 2.10

LIAR(S) Prov 17.4; Jn 8.44, 55; 1 Tim 1.10; 4.2; Tit 1.12; 1 Jn 1.10; 2.4, 22; 4.20; 5.10; Rev 21.8

LIBATION(S) Ex 25.29; 29.40, 41; 2 Chr 29.35; Hos 9.4; Phil 2.17

LIBERTY Lev 25.10; Is 61.1; Jer 34.8, 15, 17; Lk 4.18; Rom 8.21; 1 Cor 8.9; Jas 1.25; see FREEDOM

LIBNAH (a) encampment of Israelites Num 33.20-21

(b) city captured by Joshua Josh 10.29-31; 15.42; 21.13; 1 Chr 6.57; 2 Kgs 8.22 (2 Chr 21.10); 19.8 (Is 37.8)

LIBYA,-NS, a country west of Egypt 2 Chr 12.3; 16.8; Ezek 30.5; Dan 11.43; Nah 3.9

LICENTIOUS,-NESS Mk 7.22; Rom 13.13; 2 Cor 12.21; Gal 5.19; Eph 4.19; 1 Pet 4.3; 2 Pet 2.2, 7, 18; Jude 4

LIE(S) Lev 19.11; Num 23.19; 1 Sam 15.29; Ps 7.14; 89.35; 101.7; Prov 6.19; 14.5; 19.5, 9; Jer 28.15; 29.9, 21, 31; 43.2; Jn 8.44; Acts 5.3, 4; Rom 1.25; 9.1; 2 Cor 11.31; Gal 1.20; Col 3.9; 1 Tim 2.7; Tit 1.2; 1 Jn 1.6; 2.21, 27; Rev 3.9; 14.5

LIFE (a) general Gen 2.7; 9.5; 44.30, 31; Ex 21.23; Lev 17.11; Deut 12.23; 30.19, 20; 1 Sam 25.29; 1 Kgs 3.11 (2 Chr 1.11); 19.4; Job 2.6; 33.4; Ps 16.11; Mt 6.25, 27; 7.14; 10.39; 16.25, 26; 18.8, 9; 20.28; and parallels in other Gospels; Jn 1.4; 3.36; 5.21, 26, 29, 40; 6.33, 35, 48, 51, 53, 63; 8.12; 10.11, 15, 17; 11.25; 12.25; 13.37, 38; 14.6; 15.13; 20.31; Acts 2.28; 3.15; 5.20; 11.18; 17.25; Rom 4.17; 5.10, 17, 18; 6.4, 10, 13; 7.6, 10; 8.2, 6, 11; 11.15; 1 Cor 1.30; 3.22; 7.17; 15.19, 36; 2 Cor 2.16; 3.6; 4.10, 11, 12; 5.4; Gal 2.20; Eph 4.1, 18; Phil 1.20, 22; 2.16; Col 2.10; 3.3, 4; 1 Tim 4.8; 6.13, 19; 2 Tim 1.1, 10; Heb 7.3, 16; 11.35; Jas 1.12; 4.14; 1 Pet 3.7; 2 Pet 1.3; 1 Jn 1.1, 2; 3.14; 5.11, 12, 16; Rev 2.10; 11.11; 20.4, 5; 21.6; 22.1, 17

(b) eternal, everlasting Dan 12.2; Mt 19.16, 29; 25.46; Mk 10.17, 30; Lk 10.25; 18.18, 30; Jn 3.15, 16; 4.14, 36; 5.24, 39; 6.27, 40, 47, 54, 68; 10.28; 12.25, 50; 17.2, 3; Acts 13.46, 48; Rom 2.7; 5.21; 6.22, 23; Gal 6.8; 1 Tim 1.16; 6.12; Tit 1.2; 3.7; 1 Jn 1.2; 2.25; 3.15; 5.11, 13, 20; Jude 21

(c) book of, of the living Ps 69.28; Phil 4.3; Rev 3.5; 13.8; 17.8; 20.12, 15; 21.27

(d) tree of Gen 2.9; 3.22, 24; Prov 3.18; 11.30; Rev 2.7; 22.2, 14, 19; see SOUL

LIFEBLOOD Gen 9.4-5; Is 63.3, 6; Jer 2.34

LIFTED UP (of Jesus) Jn 3.14; 8.28; 12.32, 34; Acts 1.9

LIGHT(S) (a) literal Gen 1.3, 15; Ex 10.23; 13.21; Ps 78.14; Is 45.7; 60.

Lightning

19; Ezek 32.7, 8; Mt 17.2; 24.29; Mk 13.24; Lk 8.16-17; 11.33; 12.3; 22.56; 23.45; Jn 11.9-10; Acts 9.3; 12.7; 22.6, 9, 11; 26.13; Rev 8.12; 18.23

(b) figurative (1) of God, or Christ Ps 4.6; 27.1; 36.9; 89.15; Is 2.5; 9.2; 60.1; Mic 7.8; Mt 4.16; Lk 1.79; 2.32; Jn 1.4, 5, 7-9; 3.19-21; 8.12; 9.5; 12.35-36, 46; Acts 26.18, 23; Rom 13.12; 2 Cor 4.4, 6; 11.14; 1 Tim 6.16; 2 Tim 1.10; Jas 1.17; 1 Pet 2.9; 1 Jn 1.5, 7; 2.8-10; Rev 21.23, 24; 22.5

(2) of men Is 42.6; Mt 5.14-16; 6.22-23; Lk 11.34-36; 16.8; Jn 5.35; Acts 13.47; Rom 2.19; Eph 5.8-9, 14; Phil 2.15; Col 1.12; 1 Thes 5.5; 1 Jn 1.7

(3) other Esth 8.16; Ps 97.11; 104.1, 2; 112.4; 118.27; 119.130; Prov 4.18; Hos 6.5; Amos 5.18; Mt 10.27; Mk 4.22; 1 Cor 4.5; 2 Cor 6.14; Eph 5.13

LIGHTNING(S) Ex 19.16; 20.18; 2 Sam 22.15 (Ps 18.14); Job 28.26; 37.3; Ps 77.18; 135.7; 144.6; Ezek 1.13; Dan 10.6; Nah 2.4; Zech 9.14; Mt 24.27; 28.3; Lk 10.18; 17.24; Rev 4.5; 8.5; 11.19; 16.18

LIKENESS Gen 1.26; 5.1, 3; Ex 20.4; Is 40.18; Dan 10.16; Mt 22.20; Mk 12.16; Lk 20.24; Acts 14.11; Rom 8.3; 2 Cor 3.18; 4.4; Eph 4.24; Phil 2.7; Jas 3.9; see IMAGE

LINEN Ex 25.3-4; 39.27, 38, 29; Lev 6.10; 16.4, 23, 32; Dan 10.5

LINUS 2 Tim 4.21

LION(S) Gen 49.9; Num 24.9; Judg 14.5-9, 18; 1 Sam 17.34, 35; Ps 22.21; Prov 28.1; Is 35.9; Dan 6.7-27; 1 Pet 5.8; Rev 4.7; 5.5

LIPS Ex 6.12; Deut 23.23; 1 Sam 1.13; Job 2.10; Ps 12.2-4; 17.1; 34.13; 63.3; 140.9; Prov 10.19; 12.22; 17.4; Is 6.5-7; Hos 8.1; Mt 15.8; Rom 10.8-10; 1 Pet 2.22

LIVE Ex 33.20; Lev 18.5 (Rom 10.5; Gal 3.12); Num 21.9; Deut 5.24; 8.3 (Mt 4.4; Lk 4.4); 16.20; 30.19; Job 19.25; Ps 22.26; Is 55.3; Ezek 18.32; 20.11; Hos 6.2; Hab 2.4 (Rom 1.17; Gal 3.11; Heb 10.38); Mt 4.4; Jn 6.51, 57, 58; 11.25; 14.19; Rom 8.5; Gal 2.20; Phil 1.21; 2 Tim 2.11; 1 Pet 2.24; 1 Jn 4.9

LIVING living God Deut 5.26; Josh 3.10; 1 Sam 17.26, 36; Ps 84.2; Jer 10.10; Dan 6.20, 26; Mt 26.63; Acts 14.15; 1 Thes 1.9; Heb 10.31; 12.22; Rev 7.2

LO-AMMI Hos 1.8, 9

LOCUST(S) Ex 10.4, 12-14, 19; Joel 1.4; Amos 7.1; Nah 3.15, 16, 17; Mt 3.4; Rev 9.3, 7

LOD, a town of Benjamin 1 Chr 8.12; Ezra 2.33; Neh 7.37; 11.35; LYDDA in NT

LOG, Hebrew liquid measure, about 1 pint Lev 14.10, 12, 15, 21, 24

LOIS 2 Tim 1.5

LORD, LORD'S (a) God Gen 4.26; 12.7; 18.14; 26.2; 28.16; 31.49; Ex 3.15, 16, 18; 5.2; 6.2, 3, 6, 7; 14.14; 15.2 (Is 12.2); 15.11, 26; 18.11; 23.25; 31.13; 32.26; 33.11; 34.6; Lev 19.2; Num 6.24; 14.9; 23.21; Deut 4.35; 6.4; 10.17; 26.17; 29.29; 33.2; Josh 1.9; 13.33; Mt 1.20, 22, 24; 2.13, 15, 19; 3.3; 4.7, 10; 5.33; 9.38; 11.25; 21.9; 22.37, 44; 23.39; 27.10; 28.2; Mk 1.3; 5.19; 11.9; 12.29-30, 36; 13.20; Lk 1.6, 9, 11, 15, 16, 17, 28, 32, 38; 2.22, 23, 24, 39; 19.38; Jn 1.23; 12.13; Acts 2.39; 4.24; and many other occurrences

(b) Christ Mt 7.21, 22; 8.2, 6, 8, 21, 25; 9.28; 14.28, 30; 15.22, 25, 27; 16.22; 17.4, 15; 18.21; 20.31, 33; 21.3; 22.43, 45; 24.42; 25.37, 44; 26.22; Mk 7.28; 11.3; 12.36-37; 16.19-20; Lk 2.11; Jn 6.23; Acts 2.36; 4.33; many other occurrences

(c) as a superior Gen 23.6, 11, 15; 27.29; 31.35; 33.13, 14, 15; 42.10,

30, 33; 44.5, 7, 16, 18-24, 33; 45.8, 9; Ps 110.1 (Mt 22.44; Mk 12.36; Lk 20.42, 43; Acts 2.34, 35); Mt 12.8; 18.25-27, 31, 32, 34; 20.25; 25.11; Mk 2.28; 10.42; many other occurrences; see also MASTER (b)

LOST Ps 119.176; Jer 50.6; Ezek 34.16; Mt 5.13; 10.6; Lk 15.4, 6, 9, 24, 32; 19.10; Jn 17.12; see also PERDITION, PERISH

LO-RUHAMAH Hos 1.6, 8 (RSV "Not pitied")

LOT, nephew of Abraham accompanied Abram to Canaan, Gen 11.31; 12.5; separated from Abram, Gen 13; rescued by Abram, 14.1-16; sheltered angels, 19.1-11; fled to Zoar, 19.15-23; his wife punished, 19.26; and his daughters, 19.30-38; NT references, Lk 17.28-29, 32; 2 Pet 2.7

LOT, object used to decide a question Lev 16.8; Num 26.55; 34.13; 14.2; Josh 14.2; 1 Sam 14.42; Ps 22.18; Jer 13.25; Jon 1.7; Mt 27.35; Mk 15.24; Lk 1.9; 23.34; Jn 19.24; Acts 1.26; see THUMMIM, URIM

LOVE (a) God Gen 24.12, 14; 39.21; Ex 20.6; Num 14.18; Deut 5.10; 7.7; Neh 1.5; Ps 25.6, 7, 10; Is 54.8, 10; 63.7; Jn 3.16; 14.23; 15.10; 16.27; 17.24, 26; Rom 5.5, 8; 8.39; 2 Cor 13.11, 14; Eph 2.4; 2 Thes 2.16; 1 Jn 3.1; 4.7-12; and many other occurrences

(b) Christ Mk 10.21; Jn 11.3, 5; 13.23, 34; 14.21, 31; 15.9, 10, 12; 19.26; 20.2; 21.7, 20; Rom 8. 35, 37; 2 Cor 5.14; Gal 2.20; Eph 3.19; 5.2, 25; Rev 1.5

(c) "of the Spirit" Rom 15.30; "in the Spirit" Col 1.18

(d) men Gen 22.2; 29.20; 37.3; Lev 19.18; Deut 6.5; 10.12, 19; 1 Sam 18.1 (18.3; 20.17); 2 Sam 1.26; 1 Kgs 3.3; Neh 1.5; Ps 18.1; Song 8.6; Mt 5.43, 44, 46; 6.24; 19.19; 22.37, 39; Mk 12.30, 31, 33; Lk 6.27, 32, 35; 10.27; 11.42; 16.13; Jn 5.42; 8.42; 13.34, 35; 14.15, 24; 15.12, 13, 17; 21.15-17; Rom 8.28; 12.9, 10; 13.8-10; 14.15; 1 Cor 2.9; 4.21; 8.3; 13.1--14.1; 16.14, 22, 24; 2 Cor 2.4; 6.6; Gal 5.6, 13, 14, 22; Eph 3.17; 4.2 15, 16; 5.2, 25, 28; 1 Jn 4.16-21

LOVER(S) Is 47.8; Jer 22.20-22; Ezek 16.33-39; Hos 2.13; 8.9; 2 Tim 3.2, 4

LUCIUS (a) Acts 13.1; (b) Rom 16.21

LUD (a) a branch of the Semites Gen 10.22

(b) people related to Egyptians Gen 10.13; Jer 46.9; Ezek 27.10

LUKE title of Gospel According to Luke; Col 4.14; 2 Tim 4.11; Phm 24

LUZ (a) Canaanite town, later called Bethel Gen 28.19; 35.6; Josh 18.13; Judg 1.23

(b) town in Hittite country Judg 1.26

LYCAONIA,-N, a district in south central Asia Minor Acts 14.6, 11

LYDIA Acts 16.14, 40

LYDDA, a town near Joppa Acts 9.32, 35, 38; see LOD

LYRE(S) 1 Sam 16.23; 2 Sam 6.5; 1 Kgs 10.12; 1 Chr 13.8; 15.16, 21, 28; Ps 33.2; 43.4; 137.2; Is 30.32; Dan 3.5

LYSANIAS, tetrarch in Abilene Lk 3.1

LYSIAS see CLAUDIUS LYSIAS

LYSTRA, a city in Lycaonia Acts 14.6, 8, 21; 16.1, 2; 2 Tim 3.11

M

MAACAH (a) an Aramean kingdom 2 Sam 10.6, 8; 1 Chr 19.7; also called

MAACATH, Josh 13.13; and ARAM-MAACAH, 1 Chr 19.6

(b) <u>wife of Rehoboam</u> 1 Kgs 15.2; 2 Chr 11.20-22; 15.16; also called MICAIAH, 2 Chr 13.2

(c) <u>others</u>, including (1) 1 Chr 2.45; (2) 2 Sam 3.3; (3) 1 Kgs 2.29

MACEDONIA, a country N of Greece Acts 16.9, 10, 12; 18.5; 19.21, 22; 20.1, 3; Rom 15.26; 1 Cor 16.5; 2 Cor 1.16; 2.13; 7.5; 8.1; 9.2; 11.9; Phil 4.15; 1 Thes 1.7, 8; 4.10; 1 Tim 1.3

MACEDONIAN(S) Acts 19.29; 27.2; 2 Cor 9.4

MACHIR (a) son of Manasseh Gen 50.23; Num 26.29; 32.39, 40; Deut 3.15; Josh 13.31; 17.1, 3

(b) <u>son of Ammiel</u> 2 Sam 9.4, 5; 17.27

MACHPELAH Gen 23.9, 17, 19; 25.9; 49.30; 50.13

MADNESS Deut 28.28; Zech 12.4

MAGADAN Mt 15.39

MAGDALENE, from the town of Magdala in Galilee Mt 27.56, 61; 28.1; Mk 15.40, 47; 16.1, 9; Lk 8.2; 24.10; Jn 19.25; 20.1-18

MAGICIAN(S) Gen 41.8, 24; Ex 7.11, 22; 8.7, 18-19; 9.11; Is 3.3; Dan 1.20; 2.2, 10, 27; 5.11; <u>see</u> ENCHANTER, SORCERER, WIZARD

MAGNIFICAT (Latin word meaning "magnifies") Lk 1.46-55

MAGOG, a people descended from Japheth Gen 10.2; 1 Chr 1.5; Ezek 38.2; 39.6; Rev 20.8

MAHANAIM, place east of Jordan where Jacob met angels of God Gen 32.2; Josh 13.26, 30; 2 Sam 2.8, 12, 29; 17.24, 27; 19.32

MAHER-SHALAL-HASH-BAZ Is 8.1, 3

MAHLAH daughter of Zelophehad Num 26.33; 27.1

MAHLON Ruth 1.2; 4.10

MAID,-EN(S) Gen 16.1-8; Ex 2.5; 2 Kgs 5.2; Esth 2.7; Prov 30.19; Mt 25.1; 26.67, 71; Acts 12.13

MAJESTY,-IC Ex 15.7, 11; 1 Chr 16.27; 29.11; Job 37.22; Ps 8.1, 9; 93.1; Is 2.10, 19, 21; 35.2; 60.15; Lam 1.6; Mic 5.4; Nah 2.2; Lk 9.43; Heb 1.3; 8.1; 2 Pet 1.16, 17; Jude 25

MAKER Gen 14.19, 22; Job 4.17; 36.3; Ps 95.6; Prov 14.31; 17.5; Is 17.5; 45.9, 11; Hos 8.14; Rev 11.10

MAKKEDAH, Canaanite town captured by Joshua Josh 10.10-29; 12.16; 15.41

MALACHI, a prophet Mal 1.1

MALCHUS Jn 18.10

MALICE Ps 41.5; Mt 22.18; Rom 1.29; 1 Cor 5.8; Eph 4.31; Col 3.8; Tit 3.3; 1 Pet 2.1

MALTA, island 60 m. S of Sicily Acts 28.1

MAMRE (a) <u>an Amorite</u> Gen 14.13, 24

(b) <u>town or district of Hebron</u> Gen 13.18; 18.1; 23.19; 35.27; 49.30; 50.13

MAMMON, an Aramaic word meaning "riches" Mt 6.24; Lk 16.9, 11, 13

MAN(MEN) (a) <u>general</u> Gen 1.26; 2.7; Ex 10.11; 33.20; Num 23.19; Deut 5.24; 8.3; 1 Sam 13.14; 16.7; 2 Chr 6.18; Ps 9.20; Mic 7.2; Mt 4.4; 10.35; 12.12; 15.11, 18, 20; 16.26; 19.5, 6; Mk 2.27; Lk 12.15; Jn 1.9, 13; 2.25; 3.4; 6.50; 15.13; Acts 10.28; Rom 2.6; 5.12, 15-19; 10.10; 1 Cor 2.9, 11; 11.3, 7-12; 15.21, 45-49; 2 Cor 3.16; Eph 5.29-31; 1 Tim 6.16; Heb 2.6-8; Jas 1.19-20; 1 Jn 4.12

(b) <u>inner</u>   Rom 7.22; 2 Cor 4.16; Eph 3.16

(c) <u>new</u>   Eph 2.15; 4.24; Col 3.10

(d) <u>of God</u>   Deut 33.1; Josh 14.6; Judg 13.6; 1 Sam 2.27; 9.6; 1 Kgs 13.1; 17.24; 2 Kgs 1.10; 4.9; 2 Chr 8.14; 1 Tim 6.11; 2 Tim 3.17

(e) <u>Jesus Christ</u>   Acts 2.22; Rom 5.15, 17-19; 1 Cor 15.21, 47-49; <u>see</u> SON (b)

MANASSEH (a) <u>elder son of Joseph</u>   Gen 41.50, 51; 48.8-20; Mt 1.10

(b) <u>tribe (Manassites) descended from Manasseh</u>   Gen 50.23; Num 26.28-34; Deut 4.43; 29.8; Josh 1.12-18; 4.12; 17.1, 2; Rev 7.6

(c) <u>son and successor of king Hezekiah</u>   2 Kgs 21.1-18 (2 Chr 33.1-20)

(d) <u>others</u>   (1) Ezra 10.30; (2) Ezra 10.33

MANNA, food provided by God for Israelites during wilderness wanderings   Ex 16.1-4, 12-15, 22-35; Num 11.7, 8, 9; Deut 8.3, 16; Josh 5.10-12; Neh 9.20; Ps 78.24; Jn 6.31, 49; Heb 9.4; Rev 2.17

MANAEN   Acts 13.1

MANOAH, father of Samson   Judg 13.1-25

MANSERVANT   Ex 20.10, 17; Deut 5.14, 21

MANSLAYER   Num 35.6, 11-12, 24-28; Deut 19.3-6; Josh 20.3

MANTLE   Josh 7.21; Ruth 3.15; 1 Kgs 19.13, 19; 2 Kgs 2.8, 13, 14; Is 3.6, 7; Zech 13.4; Mk 14.63; Heb 1.12

MAON (a) <u>town in Judah</u>, residence of Nabal   Josh 15.55; 1 Sam 23.24, 25; 25.2

(b) <u>son of Shammai</u>   1 Chr 2.45

MARESHAH (a) <u>town in lowland of Judah</u>   Josh 15.44; 2 Chr 11.8; 14.9, 10; Mic 1.15

(b) <u>father of Hebron</u>   1 Chr 2.42

MARK   <u>see</u> JOHN (e)

MARK(S)   Gen 4.15; Ezek 9.4; Jn 20.25; 1 Cor 7.18; Gal 6.17; 2 Thes 3.17; Rev 13.17; 14.9, 11; 16.2; 19.20; 20.4

MARRIAGE, MARRY (a) <u>laws and instructions concerning</u>   Gen 2.24; Deut 24.1-5; 25.5-10; Lev 21.7, 14; Deut 7.3; Josh 23.12-13; 1 Kgs 11.2; Ezra 10.2, 10, 17-18, 44

(b) <u>general</u>   Mt 5.32; 19.9-10; 22.23-33; 24.38; Mk 6.17; 10.11-12; 12.25; Lk 14.20; 16.18; 17.27; 20.34, 35; Jn 2.1-11; Rom 7.2-3; 1 Cor 7.1-40; 1 Tim 3.2, 12; 4.3; 5.9, 11, 14; Tit 1.6; Heb 13.4; <u>see</u> BRIDE

(c) <u>feast</u>   Gen 29.23; Judg 5.1; Mt 22.1-10; 25.10; Lk 12.36; 14.8

(d) <u>of the Lamb</u>   Rev 19.7-9

MARTHA   Lk 10.38-41; Jn 11.1-40; 12.2

MARY (a) <u>mother of Jesus</u>   Mt 1.16, 18, 20; 2.11; 13.55; Mk 6.3; Lk 1.27, 30, 34, 38, 39, 41, 46, 56; 2.5, 16, 19, 34; Acts 1.14

(b) <u>Magdalene</u>   <u>see</u> MAGDALENE

(c) <u>mother of James and Joses</u>   Mt 27.56, 61; 28.1; Mk 15.40, 47; 16.1 Lk 24.10; called <u>wife of Clopas</u>   Jn 19.25

(d) <u>of Bethany</u>   Lk 10.39, 42; Jn 11.1, 2, 19, 20, 28, 31, 32, 45; 12.3

(e) <u>mother of John Mark</u>   Acts 12.12

(f) <u>other</u>   Rom 16.6

MASSA, tribe descended from Ishmael   Gen 25.14; 1 Chr 1.30; Prov 30.1; 31.1

MASSAH, place near Horeb where Moses struck rock to get water   Ex 17.7; Deut 6.16; 9.22; 33.8; Ps 95.8

MASTER(S) (a) <u>Jesus</u>   Mt 23.10; 26.25, 49; Mk 9.5; 10.51; 11.21; 14.45; Lk 5.5; 8.24, 45; 9.33, 49; 17.13; Rom 14.4b; Eph 6.9; Col 4.1; 2 Pet 2.1; Jude 4

(b) <u>other</u>   Gen 24.9-14, 27, 36-56; Ex 21.5-8; Deut 23.15; Prov 25.13;

30.10; Mal 1.6; Mt 6.24; 10.24, 25; 23.10; 24.45-51; 25.14-30; Mk 13.35; Lk 12.35-40, 42-48; 14.21, 23; 16.3-8, 13; Jn 13.16; 15.15, 20; Rom 14.4a; Eph 6.5, 9; Col 3.22; 4.1; 1 Tim 6.1, 2; 2 Tim 2.21; Tit 2.9; 1 Pet 2.18; see LORD (c)

MATTAN (a) a priest of Baal 2 Kgs 11.18 (2 Chr 23.17)

(b) father of Shephatiah Jer 38.1

MATTANIAH (a) 1 Chr 25.4, 16; (b) 2 Chr 20.14; (c) son of king Josiah (Zedekiah) 2 Kgs 24.17; (d) 2 Chr 29.13; (e) Ezra 10.26; (f) Ezra 10.27; (g) Ezra 10.30; (h) Ezra 10.37

MATTHEW, disciple of Jesus, and title of Gospel According to Matthew Mt 9.9; 10.3; Mk 3.18; Lk 6.15; Acts 1.13

MATTHIAS Acts 1.23, 26

MATTITHIAH (a) Levite, son of Jeduthun 1 Chr 25.3, 21

(b) Levite of sons of Korah 1 Chr 9.31

(c) others (1) Ezra 10.43; (2) Neh 8.4

MEAL Num 5.15; 1 Kgs 17.12-16; Is 47.2; Mt 13.33; Heb 12.16

MEASURE(S) (a) general Deut 25.14, 15; Ezek 40.5; 45.3; Zech 2.2; Mt 7.2; Mk 4.24; Lk 6.38; Rev 11.1; 21.15

(b) specific measures of capacity (1) (Hebrew seah, Greek saton, about 1/3 bushel) Gen 18.6; 1 Sam 25.18; 1 Kgs 18.32; 2 Kgs 7.1, 16, 18; Mt 13.33; Lk 13.21; (2) (Greek batos, from Hebrew bath, about 8 U.S. gallons) Lk 16.6; (3) (Greek koros, from Hebrew kor, about 10 bushels) Lk 16.7; (4) (Greek metretes, about 10 U.S. gallons) Jn 2.6; see EPHAH, HOMER, KAB, KOR, LETHECH, OMER, SEAH

MEAT Num 11.4-33; 1 Kgs 17.6; Ps 78.20; Rom 14.21; 1 Cor 8.13

MEDAD Num 11.26, 27

MEDE(S), native or inhabitant of Media 2 Kgs 17.6; 18.11; Esth 1.19; Is 13.17; Dan 5.31; 6.8, 12; 9.1; 11.1; Acts 2.9

MEDEBA, town in Moab Num 21.30; Josh 13.9, 16; 1 Chr 19.7; Is 15.2

MEDIA, country in Asia, NW Iran Ezra 6.2; Esth 1.3, 14, 18; 10.2; Is 21.2; Jer 25.25; Dan 8.20

MEDIATOR Job 33.23; 1 Tim 2.5; Heb 9.15; 12.24

MEDITATE-S,-ATION Ps 1.2; 19.14; 49.3; 63.6; 77.3, 6, 12; 119.15, 23, 27, 48, 78, 148

MEDIUM(S), those who claim to communicate with the dead Lev 19.31; 20.6, 27; 1 Sam 28.3, 7, 9; 2 Kgs 21.6; 23.24

MEEK,-NESS Num 12.3; Ps 37.11; Mt 5.5; 2 Cor 10.1; Eph 4.2; Col 3.12; Jas 1.21; 3.13

MEETING, TENT OF see TENT, TABERNACLE

MEGIDDO, important town in central Palestine Josh 12.21; 17.11; Judg 1.27; 5.19; 1 Kgs 4.12; 2 Kgs 9.27; 23.29 (2 Chr 35.22); Zech 12.11; see ARMAGEDDON

MELCHIZEDEK, king of Salem and priest of the Most High God Gen 14.18; Ps 110.4; Heb 5.6, 10; 6.20; 7.1, 10, 11, 15, 17

MEMBER(S) Mt 5.29-30; Rom 6.13, 19; 7.5, 23; 12.4-5; 1 Cor 6.15; 12.12-27; Eph 2.19; 3.6; 4.25; 5.30; Jas 3.6; 4.1

MEMORIAL Ex 12.14; 13.9; 17.14; Lev 2.2, 9, 16; Num 31.54; Josh 4.7; Is 55.13; 66.3

MEMPHIS, a northern capital of Egypt Is 19.13; Jer 2.16; 44.1; 46.14, 19; Ezek 30.13; Hos 9.6

MEMUCAN   Esth 1.14, 16, 21

MENAHEM, murderer of and successor to king Shallum   2 Kgs 15.14-23

MENE, first word of inscription on wall at Belshazzar's feast   Dan 5.25-26

MEPHIBOSHETH   (a) son of king Saul   2 Sam 21.8, 9

(b) son of Jonathan   2 Sam 4.4; 9.1-13; 16.1-4; 19.24-30; see also 1 Chr 8.34 (9.40) (called MERIB-BAAL)

MERARI-ITES   son of Levi, Gen 46.11; Num 26.57; family of tribe of Levi, Num 26.57; Josh 21.7; 1 Chr 6.63, 77

MERCY,-IFUL   (a) God   Gen 43.14; Ex 15.13; 20.6; 33.19; 34.6, 7; Num 14.18; Deut 4.31; 7.9; 2 Sam 7.15; 22.26; Neh 9.17; Ps 25.10, 16; 52.8; 67.1; 103.8, 17; 119.64; Is 54.7; Jer 31.20; Lam 3.22; Dan 9.9; Jon 4.2; Mt 9.13; 12.7; Mk 5.19; Lk 1.50, 54, 58, 72, 78; 6.36; 18.13; Rom 9.15, 16, 18, 23; 11.30, 31, 32; 12.1; 15.9; 1 Cor 7.25; 2 Cor 4.1; Eph 2.4; Phil 2.27; 1 Tim 1.2; 2 Tim 1.2; Tit 3.5; Heb 4.16; Jas 2.13; 5.11; 1 Pet 1.3; 2.10; 2 Jn 3; Jude 2

(b) Christ   Mt 9.27; 15.22; 17.15; 20.30, 31; Mk 10.47, 48; Lk 17.13; 18.38, 39; 1 Tim 1.13, 16; 2 Tim 1.16, 18; Heb 2.17; Jude 21

(c) man   2 Sam 22.26; 2 Chr 6.42; Prov 3.3; 11.17; 14.2; Is 55.3; Jer 42.12; Hos 6.6; 12.6; Mt 5.7; 18.33; 23.23; Lk 6.36; 10.37; 16.24; Rom 12.8; Jas 3.17; Jude 23

(d) mercy seat   Ex 25.17; Lev 16.2

MERIBAH   (a) site near Rephidim where Israelites received water from rock   Ex 17.1-7

(b) site at Kadesh-barnea where Israelites received water from rock   Num 20.3, 13, 24; 27.14; Deut 32.51

MERIBATH-KADESH   Deut 32.51; Exek 47.19; 48.28

MERIB-BAAL   see MEPHIBOSHETH (b)

MERODACH-BALADAN, king of Babylon   2 Kgs 20.12; Is 39.1

MEROM   Josh 11.5, 7

MEROZ   Judg 5.23

MESHA   (a) king of Moab   2 Kgs 3.4

(b) others   (1) 1 Chr 2.42; (2) 1 Chr 2.42; (3) Gen 10.30

MESHACH, Babylonian name given to Mishael   Dan 1.7; 2.49; 3.12-30

MESHECH, descendants of Japheth   Gen 10.2; 1 Chr 1.5, 17; Ps 120.5; Ezek 27.13; 32.26; 38.2, 3; 39.1

MESOPOTAMIA   (term for country between Tigris and Euphrates rivers)   Gen 24.10; Deut 23.4; Judg 3.8, 10; 1 Chr 19.16; Acts 2.9; 7.2

MESSIAH   Jn 1.41; 4.25; see CHRIST (a)

METHUSELAH, son of Enoch   Gen 5.21-27; Lk 3.37

MICAH   (a) Ephraimite who stole from his mother   Judg 17.1--18.31

(b) prophet during reigns of Jotham, Ahaz and Hezekiah   Jer 26.18; Mic 1.1--7.20

(c) others   (1) 1 Chr 23.20; 24.24, 25; (2) 1 Chr 8.34, 35; 9.40, 41; (3) 1 Chr 5.5; (4) 2 Chr 34.20; (5) 1 Chr 9.5

MICAIAH   (a) wife of Rehoboam   2 Chr 13.2

(b) a prophet   1 Kgs 22.8-28 (2 Chr 18.6-27)

(c) others   (1) 2 Kgs 22.12; (2) 2 Chr 17.7; (3) Jer 36.11-13; (4) Neh 12.35; (5) Neh 12.41; (6) Jer 26.18, same as MICAH (b)

MICHAEL   (a) archangel and prince   Dan 10.13, 21; 12.1; Jude 1.9; Rev 12.7

(b) others   (1) Num 13.13; (2) 1 Chr 5.13; (3) 1 Chr 5.14; (4) 1 Chr

Michal

6.40; (5) 1 Chr 7.3; (6) 1 Chr 8.16; (7) 1 Chr 12.20; (8) 1 Chr 27.18; (9) 2 Chr 21.2; (10) Ezra 8.8

MICHAL Married to David, 1 Sam 18.20-30; helped David escape, 19.12-17; restored to David, 2 Sam 3.13-16; rebuked for despising David, 6.12-23

MICHMASH, town near mount of Bethel 1 Sam 13.5-7, 15ff; 14.1-23; Ezra 2.27; Neh 7.31

MIDIAN,-ITE(S) (a) son of Abraham by Keturah Gen 25.1-6

(b) people of Midian, and region occupied by them Gen 25.6; 36.35; 37.25, 28; Ex 3.1; Num 22.4, 7; 25; 31; Judg 6--8; Ps 83.9; Is 9.4; 10.26; 60.6; Hab 3.7; Acts 7.29

MIDNIGHT Ex 11.4; 12.29; Judg 16.3; Ps 119.62; Mt 25.6; Mk 13.35; Lk 11.5; Acts 16.25; 20.7; 27.27

MIDWIFE (-WIVES) Ex 1.15-21

MIGDOL, encampment of Israelites Ex 14.2; Num 33.7; Jer 44.1; 46.14; Ezek 29.10; 30.6

MIGHT,-Y (a) God Num 14.13; Deut 3.24; 7.18-19; 1 Chr 29.12; Ps 145.6; Is 40.10, 26; Dan 2.20; m hand, Ex 32.11; Deut 4.34; 6.21; Ezek 20.33, 34; Dan 9.15; in N.T., Lk 1.49; Eph 1.19; 6.10; Col 1.11; 1 Pet 5.6; Rev 5.13; 18.8

(b) Christ Mt 3.11; Mk 1.7; Lk 3.16; 24.19; 2 Thes 1.9; Rev 5.12, 13; 7.12

(c) human Deut 6.5; 8.17; Judg 6.14; 2 Sam 6.14; Eccl 9.10; Is 40.29; Jer 9.23; Zech 4.6; Lk 1.52; Acts 7.22; Eph 3.16; Heb 11.34; Rev 19.18

(d) angels 2 Thes 1.7; 2 Pet 2.11; Rev 10.1; 18.2, 21

(e) works, acts Deut 3.24; Ps 145.4, 12; 150.2; Jer 32.19; Mt 7.22; 11.20, 21, 23; 13.54, 58; Mk 6.2, 5; 9.39; Lk 10.13; 19.37; Acts 2.11, 22; 2 Cor 12.12

MILCAH (a) wife of Nahor Gen 11.29; 22.20-23; 24.15, 25, 47

(b) daughter of Zelophehad Num 26.33; 27.1; 36.11; Josh 17.3

MILCOM, god of the Ammonites Judg 10.6; 1 Kgs 11.5, 7, 33; 2 Kgs 23.13; see MOLECH

MILE (a) representing Roman milium, about 4,854 ft Mt 5.41

(b) representing 8 stadia of 607 ft, about 4,854 ft Lk 24.13; Jn 6.19; 11.18

MILETUS, city on W coast of Asia Minor Acts 20.15, 17; 2 Tim 4.20

MILK Ex 3.8, 17; 23.19; Deut 6.3; Is 55.1; Joel 3.18; 1 Cor 3.2; 9.7; Heb 5.12, 13; 1 Pet 2.2

MILLO, a fortress at Jerusalem 2 Sam 5.9; 1 Kgs 9.15, 24; 11.27; 12.20; 1 Chr 11.8; 32.5

MINA(S), weight of metal, 50 shekels, about 1.8 lbs 1 Kgs 10.17; Ezra 2.69; Neh 7.71, 72; Ezek 45.12; see MONEY

MIND(S) Ex 28.3; 36.2; Deut 5.29; 1 Sam 2.35; 1 Kgs 3.9, 12; 1 Chr 28.9; Neh 4.6; Ps 7.9; 77.11; Prov 11.20; 14.30, 33; 15.28; Eccl 3.11; Is 26.3; Jer 17.10; Mt 22.37; Mk 12.30; Lk 10.27; 21.14; 24.45; Rom 1.21, 28; 7.23, 25; 8.5-7, 27; 11.34; 1 Cor 2.16; 2 Cor 3.14, 15; 4.4; Eph 2.3; 4.17, 23; Phil 1.27; 2.2, 5; 3.19; 4.7; Col 1.21; 2.18; 3.2; 1 Tim 6.5; 2 Tim 3.8; Tit 1.15; Heb 8.10; 10.16; Jas 4.8; 1 Pet 1.13; 3.8; Rev 2.23; 17.13, 17

MINISTER(S) Ex 28.42-43; 29.29, 30; Num 3.3, 6-8, 31; Deut 18.5, 7; 1 Chr 15.2; 2 Chr 29.11; Ezra 8.17; Ps 103.21; 104.4; Is 56.6; Ezek 40.46; Lk 1.2; Rom 13.6; 15.16; 2 Cor 3.6; Eph 3.7; 6.21; Phil 2.25; Col 1.7, 23, 25; 4.7; 1 Tim 4.6; Heb 8.2

MINISTRY   Lk 3.23; Acts 1.17, 25; 6.4; 20.24; 21.19; Rom 11.13; 2 Cor 4.1; 5.18; 6.3; Eph 4.12; Col 4.17; 2 Tim 4.5; Heb 8.6

MIRACLES   (a) of Jesus   (1) general   Mk 1.32-34 (see also Mt 8.16; Lk 4.40-41); 1.39; 3.9-12 (see also Mt 12.15-16); 6.5, 53-56 (see also Mt 14.35-36); Mt 4.23-24; 9.35; 14.14; (see also Lk 9.11); 15.30-31; 19.2; 21.14; Lk 5.15; 6.18-19; 7.21; Jn 2.23; 3.2; 6.2; 12.37; 20.30; 21.25; Acts 10.38; see JESUS CHRIST, SIGNS

(2) demon expulsion and healing Bartimaeus, Mt 20.29-34; Mk 10.46-52; Lk 18.35-43; blind and dumb demoniac, Mt 12.22; blind man, Mk 8.22-26; centurion's servant, Mt 8.5-13; Lk 7.1-10; daughter of Syrophoenician, Mt 15.21-28; Mk 7.24-30; deaf mute, Mk 7.31-37; demoniac in synagogue, Mk 1.23-28; Lk 4.33-37; dumb demoniac, Mt 9.32-33; Lk 11.14; epileptic boy, Mt 17.14-20; Mk 9.14-29; Lk 9.37-43; Gerasene demoniac(s), Mt 8.28-34; Mk 5.1-20; Lk 8.26-39; high priest's slave, Lk 22.49-51; leper, Mt 8.1-4; Mk 1.40-45; Lk 5.12-16; man born blind, Jn 9.1-7; man with dropsy, Lk 14.1-6; paralytic, Mt 9.1-8; Mk 2.1-12; Lk 5.17-26; paralytic in Jerusalem, Jn 5.1-9; Peter's mother-in-law, Mt 8.14-15; Mk 1.29-31; Lk 4.38-39; son of official, Jn 4.46-54; ten lepers, Lk 17.11-19; two blind men, Mt 9.27-31; withered hand, Mt 12.9-14; Mk 3.1-6; Lk 6.6-11; woman in synagogue, Lk 13.10-17; woman with a flow of blood, Mt 9.20-22; Mk 5.23-34; Lk 8.43-48.

(3) raising dead   daughter of Jairus, Mt 9.18-19, 23-26; Mk 5.22-24, 35-43; Lk 8.41-42, 49-56; Lazarus, Jn 11.1-44; widow's son, Lk 7.11-17

(4) other   catch of fish, Lk 5.1-11; Jn 21.1-14;   coin in mouth of fish, Mt 17.24-27; cursing the fig tree, Mt 21.18-22; Mk 11.12-14; feeding the five thousand, Mt 14.15-21; Mk 6.35-44; Lk 9.12-17; Jn 6.1-14; the four thousand fed, Mt 15.32-38; Mk 8.1-9; stilling the tempest, Mt 8.23-27; Mk 4.35-41; Lk 8.22-25; walking on the water, Mt 14.23-33; Mk 6.47-52; Jn 6.16-21

(b) of others   Acts 8.12; 19.11; 1 Cor 12.10, 28, 29; 2 Cor 12.12; Gal 3.5; Heb 2.4; see also Ex 4.21, Ps 78.11, 43, MOSES, JOSHUA, ELIJAH, ELISHA, DANIEL, SIGN, WONDERS

MIRIAM   (a) sister of Aaron and Moses watched over Moses, Ex 2.4-8; Song of M, Ex 15.20-21; became leprous, Num 12.1-10; healed, 12.11-16; died in Kadesh, 20.1; see also Deut 24.9; Mic 6.4

(b) a man of Judah   1 Chr 4.17

MISHAEL   see MESHACH

MISHMA   (a) tribe descended from Ishmael   Gen 25.14; 1 Chr 1.30

(b) a Simeonite   1 Chr 4.25

MIZPAH (MIZPEH)   (a) place N of Jabbok Gen 31.44-49

(b) town in Gilead   Josh 13.26; a city of refuge   Deut 4.43

(c) town of Benjamin   Josh 18.26; 1 Sam 7.5-17; Judg 20.1-3

(d) place near Hermon   Josh 11.3

(e) place in Judah   Josh 15.38

MNASON   Acts 21.16

MOAB,-ITE(S), son of Lot and his descendants Gen 19.37; Ex 15.15; Num 21.13-15, 26-30; 22.1-36; 25.1; Deut 2.8-9, 18; 34.1-8; Judg 3.12-30; 11.15-18, 25; Ruth 1.1-6, 22; 2 Kgs 3.4-26; Is 15.1-9; 16.2-14; Jer 48.1-47; and many other references

MOLECH (MOLOCH), Ammonite god   Lev 18.21; 20.2-5; 1 Kgs 11.7; 2 Kgs 23.10; Is 57.9; Jer 32.35; Acts 7.43; see MILCOM

MONEY, or weights of metal used as currency   (a) general   Gen 17.12, 13, 23, 27; 42.25-28; Ex 12.44; 21.11, 21, 34; Lev 22.11; 25.37, 52; Num 3.

48-51; Deut 2.6, 28; 2 Kgs 12.4, 7.16; Is 55.1, 2; Mt 21.12; 22.19; 25.18, 27; 27.6; 28.12, 15; Mk 6.8; 11.15; 12.41; 14.11; Lk 9.3; 16.14; 19.15, 23; 22.5; Jn 2.14, 15; 12.6; 13.29; Acts 4.37; 8.18, 20; 24.26; 1 Tim 3.3; 6.10; 2 Tim 3.2; Heb 13.5

(b) specific amounts in O.T. (1) beka half shekel, about 15 cents, Ex 38.26; (2) daric, about $5.50 (gold), 1 Chr 29.7; Ezra 2.69; 8.27; Neh 7.70, 71; (3) gerah, twentieth of a shekel, about 1 1/2 cents, Ex 30.13; Lev 27.25; (4) mina, 50 shekels, about $15.10 (silver), $920.92 (gold), 1 Kgs 10.17; Ezra 2.69; Neh 7.71, 72; (5) piece of money (Hebrew qesitah), value not known, Gen 33.19; Josh 24.32; Job 42.11; (6) pim, two-thirds of a shekel, about 20¢, 1 Sam 13.21; (7) shekel, about 30¢, Gen 23.15; 24.22; 37.22; Ex 30.13, 15, 23, 24; Lev 17.3-7, 16, 25; Num 7 (often), Josh 7.21; 1 Sam 3.21; 2 Kgs 6.25; 7.1, 16, 18; Hos 3.2; Zech 11.12, 13; (8) talent (Hebrew kikkar), about $906.39 (silver), $55,270.81 (gold), 1 Kgs 9.14; 10.10; 16.24; 20.39; 2 Kgs 5.22, 23; 15.19; 18.14; 23.33; 1 Chr 19.6; 2 Chr 9.9; 25.6; 27.5; 36.3; Ezra 7.22; 8.26; Esth 3.9

(c) specific amounts in N.T. (1) copper coin (Greek lepton), 1/2 kodrantes, about 1/8 cent, Mk 12.42; Lk 12.59; 21.2; (2) denarius, plural denarii, daily wage of a farm worker, estimated values vary from 16¢ to 20¢ (RSV), Mt 18.28; 20.2-16; 22.19; Mk 6.37; 12.15; 14.5; Lk 7.41; 10.35; 20.24; Jn 6.7; 12.5; Rev 6.6; (3) half shekel (Greek didrachma), two drachmas, about 32¢, Mt 17.24; (4) penny (Greek assarion), 1/16 denarius, about 1¢, Mt 10.29; Lk 12.6; (5) penny (Greek kodrantes), 1/4 assarion, about 1/4 cent, Mt 5.26; Mk 12.42; (6) piece of silver (Greek argurion), value not known, Mt 26.15; 27.3-10; Acts 19.19; (7) pound (Greek mna), 100 denarii, estimated values vary from $16 to $20 (RSV), Lk 19.13-25; (8) shekel (Greek stater), 4 drachmas, about 64¢, Mt 17.27; (9) silver coin Greek drachma), about 16¢ (RSV)

Lk 15.8, 9; (10) talent (Greek talanton), 60 minas, estimated values vary from $960 to $1,000 (RSV) to $1,080 (silver), Mt 18.24; 25.15-28

MONTHS 1 Kgs 6.38; see ABIB, ADAR, BUL, CHISLEV, ELUL, ETHANIM, NISAN, SHEBAT, SIVAN, ZIV

MOON(S), chief night luminary used for marking off moons (months) and for regulating times of feasts, etc. worship of, 2 Kgs 21.3; 23.4, 5; Jer 7.18; 8.2; feast at time of new m, Num 28.11-14; trumpets blown, Num 10.10; Ps 81.3; labor suspended, Amos 8.5; other, Lev 23.24-25; Num 29.1-6; NT references, Mt 24.29; Mk 13.24; Lk 21.25; Acts 2.20; 1 Cor 15.41; Col 2.16; Rev 6.12; 8.12; 12.1; 21.23

MORDECAI, Jew living in Persia counseled Esther, Esth 2.5-20; informed Esther of conspiracy, 2.21-23; refused to reverence Haman, 3.2-6; arrayed in royal apparel, 6.1-11; promoted next to king, 8.1-2; 10.3; reversed Haman's decree, 8.3--9.4; decreed feast of Purim, 9.20-31

MOREH (a) a tree near Shechem Gen 12.6; Deut 11.30

(b) a hill near Nain Judg 7.1

MORIAH (a) district where Abraham prepared to sacrifice Isaac, Gen 22.2

(b) hill where Ornan had his threshing floor, 2 Sam 24.18ff; 2 Chr 3.1

MORTAL Rom 1.23; 6.12; 8.11; 1 Cor 15.53, 54; 2 Cor 4.11; 5.4; Heb 7.8; 1 Jn 5.16, 17; Rev 13.3, 12

MOSES (a) person born, Ex 2.1-4; adopted by Pharaoh's daughter, 2.5-10; trained at Egyptian court, Acts 7.22; killed Egyptian, Ex 2.11-12; fled to Midian, 2.15-20; married Zipporah, 2.21-22; called by God, 3.1--4.17; returned to Egypt, 4.18-31; interceded with Pharaoh, 5--11;

crossed the Red Sea, 14; sang for victory, 15.1-18; appointed rulers, 18.13-26; met God on Sinai, 19.3-13; 24--31; enraged by Israel's idolatry, 32; talked with the LORD, 33--34; built tabernacle, 35--40; numbered the people, Num 1; vindicated before Aaron and Miriam, 12; sent twelve spies to Canaan, 13.1-20; consecrated Joshua as his successor, 27.18-23; Deut 31.23; recounted Israel's history, 1--3; exhorted Israel to obedience, 4.1-40; song of Moses, 32.1-43; viewed Canaan, 3.23-27; 32.48-52; 34.1-4; blessed the tribes, 33; death and burial in Moab, 34.5-7; see also Josh 1.5; Ps 77.20; 103.7; 105.26; 106.23; Is 63.12; Jer 15.1; Mic 6.4; Mt 8.4; 17.3, 4; 19.7, 8; 22.24; 23.2; Mk 7.10; 12.19; Lk 16.29, 31; 20.37; 24.27; Jn 3.14; 5.45, 46; 6.32; 7.19, 22; 9.28, 29; Acts 3.22; 6.11, 14; 7.20-44; 15.1, 21; 21.21; 26.22; Rom 5.14; 9.15; 10.5, 19; 1 Cor 10.2; 2 Cor 3.7, 13; 2 Tim 3.8; Heb 3.2, 3, 5, 16; 7.14; 8.5; 9.19; 11.23, 24; 12.21; Jude 9; Rev 15.3

(b) law of, book of Josh 8.31-32; 23.6; 1 Kgs 2.3; 2 Kgs 14.6; 23.25; 2 Chr 17.9; 25.4; Ezra 3.2; Neh 8.1; 13.1; Dan 9.13; Mk 12.26; Lk 2.22; 24.44; Jn 1.17, 45; 7.23; 8.5; Acts 13.39; 15.5; 28.23; 1 Cor 9.9; 2 Cor 3.15; Heb 10.28

MOST HIGH Gen 14.18-22; Deut 32.8; 2 Sam 22.14; Ps 7.17; 9.2; 18.13; 46.4; 73.11; 78.35; Lam 3.35, 38; Dan 3.26; 4.2, 17, 24, 25; 7.22-27; Mk 5.7; Lk 1.32, 35, 76; 6.35; 8.28; Acts 7.48; 16.17; Heb 7.1

MOUNT (a) of Olives 2 Sam 15.30; Zech 14.4; Mt 21.1; 24.3; 26.30; Mk 11.1; 13.3; 14.26; Lk 19.29, 37; 21.37; 22.39; Jn 8.1; Acts 1.12

(b) Sinai Ex 19.11, 18, 20, 23; 24.16; 34.2-4, 29, 32; Lev 7.38; Num 3.1; Acts 7.30, 38; Gal 4.24, 25; see SINAI

(c) Zion 2 Kgs 19.31; Ps 48.2, 11; 74.2; 78.68; 125.1; Is 4.5; 8.18; 24.23; 37.32; Joel 2.33; Ob 1.17, 21; Heb 12.22; Rev 14.1; see ZION

(d) Hor Num 33.37-41; 34.7-8

(e) Ebal and Gerizim Deut 11.29; 27.12-13; Josh 8.30, 33

(f) Nebo Duet 32.49; 34.1

(g) Hermon Josh 11.17; 12.1, 5; 13.5, 11; 1 Chr 5.23

(h) Seir Duet 1.2; Josh 15.10; 2 Chr 20.10, 22, 23; Ezek 35.2, 3, 7, 15

(i) Carmel 1 Kgs 18.19, 20; 2 Kgs 2.25; 4.25

MOUNTAIN(S) Gen 7.20; 19.17; Ex 3.1, 12; 20.18; Deut 2.3; Josh 2.16; 2 Kgs 6.17; 2 Chr 18.16; Ps 30.7; 46.2; 48.1, 2; 90.2; 114.4; 125.2; Is 2.3; 11.9; 40.4, 9; 52.7; 64.1; Ezek 11.23; 28.14; Hos 10.8 (Lk 23.30); Mt 4.8; 5.1; 8.1; 17.1, 9, 20; 21.21; 24.16; 28.16; Mk 5.5; 9.2, 9; 11.23; 13.14; Lk 3.5; 9.28, 37; 21.21; 23.30; Jn 4.20, 21; 1 Cor 13.2; Heb 8.5; 11.38; 12.20; 2 Pet 1.18; Rev 6.14-16; 8.8; 16.20; 21.10

MULTIPLY Gen 1.22, 28; 8.17; 9.7; 17.2, 20; 22.17; 35.11; Ex 32.13; Deut 7.13; 8.1; 17.17; Jer 33.22; 2 Cor 9.10

MULTITUDE(S) Gen 16.10; 17.4-5; 32.12; 48.16, 19; Ex 12.38; Joel 3.14; Mt 21.26; Lk 2.13; 6.12; 1 Pet 4.8; Rev 7.9; 19.1

MOURN,-ED,-ING Ex 33.4; Num 14.39; Deut 34.8; Ezra 10.6; Esth 9.22; Eccl 3.4; Is 61.2-3; 66.10; Jer 31.13; Joel 1.9; Amos 1.2; 8.10; Zech 12.10, 11; Mal 3.14; Mt 5.4; 9.15; 11.17; 24.30

MURDER,-ER Num 35.16-21, 30, 31; Ps 94.6; Jer 7.9; Hos 4.2; Mt 22.7; 23.31, 35; Mk 7.21; 15.7; Lk 23.19, 25; Jn 8.44; Acts 3.14; 7.52; 9.1; 28.4; Rom 1.29; 1 Tim 1.9; 1 Pet 4.15; 1 Jn 3.12, 15; Rev 9.21; 21.8; 22.15

MURMUR,-ED,-ING(S) Ex 16.1-12; Num 14.2, 27, 29, 36, 41; Deut 1.27; Ps 106.25; Lk 5.30; Jn 6.43

MUSIC 1 Chr 15.22-28; 25.6; 2 Chr 7.6;
Ezek 26.13; Lk 15.25

MUSTARD Mt 13.31; 17.20; Mk 4.31; Lk 13.19; 17.6

MYRRH Gen 37.25; 43.11; Ex 30.23; 1 Kgs 10.25 (2 Chr 9.24); Mt 2.11; Mk 15.23; Jn 19.39; Rev 18.13

MYSIA, province in NW Asia Minor Acts 16.7, 8

MYSTERY,-IES Dan 2.18-19, 27-30, 47; Rom 11.25; 1 Cor 4.1; 13.2; 14.2; 15.51; Eph 1.9; 3.3, 4, 9; 5.32; 6.19; Col 1.26, 27; 2.2; 4.3; 2 Thes 2.7; 1 Tim 3.9, 16; Rev 1.20; 10.7; 17.5, 7; see SECRET

MYTHS 1 Tim 1.4; 4.7; 2 Tim 4.4; Tit 1.14; 2 Pet 1.16

N

NAAMAN (a) commander of army of Ben-hadad, king of Damascus 2 Kgs 5.1-27; Lk 4.27

(b) a Benjamite Gen 46.21; Num 26.40

NABAL, sheepmaster in time of David 1 Sam 25.3-38

NABOTH, vineyard owner in Jezreel, killed by Ahab's men 1 Kgs 21.1-19; see also AHAB, JEZEBEL

NADAB (a) eldest of Aaron's sons Ex 6.23; N and brother, Abihu, permitted to come near Sinai, 24.1; appointed to priesthood, 28.1; offered strange fire to God and consumed by fire, Lev 10.1-7; Num 26.61

(b) son of Jeroboam I and his successor as king of Israel 1 Kgs 14.20; 15.25-28, 31

(c) others (1) 1 Chr 2.28, 30; (2) 1 Chr 8.30; 9.36; 9.36

NAHASH (a) father of David's sisters, Abigail and Zeruiah 2 Sam 17.25; cf 1 Chr 2.16

(b) Ammonite king who besieged Jabesh-gilead 1 Sam 11.1-11

NAHBI, spy from tribe of Naphtali Num 13.14

NAHOR (a) son of Terah, brother of Abraham Gen 11.22-29; 22.20, 23; 24.10, 15, 24; 31.53; Josh 24.2

(b) son of Serug Gen 11.24, 25; 1 Chr 1.26; Lk 3.34

NAHSHON, prince of Judah and ancestor of David Num 1.7; 2.3; 7.12, 17; Ex 6.23; Ruth 4.20-22; 1 Chr 2.10-12

NAHUM (a) prophet to Judah Nah 1.1--3.19

(b) ancestor of Jesus Lk 3.25

NAIN, a town near Nazareth Lk 7.11

NAIOTH, area in Ramoth occupied by prophets under Samuel 1 Sam 19.18-23; 20.1

NAKED, NAKEDNESS (a) literal Gen 2.25; 3.7, 10, 11; 9.22, 23; Job 1.21; Eccles 5.15; Is 20.2-4; Ezek 16.7; Hos 2.3; Mt 25.36, 38, 43, 44; Rom 8.35

(b) figurative Job 26.6; 2 Cor 5.3

(c) "uncover nakedness" (of sexual sins) Lev 18.6-19; 20.11-21; Ezek 22.10; 23.10

NAME (a) God Gen 4.26; 12.8; 13.4; 16.13; 26.25; Ex 6.3; 9.16; 15.3; 34.14; Lev 19.12; 21.6; Deut 12.5; 18.5; 28.10, 58; 32.3; Josh 9.9; 1 Sam 12.22; 2 Sam 6.2; 7.13 (1 Kgs 8.19); 2 Chr 6.33; 1 Kgs 3.2; 5.3, 5; 8.29, 33, 35, 42, 43, 44, 48; 2 Kgs 5.11; 21.4, 7; Job 1.21; Ps 5.11; 8.1; 9.2, 10; 69.30, 36; 72.17, 19; 103.1; 111.9; 115.1; 118.2; Prov 18.10; Is 42.8; 48.2, 11; 52.6; 63.12; Jer 51.57; Ezek 36.21, 23; Dan 9.18-19; Hos 12.5; Amos 9.6, 12; Mic 4.5; 6.9; Zeph 3.9, 12; Zech 14.9; Mt 6.9; Lk 1.49; 11.2; Jn 17.6, 26; Acts 15.14, 17; Rom 2.24; 1 Tim 6.1; Heb 13.15; Rev 3.12a; 14.1; 16.9; "in the name of" 2 Sam 6.18; 1 Kgs 18.32; 22.16; Neh 13.25; Ps 118.10-12, 26; 129.8; Is 50.10; Mt 21.9; 23.39; 28.19; Mk 11.9; Lk 13.35; 19.38; Jn 5.43; 10.25; 12.13; 17.11, 12; Jas 5.10; Rev 13.6

(b) Christ Mt 1.21, 23, 25; Mk 6.14; 13.13; Lk 1.31; 2.21; 21.12, 17; Jn 1.12; 2.23; 3.18; Acts 2.21; 3.16; 4.10, 12, 30; 5.41; 8.12; 9.14-16; 10.43; 19.13, 17; 22.16; 26.9; Rom 1.5; 10.13; 1 Cor 1.2, 10; Eph 1.21; Phil 2.9, 10; 2 Thes 1.12; 2 Tim 2.19; Heb 1.4; Jas 2.7; 1 Pet 4.14, 16; Rev 2.13; 3.8, 12a; 14.1; 19.12, 13, 16; 22.4

(c) "in the name of" Mt 7.22; 12.21; 18.5, 20; 24.5; Mk 9.37, 38, 39, 41; 13.6; 16.17; Lk 9.48, 49; 10.17; 21.8; 24.47; Jn 14.13, 14, 26; 15.16; 16.24, 26; 20.31; Acts 2.38; 3.6; 4.17, 18; 5.28, 40; 8.16; 9.27, 29; 10.48; 16.18; 19.5; 1 Cor 5.4; 6.11; Eph 5.20; Col 3.17; 2 Thes 3.6; Jas 5.14; 1 Jn 3.23; 5.13

(d) "name's sake" 1 Sam 12.22; 1 Kgs 8.41; Ps 23.3; 25.11; 79.9; 143.11; Is 66.5; Ezek 20.44

(e) other Gen 2.20; 3.20; 5.29; 11.4; 12.2; 16.15; 17.5, 15; Num 11.3; 17.2-3; Deut 25.6, 7; Ruth 4.5, 10; 4.14, 17; 1 Sam 20.16; Mk 5.9; Lk 1.13, 59-63; 10.20; Phil 4.3; Heb 7.2; Rev 2.17; 3.5; 6.8; 8.11; 9.11; 13.1, 17; 14.11; 15.2; 17.5; 20.15; 21.12, 14

NAOMI Ruth 1.2--4.17

NAPHTALI, sixth son of Jacob, and tribe descended from him Gen 30.8; 46.24; 49.21; Num 1.42, 43; Josh 19.32, 39; Judg 1.33; Mt 4.13, 15; Rev 7.6

NARCISSUS Rom 16.11

NATHAN (a) prophet counseled David regarding temple, 2 Sam 7.2-17 (1 Chr 17.1-15); rebuked David, 2 Sam 12.1-23; anointed Solomon king, 1 Kgs 1.8-45

(b) others (1) 1 Chr 2.36; (2) 2 Sam 23.36; 1 Chr 11.38; (3) 2 Sam 5.14; (4) Ezra 8.16; (5) Ezra 10.39

NATHANAEL, disciple of Jesus, perhaps same as Bartholomew Jn 1.45-49; 21.2

NATION(S) Gen 10.31, 32; 12.2; 17.5, 6, 20; 18.18; 21.13, 18; 25.23; 35.11; 48.19; Ex 19.6; 32.10; 34.24; Deut 4.6-8, 27, 34, 38; Josh 23.3-13; 2 Sam 7.23; 1 Chr 16.24; Ps 9.5, 15, 17, 19, 20; 66.7; 67.4; 72.11, 17; 147.20; Prov 14.34; Is 1.4; 40.15, 17; 55.5; 58.2; 65.1; Jer 4.2; 29.14; 30.11; Ezek 37.22; Dan 7.14; Hos 9.17; Joel 3.2; Mic 4.2-3; Hag 2.7; Zech 7.14; 8.22-23; 14.2-3; Mal 3.9, 12; Mt 21.43; 24.7, 9, 14; 25.32; 28.19; Mk 11.17; 13.8, 10; Lk 7.5; 12.30; 21.24, 25; 23.2; 24.47; Jn 11.48, 50-52; 18.35; Acts 2.5; 7.7; 10.28, 35; 14.16; 17.26; 24.17; Rom 1.5; 4.17, 18; 10.19; 16.26; 1 Tim 3.16; 1 Pet 2.9; Rev 2.26; 11.18; 12.5; 14.8; 15.4; 16.19; 18.3, 23; 19.15; 20.3, 8; 21.24, 26; 22.2; see PEOPLE

NATIVE Ex 12.19, 48, 49; Lev 24.16, 22; Num 9.14; 15.13, 29, 30; Acts 2.8; 4.36; 18.2, 24

NATURE Jn 8.44; Acts 14.15; Rom 1.20; 2.14; 1 Cor 11.14; 15.53; 2 Cor 4.16; Gal 4.8; Eph 2.3; 4.22, 24; Col 3.9, 10; Heb 1.3; 2.14; Jas 3.6; 5.17; 2 Pet 1.4; 1 Jn 3.9

NAZARENE, from or of Nazareth (a) Jesus Mt 2.23; 26.71; Mk 1.24; 10.47; 14.67; 16.6; Lk 4.34; 18.37; 24.19; Jn 18.5, 7; 19.19; Acts 2.22; 3.6; 4.10; 6.14; 22.8; 26.9

(b) Christian Acts 24.5

NAZARETH, a town in Galilee Mt 2.23; 4.13; 21.11; Mk 1.9; Lk 1.26; 2.4, 39, 51; 4.16; Jn 1.45, 46; Acts 10.38

NAZIRITE(S), person consecrated to God Num 6.2-21; Judg 13.5-7; 16.17; Amos 2.11-12

Neapolis

NEAPOLIS, seaport in Macedonia Acts 16.11

NEBAIOTH, tribe descended from Ishmael Gen 25.13, 16; 28.9; 36.3; 1 Chr 1.29; Is 60.7

NEBAT, father of Jeroboam I 1 Kgs 11.26; 16.3, 26, 31

NEBO (a) mountain peak E of mouth of Jordan Num 33.47; Deut 34.1

(b) a Moabite town Num 32.3; 1 Chr 5.8; Is 15.2; Jer 48.1

(c) town near Bethel Ezra 2.29; Neh 9.33

(d) Babylonian god Is 46.1

NEBUCHADNEZZAR, king of Babylon won battle of Carchemish, 2 Kgs 24.1-7; Jer 46.2; conquered Judah, 2 Kgs 24.10-- 25.10 (2 Chr 36.6-19; Jer 39.1-8; 52.1-14); deported people, 2 Kgs 24.14-16; 25.11-21 (2 Chr 36.20-21; Jer 39.9-10; 52.15-30); favored Jeremiah, Jer 39.11-14; revealed his dreams, Dan 2.1-13; 4.4-18; set up golden image, Dan 3.1-7; punished for boasting, 4.31-33; sanity regained, 4.34-37; also called NEBUCHADREZZAR

NEBUCHADREZZAR Jer 21.2, 7; 22.24-25; 32.1; 39.1, 5; 46.2, 13, 26; 52.4, 12, 28-30 (and other passages in Jeremiah); Ezek 26.7; 29.18, 19; 30.10; see NEBUCHADNEZZAR

NEBUZARADAN, captain of guard in Nebuchadnezzar's army 2 Kgs 25.8-11, 18-21; Jer 39.9-14; 42.12-30

NECK "stiffened...neck," 2 Chr 36.13; Neh 9.16, 17, 29; Prov 29.1; Jer 7.26; 17.23

NECO see PHARAOH (e)

NECROMANCER see WIZARD

NEEDY Deut 15.11; 24.14; Ps 68.10; 69.33; 72.12, 13; 74.21; 140.12; Prov 31.9, 20; Ezek 18.12; 22.29; Amos 2.6; 4.1; 5.12; 8.4, 6; Acts 4.34; see POOR

NEGEB, grazing region in S Palestine Gen 20.1; Num 13.22; important places in the N Kadesh-barnea, Gen 20.1; Beer-sheba, Josh 15.28; Ziklag, Josh 15.31

NEHEMIAH (a) a Jew of the captivity given permission by Artaxerxes of Persia to return to rebuild Jerusalem wall Neh 1.1--2.9; 5.14; oversees work of rebuilding, 3; workers prepared against attack by hostile Gentile neighbors, 2.10; 4--6; wall completed, 6.15; spiritual instruction to the people, 8; religious revival, 9, 10; after return to Susa, seeks permission to go back to city, 13.6; governs Jerusalem, 13.8-31

(b) others (1) Ezra 2.2; Neh 7.7; (2) Neh 3.16

NEHUSHTAN 2 Kgs 18.4; see SERPENT, brazen

NEIGHBOR(S) Ex 3.22; 20.16, 17; 22.14; 32.27; Lev 6.2-5; 19.13-18; 25.14-15; Deut 5.20; 19.4-6; Prov 3.28-29; 11.9, 12; Zech 3.10; Mt 5.43; 19.19; 22.39; Mk 12.31, 33; Lk 1.58, 65; 10.27, 29, 36; 14.12; 15.6, 9; Jn 9.8; Acts 7.27; Rom 13.8-10; 15.2; 1 Cor 10.24; Gal 5.14; 6.4; Eph 4.25; Jas 2.8; 4.12

NEPHILIM Gen 6.4; Num 13.33; see also ANAK, GIANTS, REPHAIM

NERGAL-SHAREZER, a Baylonian prince Jer 39.3, 13

NERIAH, father of Baruch Jer 32.12; 36.4; 51.59

NETOPHAH, town of Judah near Bethlehem 2 Sam 23.28, 29; 1 Chr 11.30; 27.13; Ezra 2.22; Neh 7.26

NEW (a) general Ex 1.8; Num 28.26; Judg 16.11-12; 2 Sam 6.3 (1 Chr 13.7); 1 Kgs 11.29, 30; Prov 19.4; Is 1.13, 14; Mt 9.17; 13.52; 26.29; 27.60; Mk 2.21, 22; 14.25; Lk 5.36-39;

Jn 19.41; Acts 2.13; 17.21; Col 2.16; Tit 3.5; Heb 10.20; 2 Pet 3.13; Rev 5.9; 14.3; 21.1, 5

(b) other commandment Jn 13.34; 1 Jn 2.7, 8; 2 Jn 5; covenant Jer 31.31; Lk 22.20; 1 Cor 11.25; 2 Cor 3.6; Heb 8.8, 12; 9.15; 12.24; creation 2 Cor 5.17; Gal 6.15; earth Is 66.22-23; heart Ezek 18.31; 36.26; heaven Is 66.22; Jerusalem Rev 3.12; 21.2; life Is 57.10; Rom 7.6; man Eph 2.15; mind Rom 12.2; Eph 4.23; name Is 65.17; Rev 2.17; 3.12; nature 2 Cor 4.16; Eph 4.24; Col 3.10; song Ps 33.3; 40.3; 96.1; Is 42.10; spirit Ps 51.10; Ezek 11.19; 18.31; 36.26; teaching Mk 1.27; Acts 17.19 thing(s) Is 43.19; 48.6; Jer 31.22; world Mt 19.28

NEWS 1 Sam 4.13; 2 Kgs 7.9; 9.15; Ps 40.9; Prov 15.30; 25.25

NICANOR Acts 6.5

NICODEMUS, member of Jewish Sanhedrin who came to Jesus Jn 3.1-10; 7.50; 19.39

NICOLAITANS, party who taught that Christians could eat food offered to idols Rev 2.6, 15

NICOLAUS Acts 6.5

NICOPOLIS, city in Macedonia Tit 3.12

NIGER Acts 13.1

NIGHT Gen 1.5, 14, 16, 18; Ex 12.42; 13.21; Num 9.16; 15.11, 16; Job 35.10; Ps 16.7; 19.2; 30.5; 77.6; 91.5; 92.2; 121.6; 139.11, 12; Is 21.11; Zech 14.7; Mt 2.14; 4.2; 12.40; 24.43; 26.31, 34; 28.13; Mk 4.27; 5.5; 14.30; Lk 2.8; 5.5; 6.12; 12.20; 17.34; 18.7; 21.37; Jn 3.2; 9.4; 11.10; 13.30; 19.39; 21.3; Acts 5.19; 9.25; 12.6; 16.9, 33; 17.10; 18.9; 23.11, 23, 31; 27.23, 27; Rom 13.12; 1 Cor 11.23; 1 Thes 5.5, 7; Rev 8.12; 21.25; 22.5; see DARKNESS (c)

NILE, a great river of Egypt Gen 41.1-3, 17, 18; Ex 1.22; 4.9; 7.17-25; Is 19.5-8; Amos 8.8 (9.5); Zech 10.11

NIMROD, a Cushite; a mighty hunter and monarch Gen 10.8-10; 1 Chr 1.10; Mic 5.6

NIMSHI, father of Jehu 1 Kgs 19.16; 2 Kgs 9.2, 14, 20; 2 Chr 22.7

NINEVEH, capital of Assyrian empire Gen 10.11-12; 2 Kgs 19.36; Jon 1.2; 3.2-7; 4.11; Nah 1.1; 2.8; 3.7; Zeph 2.13; Mt 12.41; Lk 11.30, 32

NISAN, first Hebrew month (earlier called Abib), March-April Neh 2.1; Esth 3.7

NISROCH, god worshiped by Sennacherib 2 Kgs 19.37 (Is 37.38)

NOAH (a) son of Lamech born, Gen 5.29; walked with God, 6.9; built ark, 6.11-22; built an altar, 8.20-22; covenant with God, 9.8-17; died, 9.28-29; also, Is 54.9; Ezek 14.14; Mt 24.37, 38; Lk 3.36; 17.26, 27; Heb 11.7; 1 Pet 3.20; 2 Pet 2.5

(b) daughter of Zelophehad Num 26.33; 27.1; 36.11; Josh 17.3

NOB a town of the priests in Benjamin territory 1 Sam 21.1; 22.9, 11, 19; Neh 11.32; Is 10.32

NOD Gen 4.16

NOISE Ex 20.18 (sound); 32.17; 100.1; 2 Kgs 7.6; Ps 66.1; 95.1, 2; 2 Pet 3.10

NOUGHT Job 1.9; Ps 33.10; Prov 10.28; Ezek 32.12; Hos 12.11; Amos 5.5

NUMBER,-ED (count) Gen 13.16; 15.5; Num 1.19; Deut 4.27; 7.7; Josh 11.4; Ps 90.12; Dan 5.26; Hos 1.10; Mt 10.30; Rev 7.9; 13.17, 18; 20.8

Nun

NUN, father of Joshua Ex 33.11; Num 11.28; Deut 1.38; Josh 1.1; Judg 2.8; 1 Kgs 16.34; 1 Chr 7.27; Neh 8.17

NUNC DIMITTIS (Latin words meaning "Now release") Lk 2.29-35

NYMPHA Col 4.15

O

OAK(S) Gen 35.4; Josh 24.26; Judg 6.11; 2 Sam 18.9, 10; 1 Kgs 13.14; Is 1.30; Hos 4.13; Zech 11.2

OATH(S) an appeal to God in order to verify truth of a statement or promise, Gen 21.23; 31.53; breaking o an offense against God, 2 Chr 36.13; Ezek 17.13-19; God's promise to Abraham confirmed by, Gen 22.16; modes of taking, Gen 14.22; 24.2; strengthening o by divided sacrifices, Gen 15.8-18; used in judicial investigations, Ex 22.11; Num 5.19-22; false o in name of true God a profanity, Lev 6.3; 19.12; cf Mal 3.5; in name of false god prohibited, Josh 23.7; NT references, Mt 14.7, 9; 23.16, 18; 26.72; Mk 6.26; Lk 1.73; Acts 2.30; 23.12, 14, 21; Heb 6.16, 17; 7.20, 21, 28; Jas 5.12

OBADIAH (a) governor during Ahab's reign 1 Kgs 18.3-16

 (b) prophet of Judah Ob 1

 (c) others (1) 1 Chr 7.3; (2) 1 Chr 12.9; (3) 1 Chr 27.19; (4) 1 Chr 8.38; 9.44; (5) 2 Chr 17.7; (6) 2 Chr 34.12; (7) 1 Chr 3.21; (8) Ezra 8.9; (9) Neh 10.15; (1) Neh 12.25; (11) 1 Chr 9.16

OBED (a) grandfather of David Ruth 4.17, 21, 22; Mt 1.5; Lk 3.32

 (b) others (1) 1 Chr 2.37; (2) 1 Chr 11.47; (3) 2 Chr 23.1; (4) 1 Chr 26.7

OBED-EDOM (a) Gittite in whose home ark remained for three months, 2 Sam 6.10-12; 1 Chr 13.13, 14; 15.25; possibly same Obed-edom (Levite) who marched in front of ark to Jerusalem, 1 Chr 15.24; possibly identical with Obed-edom in 1 Chr 16.38 and in 26.4; cf. 26.8-10 with 16.38; perhaps same as O, 1 Chr 15.18, 21; 16.5

 (b) other 2 Chr 25.24

OBEISANCE Gen 43.28; Ex 18.7; 1 Sam 24.8; 2 Sam 9.6-8; 1 Kgs 1.16; Esth 3.2

OBEY, OBEDIENCE, OBEDIENT (a) to God or Christ Ex 19.5; Num 27.20; Deut 4.30; 30.2, 8, 10, 16; Josh 24.24; 1 Sam 15.22; Jer 7.23; Mt 8.27; Mk 1.27; 4.41; Lk 8.25; Jn 3.36; Acts 5.29, 32; Rom 5.19; 15.18; 2 Cor 10.5, 6; Phil 2.8; Heb 5.8, 9; 11.8; 1 Pet 1.2; 3.20; 1 Jn 5.2

 (b) to commandments Deut 11.13, 26-28; 13.4; see KEEP, OBSERVE

 (c) to the demands of the gospel Rom 6.16, 17; 16.19; 2 Cor 2.9; 7.15; 9.13; Phil 2.12; 2 Thes 1.8; 3.14; 1 Pet 1.14; 3.1; 4.17

 (d) to the law Rom 2.25

 (e) to the faith Acts 6.7; Rom 1.5; 16.26

 (f) to the truth Rom 2.8; Gal 5.7; 1 Pet 1.22

 (g) to human beings Gen 49.10; 28.7; Josh 1.17; Esth 2.20; Jer 35.8; Lk 2.51; 17.6; Acts 7.39; Eph 6.1, 5; Col 3.20, 22; Tit 3.1; Heb 13.17; Jas 3.3; 1 Pet 2.13-17; 3.6

OBSERVE,-ED,-S Ex 12.14, 17, 24; Lev 19.37; 23.24; Deut 5.12; 33.9; Josh 22.5; Esth 9.31; Ps 119.106, 146; Prov 21.12; Ezek 18.19; Mt 19.20; 23.3; 28.20; Mk 7.3, 4; 10.20; Lk 17.20; 18.21; Acts 21.21; Rom 14.6; Gal 4.10; 2 Tim 3.10; see KEEP, OBEY

OBTAIN,-ED,-S Prov 12.2; 28.13; 29.23; Is 29.19; 51.11; Mt 5.7; Acts 8.20; 20.28; Rom 5.2; 8.21; 11.7; 1 Cor 9.24; 1 Thes 5.9; 2 Thes 2.14; 2 Tim 2.10; Heb 1.4, 14; 6.15; 8.6; 12.15; 1 Pet 1.9; 3.9; 5.4; 2 Pet 1.1; 1 Jn 5.15

ODED (a) father of Azariah 2 Chr 15.1

(b) Israelite prophet during reign of Pekah 2 Chr 28.9-15

ODOR(S) Gen 8.21; Ex 29.18, 25, 41; Lev 1.9, 13, 17; Num 15.3, 7, 10 (and similar passages in Lev and Num; contrast Lev 26.31); Ezek 20.41

OFFENSE Deut 19.15; 22.26; 25.2; Is 8.14; Mt 11.6; 1 Cor 10.32

OFFER,-ING(S) (a) religious Gen 8.20; Ex 20.24; 36.3; Lev 6; 7; 10; 23; Num 7; 15; 28; 29; Deut 12.5-6, 11, 13-14, 17; 1 Sam 6.3, 4, 8, 14, 15, 17; 15.22; 2 Kgs 16.13-15; 2 Chr 29.24-35; Neh 10.33-34; Job 42.8; Is 66.3, 20; Ezek 46.1-20; Hos 6.6; Amos 4.5; Mic 6.6; Mal 2.3; 3.3-4, 8; Mt 5.23, 24; 8.4; Mk 1.44; 12.33; Lk 2.24; 5.14; 21.5; Jn 16.2; Acts 7.41, 42; 14.13, 18; 24.17; Rom 11.16; 15.16; 1 Cor 8.1-13; 9.13; 10.19, 20, 28; 2 Cor 9.1; Eph 5.2; Phil 2.17; 4.18; Heb 5.1, 3, 7; 7.27; 8.3, 4; 9.7, 9, 14, 25, 28; 10.1-18; 11.4, 17; 12.28; 13.15; Jas 2.21; 1 Pet 2.5; see SACRIFICE

(b) other Mt 2.11; 27.34; Mk 15.23; Acts 8.18

OFFSPRING Gen 15.3; 38.8-9; Ex 1.5; Ps 105.6; Is 43.5; 44.3; 65.23; Jer 30.10; 46.27; Mal 2.15; Acts 17.28, 29; Gal 3.16; Rev 22.16

OG, king of Bashan Num 21.32-35; Deut 3.1-4, 8-11, 13; Josh 13.12, 30, 31; 1 Kgs 4.19; Neh 9.22; Ps 135.11

OHOLAH, Samaria and Israel personified as an evil woman Ezek 23.1-49

OHOLIAB, craftsman who made tabernacle furniture Ex 31.6; 35.34, 35; 36.1, 2

OHOLIBAH, Jerusalem and Judah personified as a wicked woman Ezek 23.1-49

OHOLIBAMAH, a wife of Esau Gen 36.2, 5, 14, 18, 25, 41

OIL(S) (chiefly olive oil) uses: illuminating, Ex 25.6; 27.20; Mt 25.3, 4, 8; food, 1 Kgs 17.12-16; 1 Chr 12.40; Ezek 16.13; Lk 16.6; Rev 6.6; 18.13; meal offering, Lev 2.1-2, 4-7; anointing of kings, 1 Sam 10.1; 16.1, 13; 1 Kgs 1.39; 2 Kgs 9.1-6; anointing of Christ, Heb 1.9; anointing of tabernacle and furnishings, Ex 30.22-33; anointing of guests, Ps 23.5; Lk 7.46; medication, Is 1.6; Mk 6.13; Lk 10.34; Jas 5.14; method of obtaining beating or shaking of trees, Deut 24.20; treading olives, Mic 6.15

OINTMENT Ex 30.25; Esth 2.3, 9, 12; Job 41.31; Eccl 7.1; 10.1; Mt 26.7; Lk 7.37

OLD (a) general Deut 8.4 (worn-out); Josh 9.4; 1 Kgs 12.8 (2 Chr 10.8); Prov 20.29; Mt 9.16-17; 13.52; Mk 2.21-22; Lk 1.18, 36; 5.36-37, 39; Jn 3.4; 21.18; Acts 2.17; 2 Cor 5.17; Heb 8.6; 2 Pet 1.9; 1 Jn 2.7

(b) man, self Rom 6.6; Eph 4.22; Col 3.9

(c) covenant Rom 7.6; 2 Cor 3.14; Heb 8.13

(d) leaven 1 Cor 5.7-8

OLIVE(S) a tree and/or its fruit, Ex 23.11; Deut 28.40; Josh 24.13; Judg 15.5; 1 Sam 8.14; Zech 4.3; Rom 11.17; Rev 11.4; symbol of blessing, prosperity, Ps 52.8; Hos 14.6; see OIL

OLIVEWOOD 1 Kgs 6.23, 31-33

OLYMPAS Rom 16.15

OMEGA see ALPHA AND OMEGA

OMEN(S) Num 24.1; 1 Kgs 20.33; Is 44.25; Zech 3.8

OMER, a measure for dry articles, 1/10 of an ephah, about 6 1/2 pints Ex 16.16, 18, 32, 33, 36

OMRI (a) king of Israel 1 Kgs 16.16-28; Mic 6.16

(b) others (1) 1 Chr 7.8; (2) 1 Chr 9.4; (3) 1 Chr 27.18

ON (a) city in Egypt, center of worship of Ra, the sun god Gen 41.45, 50; 46.20; also called Heliopolis, Jer 43.13

(b) a Reubenite chief Num 16.1

ONAN, son of Judah Gen 38.4-10; 44.12

ONE Gen 2.24; 11.6; Deut 6.4; Josh 23.14; Ps 27.4; Is 27.12; Mk 10.21; 12.29; Lk 10.42; Jn 10.30; 17.11, 20-23; Acts 17.26; Rom 12.4-5; 1 Cor 8.6; 10.17; Gal 3.28; Eph 2.14-16; 4.3-6, 13

ONESIMUS, a slave of Philemon, converted by Paul Col 4.9; Phm 10

ONESIPHORUS, a Christian in Ephesus 2 Tim 1.16; 4.19

ONLY (a) of God Ex 22.20; Josh 1.7; 1 Sam 7.4; 2 Chr 33.17; Ps 62.2, 6; Jn 5.44; 17.3; Rom 16.27; 1 Tim 1.17; 6.15; Jude 25

(b) of Christ Jn 1.14, 18; 3.16, 18; 1 Jn 4.9; Jude 4

(c) other Gen 9.4; 22.2, 12, 16; Deut 4.9, 12; 12.16, 23; Josh 1.7, 18; Judg 11.34; 1 Kgs 18.22; 19.10, 14; Ezek 33.24; Lk 7.12; 8.42; 9.38; Heb 11.17

ONYX Gen 2.12; Ex 25.7; 28.9, 20; 35.9, 27; 39.6, 13; 1 Chr 29.2; Job 28.16

OPEN,-ED (a) ears Job 33.16; 36.10, 15; Ps 40.6; 1 Pet 3.12

(b) eyes Gen 3.5, 7; 1 Kgs 8.29, 52; 2 Kgs 6.17, 20; Ps 119.18; Is 35.5; 42.7; Mt 9.30; 20.33; Lk 24.31; Jn 9.10, 14, 17, 21, 26, 30, 32; 10.21; 11.37; Acts 9.8, 40; 26.18

(c) lips, mouth Job 11.5; Ps 51.15; 78.2; 81.10; Is 53.7; Ezek 16.63; Lk 1.64

(d) hand Deut 15.11

(e) heart Acts 16.14; 2 Cor 7.2

(f) mind Lk 24.45

(g) earth mouth of Num 16.30

(h) gates Is 60.11; of righteousness, Ps 118.19; of death, Job 38.17

(i) heaven windows of, Gen 7.11; 2 Kgs 7.2; Mal 3.10; also, Mt 3.16; Mk 1.10; Lk 3.21; Jn 1.51; Acts 7.56; 10.11; Rev 19.11

OPHEL, section of Jerusalem (southeastern hill) enclosed by city wall 2 Chr 27.3; 33.14; Neh 3.26, 27; 11.21

OPHIR, tribe descended from Joktan and territory inhabited by them Gen 10.29; 1 Kgs 9.28; 10.11; 22.48; 1 Chr 1.23; 29.4; 2 Chr 8.18; 9.10; Job 28.16; Ps 45.9; Is 13.12

OPHRAH (a) village west of Jordan, home of Gideon Judg 6.11, 24; 8.27, 32; 9.5

(b) others (1) 1 Chr 4.14; (2) Josh 18.23; 1 Sam 13.17

OPPORTUNITY Mt 26.16; Mk 6.21; 14.11; Lk 22.6; Acts 24.25; 25.16; Rom 7.8, 11; 1 Cor 7.21; 16.12; Gal 5.13; 6.10; Eph 4.27; Phil 4.10; Heb 11.15

OPPRESS,-ION Ex 3.9; 22.21; 23.9; Lev 19.13; Num 10.9; Deut 23.16; 26.7; 2 Kgs 13.4; Ps 119.134; Is 1.17; 33.15; Jer 30.20; Ezek 45.8; Lk 4.18; Acts 10.38

OPPRESSOR(S) Ps 72.4; Is 49.26; 51.13; Jer 21.12; 50.16; Zeph 3.19; Zech 9.8

ORACLE(S) Num 24.3-4, 15-16; 2 Sam 16.23; 23.1; 2 Kgs 9.25; 2 Chr 24.27; Is 13.1; 14.28; 15.1 (and other passages in Isaiah); Ezek 12.10; Nah 1.1; Hab 1.1; Mal 1.1; Acts 7.38; Rom 3.2; 1 Pet 4.11

ORDAIN,-ED,-ATION Ex 28.41; 29.9, 22-35; 32.29; Lev 8.22-33; Num 3.3; 28.

6; 1 Kgs 12.33; 2 Chr 22.7; Acts 10.42; 13.48; Gal 3.19; see APPOINT

ORDINANCE(S) Ex 12.14-43; 21.1--24.3; Lev 25.18; 26.15, 43, 46; Num 29.6-37; Deut 4.1-14; Josh 24.25; 2 Sam 22.23; Ps 119.7, 13, 20 (and many other verses); Ezek 20.11-25; Eph 2.15

OREB, name for Midianite prince slain (by Gideon) at a rock given name of O Judg 7.25; 8.3; Is 10.26

ORNAMENT(S) Gen 24.53; Ex 33.4-6; 2 Sam 1.24; Prov 25.12; Is 49.18; Jer 2.32; Ezek 16.11; 23.40

ORION, a constellation Job 9.9; 38.31; Amos 5.8

ORNAN, Jebusite whose threshing floor David purchased 1 Chr 21.15-28; 2 Chr 3.1; see also ARAUNAH

ORPAH, daughter-in-law of Naomi Ruth 1.4-15

ORPHAN(S) Ex 22.22; Lam 5.3; Hos 14.3; Mal 3.5; Jas 1.27; see FATHERLESS

OSNAPPAR king of Assyria, perhaps Ashurbanipal Ezra 4.10

OSTRICH,-ES Lev 11.16 (Deut 14.15); Is 13.21; 34.13; Jer 50.39; Mic 1.8

OTHNIEL, a judge of Israel Judg 1.13; 3.9-11; Josh 15.17

OUTCAST(S) Deut 30.4; Ps 147.2; Is 11.12; 56.8; Zeph 3.19

OVEN(S) Ex 8.3; Lev 2.4; 26.26; Hos 7.4-7; Mal 4.1

OVERCOME see VICTORY

OVERTHROW,-N,-S Gen 19.21, 29; Ex 23.24; Deut 29.23; Prov 13.6; 14.32; Jer 31.40; Zeph 1.3; Hag 2.22

OWE Mt 18.28; Lk 7.41; 16.5, 7; Rom 13.8; Phm 18, 19

OX,-EN Ex 20.24; 21.28-36; 22.1-5, 9, 10, 30; 24.5; Num 7.3-83; 1 Sam 11.5-7; 12.3; 15.9, 14, 15, 21; 1 Kgs 19.20-21; Lk 14.19; Jn 2.14; Acts 14.13; 1 Cor 9.9; Rev 4.7

P

PADDAN-ARAM Gen 25.20; 28.2, 5-8; 31.17-18; 33.18; 35.9, 26

PAGIEL, head of tribe of Asher Num 1.5, 13; 2.27; 7.72-77

PAHATH-MOAB Ezra 2.6; 8.4; Neh 3.11; 7.11; 10.14

PALACE(S) Solomon's, 1 Kgs 7.1-12; of high priest, Mt 26.3

PALM(S) tall tree, Sol 7.7, 8; fruit-bearing, Joel 1.12; carved as ornamentation in Solomon's temple, 1 Kgs 6.29, 32, 35

PAMPHYLIA, district on S coast of Asia Minor Acts 2.10; 13.13; 14.24; 15.38; 27.5

PAPHOS, city in Cyprus Acts 13.6, 13

PAPYRUS, a plant used in Egypt to make paper and small boats Job 8.11; Is 18.2

PARABLE(S) (a) reason and use Mt 13.1-17; Mk 4.10-12; Lk 8.9-10; Mk 4.21-25; Lk 8.16-18; Mt 13.34-35; Mk 4.33-34

(b) told by Jesus barren fig tree, Lk 13.6-9; children playing, Mt 11.16-19; Lk 7.31-35; faithful servant, Mt 24.45-51; Lk 12.42-46; fig tree, Mt 24.32-33; Mk 13.28-29; Lk 21.29-31; friend at midnight, Lk 11.5-8; good Samaritan, Lk 10.29-37; great banquet, Lk 14.15-24; hidden treasure, Mt 13.44; householder, Mt 13.51-52; king going to war, Lk 14.31-32; laborers in vineyard, Mt 20.1-16; lamp under a bushel, Mt 5.15; Mk 4.21; Lk 8.16; 11.33; leaven, Mt 13.33; Lk 13.20-21; lost coin, Lk 15.8-10;

lost sheep, Mt 18.10-14; Lk 15.3-7; marriage feast, Mt 22.1-14; mustard seed, Mt 13.31-32; Mk 4.30-32; Lk 13.18-19; net, Mt 13.47-50; pearl, Mt 13.45-46; Pharisee and publican, Lk 18.9-14; places at marriage feast, Lk 14.7-11; pounds, Lk 19.11-27; prodigal son, Lk 15.11-32; rich fool, Lk 12.16-21; rich man and Lazarus, Lk 16.19-31; seed growing secretly, Mk 4.26-29; servant, Lk 17.7-10; sower, Mt 13.3-9, 18-23; Mk 4.2-9, 13-20; Lk 8.5-8, 11-15; talents, Mt 25.14-30; ten virgins,Mt 25.1-13; tower builder, Lk 14.28-30; two debtors, Lk 7.40-43; two sons, Mt 21.28-32; unmerciful servant, Mt 18.23-35; unjust judge, Lk 18.1-8; unjust steward, Lk 16.1-9; unshrunk cloth, Mt 9.16; Mk 2.21; Lk 5.36; watchful householder, Mt 24.42-44; Lk 12.39-40; watchful servants, Mk 13.33-37; Lk 12.35-38; wedding guests, Mt 9.15; Mk 2.19-20; Lk 5.34-35; weeds, Mt 13.24-30, 36-43; wicked tenants, Mt 21.33-46; Mk 12.1-12; Lk 20.9-19; wine and wineskins, Mt 9.17; Mk 2.22; Lk 5.37-38; wise and foolish builder, Mt 7.24-27; Lk 6.47-49; see JESUS CHRIST

(c) in OT Judg 9.8-20; 2 Sam 12.1-14; 1 Kgs 20.35-42; 2 Kgs 14.9-10; 2 Chr 25.18-19; Is 5.1-7; Ezek 17.1-10; 19.1-9; 23.1-49; 24.1-14

PARADISE Lk 23.43; 2 Cor 12.3; Rev 2.7

PARALYTIC(S) Mt 4.24; 9.2, 6; Mk 2.3-5, 9, 10

PARALYZED Mt 8.6; Lk 5.18, 24; Jn 5.3; Acts 8.7; 9.33

PARAN, wilderness S of Palestine Gen 21.21; Num 10.12; 13.3, 26; Deut 1.1; 1 Sam 25.1; 1 Kgs 11.18; Hab 3.3

PARDON,-ED Ex 34.9; Num 14.19-20; 1 Sam 15.25; Ps 85.2; Is 40.2; 55.7; Jer 50.20; Mic 7.18

PARENTS Mt 10.21; Mk 13.12; Lk 2.27, 41, 43; 8.56; 18.29; Jn 9.2, 3, 18, 20; Rom 1.30; 2 Cor 12.14; Eph 6.1; Col 3.20; 1 Tim 5.4; 2 Tim 3.2; Heb 11.23

PARMENAS Acts 6.5

PAROSH, founder of a family which returned from Babylon Ezra 2.3; 8.3; 10.25; Neh 3.25; 10.14

PARSIN Dan 5.25

PARTHIANS, inhabitants of districts of Caspian Sea Acts 2.9

PARTIALITY Deut 16.19; 2 Chr 19.7; Job 34.19; Prov 24.23; 28.21; Lk 20.21; Acts 10.34; Jas 2.9

PASHHUR (a) son of Malchiah opposed Jeremiah, influenced king Zedekiah, Jer 2.1; 38.1, 4-6 (cf 21.9) with 38.2

(b) son of Immer, opponent of Jeremiah Jer 20.1-6

(c) father of Gedaliah, also an opponent of Jeremiah Jer 38.1

(d) founder of priestly family Ezra 2.38

(e) priest who sealed the covenant Neh 10.3

PASSOVER (a) annual festival Ex 12.43; Deut 16.1-6; also called feast of unleavened bread, Ex 23.15; Deut 16.16; commemorated Israel's redemption, Ex 12.1-28, 42; 23.15; Deut 16.1-3; other, Num 9.2-14; Josh 5.10; 2 Kgs 23.21-23; 2 Chr 30; NT references, Mt 26.2, 17-19; Lk 2.41; Jn 2.13, 23; 6.4; 11.55; 12.1; 13.1; 18.28, 39; 19.14; Acts 12.4; Heb 11.28

(b) lamb killed at the festival Ex 12.21; Deut 16.2; 2 Chr 30.17; without blemish, Ex 12.5; no broken bones, Ex 12.46; its blood a token before God, Ex 12.13; Christ our passover (AV), paschal lamb (RSV), 1 Cor 5.7

PASTURE(S) (a) literal Gen 37.12; 47.4; Num 35.2-7; 1 Chr 6.57-81

(b) figurative Ps 23.2; 37.20; 79.13; 83.12; Jer 23.1; 50.19; Ezek 34.14, 18, 31; Jn 10.9

PATARA, seaport on S coast of Asia Minor
Acts 21.1

PATHROS, Upper Egypt original home of
Egyptians, Ezek 29.14; eventual return of dispersed Israel from P, Is
11.11; Jews dwellers in, Jer 44.1, 2,
15; people of P, Pathrusim, Gen 10.14;
1 Chr 1.12

PATIENT,-CE (a) of men Mt 18.26, 29;
Lk 8.15; Rom 2.7; 8.25; 12.12; 1 Cor
13.4; 2 Cor 1.6; 12.12; Gal 5.22;
Eph 4.2; Col 1.11; 3.12; 1 Thes 5.14;
2 Tim 3.10; 4.2; Heb 6.12, 15; Jas 5.
7, 8, 10; 1 Pet 2.20; Rev 1.9; 2.2,
19; 3.10

(b) of God, of Christ Rom 2.4; 9.22;
1 Tim 1.16; 1 Pet 3.20

PATMOS, island W of coast of Asia Minor
Rev 1.9

PATRIARCH(S) Acts 2.29; 7.8, 9; Rom 9.
5; 15.8; Heb 7.4

PATROBAS Rom 16.14

PAUL (a) early life born in Tarsus,
Acts 22.3 (see also Acts 9.11; 21.39);
sister, 23.16; educated in Jerusalem
under Gamaliel, 22.3; tent maker by
trade, 18.3; approved of Stephen's
death, 7.58; 8.1; (see also Acts 22.
20); persecuted Christians, 8.3; 22.
4-5; 26.10-11 (see also 1 Cor 15.9;
Gal 1.13; Phil 3.6; 1 Tim 1.13)

(b) conversion Acts 9.3-19a; 22.6-16;
26.12-18

(c) early ministry Arabia, Gal 1.17a;
Damascus, Acts 9.19b-25; 26.20a; 2 Cor
11.32-33; Gal 1.17b; Jerusalem, Acts
9.26-29; 26.20b; Gal 1.18-19; Tarsus,
Acts 9.30; Gal 1.21; Antioch, Acts 11.
25-30; 12.25

(d) missionary activity first tour,
Acts 13.1--14.28; Jerusalem Council,
Acts 15.1-29; Gal 2.1-10; second tour,
Acts 15.36--18.23a; third tour, Acts
18.23b--20.38; return to Jerusalem,
Acts 21.1-26

(e) arrest and imprisonment arrest
in Jerusalem, Acts 21.27--23.22; imprisonment and trial in Caesarea,
Acts 23.23--26.32; trip to Rome, 27.
1--28.16; ministry in Rome, 28.17-31

(f) Epistles Rom; 1 Cor; 2 Cor; Gal;
Eph; Phil; Col; 1 Thes; 2 Thes; 1
Tim; 2 Tim; Tit; Phm; 2 Pet 3.15

PAULUS see SERGIUS PAULUS

PEACE,-MAKERS (a) God Judg 6.23-24;
1 Kgs 2.33; 2 Chr 14.6-7; Job 22.21;
Ps 29.11; Is 9.6; 26.12; 54.10; Lk
1.79; 2.14, 29; 19.38; Rom 1.7; 5.1;
15.13, 33; 16.20; 1 Cor 1.3; 7.15;
14.33; 2 Cor 1.2; 13.11; Gal 1.3;
6.16; Eph 1.2; 6.23; Phil 1.2; 4.
7, 9; Col 1.2, 20; 1 Thes 1.1; 5.23;
2 Thes 1.2; 1 Tim 1.2; 2 Tim 1.2;
Tit 1.4; Phm 3; Heb 13.20; 1 Pet 1.
2; 2 Pet 1.2; 2 Jn 3; Jude 2; Rev
1.4

(b) Christ Mt 10.34; Mk 4.39; 5.34;
9.50; Lk 7.50; 8.48; 12.51; Jn 14.27;
16.33; 20.19, 21, 26; Acts 10.36;
Eph 2.14-18; Col 3.15; 2 Thes 3.16

(c) Holy Spirit Rom 8.6; 14.17; Gal
5.22; Eph 4.3

(d) human Gen 26.31; 34.5; Ex 4.18;
Josh 9.15; 10.1, 4; Ps 28.3; 34.14;
Mt 5.9; 10.13; Lk 10.5, 6; 11.21;
14.32; 19.42; Acts 9.31; 12.20; 15.
33; 16.36; 24.2; Rom 2.10; 3.17; 12.
18; 14.19; 1 Cor 16.11; 1 Thes 5.3,
13; 2 Tim 2.22; Heb 7.2; 12.14; Jas
2.16; 3.18; 1 Pet 3.11; 5.14; 2 Pet
3.14; 3 Jn 15; Rev 6.4

(e) gospel Eph 6.15

(f) peace offerings Ex 20.24; 24.5;
Lev 3.1-9; Num 7.17-88; Ezek 43.27;
45.15-17

(g) peace of Jerusalem Ps 122.6-8

PEARL(S) Job 28.18; Mt 7.6; 13.45-56;
1 Tim 2.9; Rev 17.4; 18.12, 16; 21.
21

Pedaiah

PEDAIAH (a) 1 Chr 27.20; (b) 2 Kgs 23.36; (c) 1 Chr 3.18, 19; (d) Neh 3.25; (e) Neh 8.4; (f) Neh 11.7; (g) Neh 13.13

PEKAH, son of Remaliah and slayer of king Pekahiah 2 Kgs 15.25; 27--32; 37; 16.1, 5; 2 Chr 28.6; Is 7.1

PEKAHIAH, son and successor to Menahem (king of Israel) 2 Kgs 15.22-26

PELIAH (a) Neh 8.7; 10.9-10; (b) 1 Chr 3.24

PELATIAH (a) Simeonite captain 1 Chr 4.42

(b) prince of Israel, son of Benaiah Ezek 11.1-13

(c) son of Hananiah, grandson of Zerubbabel 1 Chr 3.21; perhaps same as P who sealed the covenant, Neh 10.22

PELEG Gen 10.25; 11.16-19

PELETHITES, members of David's bodyguard 2 Sam 8.18; 15.18; 20.7, 23; 1 Kgs 1.38, 44; 1 Chr 18.17

PELICAN bird, ceremonially unclean, Lev 11.13, 18; Deut 14.12, 17; lived in wilderness, Ps 102.6 AV, ASV (vulture, RSV); frequented ruins, Is 34.11, ASV (cormorant, AV; hawk, RSV)

PENIEL see PENUEL

PENNY see MONEY

PENTECOST Acts 2.1; 20.16; 1 Cor 16.8

PENUEL, place where Jacob met God Gen 32.30, 31; attacked by Gideon, Judg 8.8, 9, 17; fortified by Jeroboam I, 1 Kgs 12.25

PEOPLE (a) of God Judg 20.2; Mt 2.6; Lk 1.68, 77; 2.32; 7.16; Acts 4.10; 7.34; 13.17, 24; 15.14; 18.10; Rom 9.25-26; 11.1-2; 15.10; 2 Cor 6.16; Phil 3.5; Heb 4.9; 8.10; 10.30; 11.25; 1 Pet 2.9-10; Rev 18.4

(b) of Christ Mt 1.21; Jn 1.11; Tit 2.14; Heb 13.12

(c) of Israel Ex 1.9-13; 2.23-25; 3.9-15; 4.29-31; 5.14, 15, 19; 6.9-13; Num 2.2; 26.63-64; Deut 29.1; Josh 22.33; Judg 3.9; 4.1-5; 1 Kgs 8.63; 16.2; 2 Chr 30.6; 31.8; Jer 32.21; see NATION

(d) "Lord's p," "p of the Lord," "p holy to the Lord," etc Deut 7.6-7; 9.26-29; 14.2; 26.19; 32.9; 1 Sam 2.24; 12.22; 2 Chr 31.8; Ps 77.15, 20; 149.4; Is 40.1; 49.13; 62.12; Jer 31.7; Hos 4.12; Joel 2.16-27

(e) "my (the Lord's) people" Ex 5.1; Lev 26.12; 2 Chr 6.5; Ps 81.11, 13; Is 51.16; Hos 1.9, 10; 2.1, 23

(f) general Prov 11.14; 14.34; Is 40.7; Dan 3.29; see NATION

PEOPLES Gen 25.23; Ex 19.5; Lev 20.24, 26; Deut 4.27; Josh 4.24; 24.17-18; 1 Kgs 8.43, 53, 60; Lk 2.31; Acts 4.25, 27; Rom 15.11; Rev 7.9; 10.11; 11.9; 17.15

PEOR, mountain in Moab Num 23.28; 24.2

PERDITION 2 Sam 22.5; Ps 18.4; Jn 17.12; 2 Thes 2.3; Rev 17.8, 11; see PERISH

PERES Dan 5.28

PEREZ, son of Judah, born to Tamar Gen 38.24-30; Num 26.20, 21; Ruth 4.12, 18; 1 Chr 2.4, 5

PEREZ-UZZAH 2 Sam 6.6-8 (1 Chr 13.9-11)

PERFECT Lev 22.21; Deut 32.4; 2 Sam 22.31 (Ps 18.30); Ps 19.7; Is 26.3; Mt 5.48; 19.21; 21.16; Rom 12.2; 1 Cor 13.10; 2 Cor 7.1; 12.9; Phil 3.12; Heb 2.10; 5.9; 7.11, 19, 28; 9.9; 10.1, 14; 11.40; 12.2, 23; Jas 1.4, 17, 25; 3.2; 1 Jn 2.5; 4.12, 17, 18; Rev 3.2

PERFORM Gen 38.8; Ex 18.18; Lev 25.18; 2 Kgs 23.3; Ps 56.12; 111.8; Is 41.4; Jer 44.25; Ezek 12.25, 28

PERFUME,-ER Ex 30.22-33, 34-38; see OINTMENT

PERGA, city in S Asia Minor Acts 13.13, 14; 14.25

PERGAMUM, city in NW Asia Minor Rev 1.11; 2.12

PERISH,-ING Gen 41.36; Num 16.33; 17.12-13; Deut 7.24; 8.19-20; Esth 4.14-16; Ps 102.26; Is 41.11; Mt 8.25, 32; 18.14; 26.52; Mk 4.38; Lk 8.24; 11.51; 13.3, 5, 33; 15.17; 21.18; Jn 3.16; 6.27; 10.28; 11.50; Acts 5.37; 8.20; 13.41; 27.34; Rom 2.12; 1 Cor 1.18; 9.25; 15.18, 42, 50, 53, 54; 2 Cor 2.15; 4.3; 2 Thes 2.10; Heb 1.11; 11.31; Jas 1.11; 1 Pet 1.7, 18, 23; 2 Pet 3.6, 9; Jude 11; see LOST; PERDITION

PERIZZITE(S) a tribe of Canaanites known to Abraham and Lot Gen 13.7; Josh 11.3; 17.15; Judg 1.4, 5; permitted to marry Hebrews, Judg 3.5, 6; bondservice to Solomon, 1 Kgs 9.20, 21 (2 Chr 8.7)

PERSECUTE Deut 30.7; Ps 119.84, 6; Jer 17.18; Mt 5.10, 11, 12, 44; 10.23; 13.21; 23.34; Mk 4.17; 10.30; Lk 11.49; 21.12; Jn 5.16; 15.20; Acts 7.52; 8.1; 9.4, 5; 11.19; 13.50; 22.4, 7, 8; 26.11, 14, 15; Rom 8.35; 1 Cor 4.12; 15.9; 2 Cor 4.9; 12.10; Gal 1.13, 23; 4.29; 5.11; 6.12; Phil 3.6; 2 Thes 1.4; 1 Tim 1.13; 2 Tim 3.11, 12

PERSEVERE,-ANCE Eph 6.18; Heb 12.1; Jas 1.25

PERSIA,-IAN(S) 2 Chr 36.20-23; Ezra 1.1-2, 8; 3.7; 4.3-5, 24; Esth 1.3, 14, 18, 19; Dan 5.28; 6.8, 12, 15; 8.20; 10.1, 13, 20

PERSIS Rom 16.12

PERSUADE Prov 16.21, 23; Mt 27.20; Acts 12.20; 14.19; 17.4; 18.4, 13; 19.26; 21.14; 26.26; Rom 14.14; 2 Cor 5.11; Gal 5.8

PERVERSE,-NESS Num 22.32; Deut 32.5, 20; Ps 101.4; Prov 3.32; 16.28; Mt 17.17; Acts 20.30

PERVERT,-ED Ex 23.2, 6 (Deut 16.19; 24.17); Job 8.3; Prov 8.13; Mic 3.9; Gal 1.7; Jude 1.4

PESTILENCE Ex 5.3; 9.15; 2 Sam 24.13-15 (1 Chr 21.12-14); Ps 91.3, 6; Jer 21.6-9; 27.8, 13; Hab 3.5; Rev 6.8

PETER, disciple of Jesus Mt 4.18; 10.2; 14.28, 29; 15.15; 16.16-18, 22, 23; 17.1, 4, 24; 18.21; 19.27; 26.33, 35, 37, 40, 58, 69, 73, 75; and parallels in other Gospels; Lk 5.4-10; 22.8, 31; 24.34; Jn 1.41-42; 13.6-10, 24, 26; 21.2, 3, 7, 11, 15-22; Acts 1.13, 15; 2.14-40; 3.1--4.23; 5.1-10, 15; 8.14-25; 9.32--11.18; 15.7-11; Gal 2.7, 8; 1 Pet 1.1; see CEPHAS

PETHOR Num 22.5; Deut 23.4

PHARAOH, title of king of Egypt (a) and Abraham Gen 12.15-20

(b) and Joseph 41.1-55; 47.1-26

(c) of the oppression Ex 1.8-11, 15-22; 2.15, 23

(d) of the Exodus Ex. 3.11; 4.21-23; 5.1-23 and much of the text from Ex 6--14; 15.19

(e) and Solomon 1 Kgs 3.1; 9.16; 11.1

(f) and Hadad of Edom 1 Kgs 11.18-22 (Shishak)

(g) Pharaoh Neco 2 Kgs 23.29-35 Jer 46.2)

(h) Pharaoh Hophra Jer 37.5; 44.30

See also Acts 7.10, 13, 21; Rom 9.17; Heb 11.24

PHARISEE(S) Mt 3.7; 5.20; 9.11, 14, 34; 12.2, 14, 24, 38; 15.1, 12; 16.1, 6, 11, 12; 19.3; 21.45; 22.15; 22.34, 41; 23.2, 13, 14, 15, 23, 25-29; 27.62; and parallels in other Gospels;

Pharpar 94

Lk 7.36-50; 15.2; 16.14; 18.10, 11; Jn 1.24; 3.1; 4.1; 7.32, 45, 47, 48; 8.3; 12.19; Acts 5.34; 15.5; 23.6-9; 26.5; Phil 3.5

PHARPAR, river in Damascus 2 Kgs 5.12

PHICOL, captain of Abimelech's army Gen 21.22, 32; 26.26

PHILADELPHIA, city in W Asia Minor Rev 1.11; 3.7

PHILEMON Phm 1

PHILETUS 2 Tim 2.17

PHILIP (a) tetrarch Lk 3.1

(b) husband of Herodias Mt 14.3; Mk 6.17

(c) apostle Mt 10.3; Mk 3.18; Lk 6.14; Jn 1.43-48; 6.5, 7; 12.21, 22; 14.8, 9; Acts 1.13

(d) deacon and evangelist Acts 6.5; 8.5-40; 21.8

PHILIPPI (a) Caesarea Mt 16.13; Mk 8.27

(b) of Macedonia Acts 16.12; 20.6; Phil 1.1; 1 Thes 2.2

PHILISTIA, land of Philistines Ex 15.14; Ps 60.8; 83.7; 87.4; 108.9; Is 14.29, 31

PHILISTINES, people from Caphtor (Crete) who settled on S coast of Palestine Gen 10.14; 21.32, 34; Judg 3.3, 31; 10.6, 7, 11; 13.1; Jer 47.4; Amos 9.7; and Samson, Judg 13.5; 14.1-4; 15—16; Eli's sons slain and ark of God captured by, 1 Sam 4—6; against Saul and Jonathan, 13.1—14.31; and David, 1 Sam 17.19-51; prophecies concerning P, Is 11.14; Jer 25.20; 47.1-7; Ezek 25.15-17; Amos 1.6-8; Obad 19; Zeph 2.4, 5; Zech 9.5-7

PHILOGUS Rom 16.15

PHINEHAS (a) son of Eleazar, grandson of Aaron Ex 6.25; Num 25.6-13; 31.6; Josh 22.13, 30-32; 24.33

(b) son of Eli the priest 1 Sam 1.3; 2.34; 4.4, 11, 17, 19-22

(c) other Ezra 8.33

PHLEGON Rom 16.14

PHOEBE Rom 16.1

PHOENICIA, Lebanon Obad 1.20; Acts 11.19; 15.3; 21.2

PHRYGIA, district in central Asia Minor Acts 2.10; 16.6; 18.23

PHYGELUS 2 Tim 1.15

PHYSICIAN(S) Gen 50.2; 2 Chr 16.12; Jer 8.22; Mt 9.12; Mk 2.17; 5.26; Lk 4.23; 5.31; Col 4.14

PIECE OF SILVER see MONEY

PI-HA-HIROTH, last stopping place of Israelites in Egypt Ex 14.2, 9; Num 33.7

PILATE, Roman governor of Judea Mt 27; Mk 15; Lk 3.1; 13.1; 23; Jn 18; 19; Acts 3.13; 4.27; 13.28; 1 Tim 6.13

PILLAR(S) (a) literal Gen 19.26; 28.18; 31.45-52; 35.14, 20; Ex 23.23-24; 27.9-17; 38.9-19; Lev 26.1; Judg 16.25-26, 29-30; 1 Kgs 7.2-6, 15-22; Hos 3.4

(b) pillar of cloud, pillar of fire Ex 13.21-22; 14.19, 24; 33.9, 10; Num 12.5; 14.4; Deut 31.15

(c) figurative 1 Sam 2.8; Job 26.11; Jer 1.18; Gal 2.9; 1 Tim 3.15; Rev 3.12

PINIONS (wings) Deut 32.11; Ps 91.4

PIONEER Heb 2.10; 12.2

PIPE(S) Gen 4.21; 1 Kgs 1.40; Ps 150.4; Dan 3.4-7, 10, 15

PISGAH, mountain from which Moses viewed Promised Land Deut 3.17, 27; 34.1-4; Josh 12.2, 3; 13.20; see NEBO

PISIDIA, district in Asia Minor Acts 13.14; 14.24

PIT(S) (a) literal Gen 37.20-29; Ex 21.33-34; Ps 40.2; Prov 28.10, 18; Eccl 10.8; Jer 18.20, 22; Mt 12.11; 15.14; Mk 12.1; Lk 6.39

(b) world of the dead Job 33.22-24, 28-30; Is 14.15, 19; 51.14; Ezek 26.20; 31.14, 16; 32.23-25, 29, 30; Rev 9.1, 2, 11; 11.7; 17.8; 20.1, 3; see HELL

PITHOM, city in NE Egypt Ex 1.11

PITY,-IES,-IED Ps 69.20; 72.13; 102.13; 103.13; Is 63.9; Jer 20.16; 21.7; Hos 1.6, 7; 2.23; Joel 2.18; Jon 4.10, 11; Mt 20.34; Mk 1.41

PLAGUE(S) Ex 8.2; 9.3; 11.1; 32.35; Num 16.46-50; 2 Sam 24.21-25; 1 Kgs 8.37; Ps 106.29-30; Hos 13.14; Lk 7.21; Rev 9.18, 20; 11.6; 15.1, 6, 8; 16.9, 21; 18.4, 8; 21.9; 22.18

PLAN,-NED,-S 1 Chr 28.9-19; Neh 4.15; Prov 3.29; 12.20; Jer 29.11; 49.20, 30; 50.45; Dan 11.24; Acts 2.23; 4.28; Eph 1.10; 3.9

PLANT,-ING (a) literal Gen 2.8; Lev 19.23; Deut 6.10-12; Eccl 3.1-2

(b) figurative Ps 80.14-16; Is 53.2; 65.21, 22; Jer 42.10; Ezek 17.22, 23; Amos 9.14, 15; Mic 1.6

PLATE(S) Ex 28.36; 39.30; Num 7.13, 19, 25, 31; Mt 23.25

PLEA Jer 18.19; 1 Sam 24.15; Ps 119.154; Prov 22.23; Jer 50.34; 51.36

PLEASE,-ING Ex 29.18, 25, 41; Lev 1.9, 13, 17; Num 24.1; Josh 22.33; Ezra 6.10; Esth 7.3; 8.5, 8; 9.13; Ps 40.13; 51.16; 104.34; Is 42.21; Ezek 20.41; Dan 6.1; Mic 6.7; Mal 1.8; Mt 3.17; 12.18; 14.6; 17.5, 12; Mk 1.11; 6.22; 9.13; Lk 2.14; 3.22; Jn 8.29; Rom 8.8; 15.1, 2, 3; 1 Cor 1.21; 7.32-34; 10.5, 33; 2 Cor 5.9; Gal 1.10, 16; Eph 5.10; Phil 4.18; Col 1.10, 19; 3.20; 1 Thes 2.4; 4.1; Heb 11.5, 6; 13.16, 21; Jas 2.3; 2 Pet 1.17; 1 Jn 3.22

PLEASURE(S) 2 Sam 15.25-26; 1 Chr 29.17; Ps 16.11; 147.10, 11; 149.4; Is 47.8; 58.3, 13-14; Ezek 18.23, 32; 33.11; Lk 8.14; 12.32; 2 Cor 1.15; Phil 2.13; 2 Thes 2.12; 2 Tim 3.4; Tit 3.3; Heb 10.6, 8, 38; 11.25; 12.10; Jas 5.5; 2 Pet 2.13

PLEDGE(S) Gen 38.17-18, 20; Num 30.2-14; Deut 24.6, 10-13, 17

PLOWSHARE(S) Is 2.4; Joel 3.10; Mic 4.3

POLLUTE,-D Num 35.33; 2 Chr 36.14; Ps 106.38; Is 64.6; Jer 3.1, 2, 9; Ezek 23.30; Mal 1.7, 12

POMEGRANATE(S) tree, its fruit, Num 13.23; Deut 8.8; 1 Sam 14.2; Joel 1.12; Song 4.13; as ornamentation on priests' garments, Ex 28.33, 34; 39.25-26; on pillars in Solomon's porch, 1 Kgs 7.20; 2 Kgs 25.17; 2 Chr 3.16

PONTIUS PILATE see PILATE

PONTUS, district on N coast of Asia Minor Acts 2.9; 18.2; 1 Pet 1.1

POOR Ex 22.25; 23.3, 6, 11; Lev 14.21; 25.25, 35, 39, 47; Deut 15.4, 7-11; 1 Sam 2.7, 8; Ps 34.6; 40.17; 49.1, 2; Prov 14.31; 19.1; 22.22; Is 11.4; Jer 22.16; Ezek 18.12; 22.29; Mt 5.3; 11.5; 19.21; 26.9, 11; Mk 10.21; 12.42, 43; 14.5, 7; Lk 4.18; 6.20; 7.22; 14.13, 21; 16.20, 22; 18.22; 19.8; 21.2, 3; Jn 12.5, 6, 8; 13.29; Rom 15.26; 2 Cor 6.10; 8.9; 9.9; Gal 2.10; Jas 2.2-6; Rev 2.9; 3.17; 13.16; see NEEDY

PORCIUS Acts 24.27; see FESTUS

PORTION(S) (a) literal Gen 43.34; Ex 16.4; 29.26, 27, 28; Lev 7.35; Deut 18.8; Neh 12.44, 47; Ezek 48.1-29; Dan 1.5

(b) figurative Num 18.20; Deut 32.9; Ps 16.5; 119.57; Lam 3.24; Zech 2.12

Possess, Possession

POSSESS,-ION (a) OT usage Gen 15.7-9; Ex 23.30; Num 33.53; Deut 3.18; 19.2, 14; Josh 1.11; 13.1; Is 60.21

(b) NT usage (1) demons Mt 8.16; 15.22; Mk 1.32; 3.22; 5.18; 7.25; Lk 8.36; Acts 8.7; (2) material Mt 19. 21, 22; 24.47; Mk 10.22; Lk 12.15, 33, 34; Acts 2.45; 4.32, 34; 7.5; (3) spiritual 1 Cor 2.13; 8.1, 7; 12.30; 2 Cor 6.10; Eph 1.14; Heb 10.34

POSSIBLE Mt 19.26; 24.24; 26.39; Mk 9. 23; 10.27; 13.22; 14.35, 36; Lk 18. 27; Acts 2.24; 8.22; 17.15; 20.16; 27.39; Rom 12.18; Gal 4.15; Phil 3.11

POT(S) (a) literal Ex 27.3; 1 Kgs 7.40, 45; 2 Kgs 4.38-41

(b) figurative Job 41.31; Jer 1.13; 22.28

POTIPHAR, captain of Pharaoh's guard Gen 37.36; 39.1; P's wife and Joseph, 39. 6-20

POTIPHERA, father-in-law of Joseph Gen 41.45-50; 46.20

POTTAGE Gen 25.29-34; 2 Kgs 4.38-41

POTTER(S) 1 Chr 4.23; Is 29.16; 41.25; 64.8; Jer 18.2-6; Mt 27.7; Rom 9.21

POUND, Greek litra, a weight about 11.5 oz. Jn 12.3; 19.39; see MONEY

POWER(S) (a) of God Ex 9.16; 15.6; 32. 11; Num 14.17; Deut 4.37-39; 9.29; 2 Kgs 3.15; 1 Chr 29.11-12; 2 Chr 25.8; Neh 1.10; Ps 21.13; 62.11; 68.34; 147.5; Is 50.2; Mt 6.13; 22.29; 26. 64; Mk 9.1; 12.24; 14.62; Lk 1.35; 5. 17; 12.5; 22.69; 24.49; Jn 1.12; Rom 1.16, 20; 9.17, 22; 11.23; 1 Cor 1. 18, 24; 2.5; 4.20; 6.14; 15.43; 2 Cor 4.7; 6.7; 10.4; 13.4; Eph 1.19; 3.7, 20; 2 Thes 1.11; 2 Tim 1.7, 8; Heb 1. 3; 1 Pet 1.5; 2 Pet 1.3; Rev 4.11; 7. 12; 11.17; 12.10; 15.8; 16.9; 19.1

(b) of Christ Mt 14.2; 24.30; Mk 5. 30; 6.14; 13.26; Lk 4.36; 6.19; 8. 46; 21.27; 23.42; Jn 10.18; 17.2; Acts 8.10; 10.38; Rom 1.4; 1 Cor 5.4; 2 Cor 12.9; Phil 3.10, 21; Col 1.11; Heb 7.16; 2 Pet 1.16; Rev 2.27; 5.12

(c) Holy Spirit Lk 4.14; Acts 1.8; 4.33; 6.8; Rom 15.13, 19; 1 Cor 2.4; 1 Thes 1.5

(d) man Gen 31.29; 49.3; Judg 2.14, 16; 2 Kgs 14.5; 15.19; Eccl 8.8; Mic 2.1; Zech 4.6; Lk 1.17; 9.1; 19.12, 15; Jn 19.10, 11; Acts 3.12; 8.19; 1 Cor 4.19; Eph 3.18; Heb 11.11; Rev 2.26; 3.8; 11.3, 6

(e) devil Lk 10.19; 22.53; Jn 14.30; Acts 26.18; Eph 2.2; 2 Thes 2.9; Heb 2.14; 1 Jn 5.19

(f) angels 2 Pet 2.11; Rev 7.2; 14.18

(g) sin Rom 3.9; 1 Cor 15.56

(h) cross 1 Cor 1.17

(i) spiritual Rom 8.38; 1 Cor 15.24; Eph 1.21; 3.10; 6.12; Col 2.15; 1 Pet 3.22

(j) of the heavens Mt 24.29; Mk 13. 25; Lk 21.26

PRAETORIUM, residence of Roman governor Mt 27.27; Mk 15.16; Jn 18.28, 33; 19. 9; Acts 23.35

PRAISE,-ING Gen 29.35; Ex 15.2; Lev 19. 24; Josh 7.19; 1 Chr 16.4; 23.30; Ezra 3.11; Ps 9.2; 67.3-5; 117.1-2; 146.1, 2, 10; 148.1-5, 7, 13, 14; 150.1-6; Is 60.6; Jer 20.13; 31.7; Joel 2.26; Hab 3.3; Mt 6.2; 21.16; Lk 13.13; 17.18; 18.43; 19.37; 23. 47; Jn 9.24; 12.43; Acts 2.47; 3.8, 9; 4.21; Rom 2.29; 14.11; 15.9, 11; Eph 1.6, 12, 14; Phil 1.11; 4.8; Heb 2.12; 13.15; Jas 5.13; 1 Pet 1.7; 2. 14; Rev 19.5; see HALLELUJAH

PRAYER(S) (a) general Gen 25.21; 1 Sam 1.10-17, 26, 27; 2 Sam 7.27; 1 Kgs 18.36, 37; 1 Chr 29.10-19; 2 Chr 30.27; 33.18-19; Neh 1.6, 11; 11.17; Job 42.8, 9; Ps 4.1; 6.9; 42. 8; 65.2; 69.13; Prov 15.8, 29; Is 1.15; 38.5; 56.7; Jer 7.16; 14.7-9, 11; 15.15-18; 17.14-18; 18.19-23; 20.7-12; Dan 9.3-23; Mt 5.44; 6.5-

15; 9.38; 21.13, 22; 24.20; Mk 9.29; 11.17, 24, 25; 12.40; 13.18; Lk 1.13; 5.33; 10.2; 11.1-4; 18.1-8, 9-14; 20.47; 22.40, 46; Jn 14.13; 15.7, 16; 16.24; Acts 1.14, 24; 2.42; 3.1; 4.31; 6.4, 6; 7.59; 8.15, 22, 24; 9.11, 40; 10.2, 4, 9, 30, 31; 11.5; 12.12; 13.3; 14.23; 16.13, 16, 25; 20.36; 21.5; 22.17; 27.29; 28.8; Rom 1.9; 8.26; 10.1; 12.12; 15.30; 1 Cor 7.5; 11.4, 5, 13; 14.13-15; 2 Cor 1.11; 9.14; 13.7, 9; Eph 1.16; 6.18; Phil 1.4, 9, 19; 4.6; Col 1.3, 9; 4.2, 3, 12; 1 Thes 1.2; 3.10; 5.17, 25; 1 Tim 2.1, 8; 4.5; 5.5; 2 Tim 1.3; Phm 4, 6, 22; Heb 5.7; 13.18; Jas 5.13-18; 1 Pet 3.7, 12; 4.7; 1 Jn 5.16; 3 Jn 2; Jude 20; Rev 5.8; 8.3, 4

(b) Solomon's prayer at dedication of temple, 1 Kgs 8.22-54; 9.3 (2 Chr 6.13—7.1)

(c) Jesus Mt 14.23; 19.13; 26.36-44; Mk 1.35; 6.46; 14.32-39; Lk 3.21; 5.16; 6.12; 9.18, 29; 11.1; 22.32, 41-45; Jn 14.16; 16.26; 17.1-26

PREACH (a) prophets Is 52.7; 61.1, 2; Ezek 20.46; Amos 7.16; Jon 3.2; Mic 2.6, 11

(b) John the Baptist Mt 3.1; Mk 1.4, 7; Lk 3.3, 18; Acts 10.37; 13.24

(c) Jesus Mt 4.17, 23; 9.35; 11.1, 5; Mk 1.14, 38, 39; 2.2; Lk 4.18, 43, 44; 7.22; 8.1; 16.16; 20.1; 1 Pet 3.19; 4.6

(d) other Mt 10.7; 12.41; 23.3; 24.14; 26.13; Mk 3.14; 6.12; 13.10; 14.9; 16.15; Lk 9.2, 6; 11.32; 24.47; Acts 5.42; 6.2; 8.4, 12, 25, 40; 9.27, 29; 10.36, 42; 11.20; 14.7, 21; 15.21, 35; 16.10; 17.18; 18.5; 19.13; 20.25; 28.31; Rom 1.15; 2.21; 10.8, 14, 15, 17; 15.19, 20; 16.25; 1 Cor 1.17, 21, 23; 9.16, 18, 27; 15.1, 11, 12, 14; 2 Cor 1.19; 2.12; 4.5; 8.18; 10.16; 11.4, 7; Gal 1.8, 9, 11, 16, 23; 2.2; 3.8; 4.13; 5.11; Eph 2.17; 3.8; Phil 1.15; Col 1.23; 1 Thes 2.9; 1 Tim 2.7; 3.16; 4.13; 5.17; 2 Tim 1.11; 2.8; 4.2; Tit 1.3; 1 Pet 1.12, 25

PRECEPT(S) Ps 19.8; 111.7; 119.15, 27, 78, 104, 159, 173; Is 28.10-13; Rom 2.26; Col 2.22

PRESENCE (a) God Gen 3.8; 4.16; Ex 33.14-15; Lev 10.2; 22.3; 1 Sam 2.21; Job 1.12; 2.7; Ps 16.11; 21.6; 41.12; 51.11; 68.8; 95.2; 110.2; Is 63.9; 64.1-3; Jer 3.17; 4.1; Lk 1.19; Jn 17.5; Acts 2.28; 3.19; Rom 4.17; 1 Tim 5.21; 6.13; 2 Tim 4.1; Heb 9.24; Jude 24; Rev 7.15; 20.11

(b) Christ 2 Cor 2.10; 4.14; 2 Thes 1.9; 1 Tim 5.21; 2 Tim 4.1; Rev 14.10

(c) bread of Ex 25.30; 35.20; Num 4.7; 1 Kgs 7.48; 2 Chr 4.19; see BREAD (c)

PRESERVE,-S,-ED Gen 19.32, 34; 32.30; 45.5, 7; Deut 6.24; Josh 24.17; 1 Sam 30.23; Ps 16.1; 40.11; 119.159; 143.11

PREVAIL,-ED Gen 7.18-24; 32.25; Ex 17.11; 1 Sam 2.9; 17.50; Ps 9.19

PREY Num 14.3, 31; Ezek 34.8, 22, 28; Gal 2.5; 2 Pet 2.5

PRIDE Gen 49.3; Lev 26.19; 2 Chr 32.26; Prov 11.2; 16.18; 29.23; Is 2.11, 17; 13.11, 19; 16.6; Jer 13.9, 17; Ezek 32.12; Dan 4.37; Amos 6.8; Ob 1.3; Zeph 2.10; Zech 9.6; 10.11; Mk 7.22; Lk 1.51; Rom 1.30; 2.17, 23; 4.2; 11.18, 25; 12.16; 15.17; 1 Cor 1.29, 31; 3.21; 4.7, 18-19; 5.2; 11.15; 13.4-5; 15.31; 2 Cor 1.14; 5.12; 7.4, 14; 10.5, 8, 13, 15, 17; 11.10-21, 30; 12.1, 5, 6, 9, 20; Gal 6.4; Eph 2.9; Phil 2.3, 16; 2 Thes 1.4; 1 Tim 3.6; 6.4; 2 Tim 3.2, 4; Tit 1.7; Heb 3.6; Jas 1.9; 3.14; 4.6, 16; 1 Pet 5.5; 2 Pet 2.18; 1 Jn 2.16; Jude 16

PRIEST(S) (a) general (or as Aaron's sons) Ex 19.22, 24; 28.1, 4, 41; 29.1, 30, 44; 40.12-14; Lev 1.7-17; 2.8-10, 16; 4.1-35 (and many references throughout Leviticus and Numbers); Josh 3.3-17; 6.4-16; 1 Sam 22.17-21; 1 Kgs 8.3-11; 2 Kgs 12.4-16; 23.2-9,

20; 2 Chr 5.5, 7, 11-14; 11.13-15; 13.9-14; 26.17-20; 30.2-3, 15-16; 31. 15-19; 35.2, 8, 10-18; Neh 10.34-39; 12.1-7, 44; Ps 132.9, 16; Jer 5.31; 27.16; 33.18, 21-22; Ezek 7.26; 22.26; 44.13-31; Hos 4.4, 6, 9; 10.5; Joel 1.9, 13; Amos 7.10; Mic 3.11; Zeph 1. 4; 3.4; Hag 2.11-13; Mal 2.1-9; Mt 8. 4; 12.4-5; Mk 1.44; 2.26; Lk 1.5, 8; 5.14; 6.4; 10.31; 17.14; Jn 1.19; Acts 4.1; 6.7; Heb 7.1, 3, 11; 10.11; see LEVITES

(b) chief Lev 21.10-15; Num 3.32; 2 Kgs 25.18; 2 Chr 19.11; 24.2-15; 26. 20; 31.10; Ezra 8.29; Mt 2.4; 16.21; 20.18; 21.15, 23, 45; 26.3, 14, 47, 59; 27.1, 3, 6, 12, 20, 41, 62; 28.11; and parallels in other Gospels; Acts 4.23. 5.24; 9.14, 21; 22.30; 23.14; 25.2, 15; 26.10, 12

(c) high Num 35.25, 28, 32; Josh 20. 6; 2 Kgs 22.4, 8; 2 Chr 34.9; Neh 3. 1, 20; 13.28; Hag 1.1; Zech 3.1, 8; Mt 26.3, 51, 57, 58, 62, 63, 65; Mk 14.47, 53, 54, 60, 61, 63, 66; Lk 22. 50; Jn 11.49, 51; 18.13, 15, 16, 19, 22, 24, 26; Acts 4.6; 5.17, 21, 27; 7.1; 9.1; 19.14; 22.5; 23.2, 4, 5; 24.1; Heb 8.3a; 9.7, 25; 13.11

(d) non-Israelite priests Gen 14.18; 41.45; 47.22; Ex 2.16; 3.1; 18.1; 1 Sam 6.2; Acts 14.13

(e) Christ Heb 2.17; 3.1; 4.14, 15; 5.1-6, 10; 6.20; 7.15-17, 21, 24, 26-28; 8.1, 3b, 4; 9.11; 10.21

(f) God's people Ex 19.6; 1 Pet 2.5, 9; Rev 1.6; 5.10; 20.6

PRIESTHOOD Ex 28.3; 29.9; 40.15; Num 3. 10; 18.7; 25.13; Josh 18.7; Heb 7.11, 12, 24; 1 Pet 2.5, 9

PRINCE(S) Gen 17.20; 25.16; Ex 2.14; Num 16.13; Deut 33.16; 1 Sam 9.16; 10.1; 13.14; 2 Sam 5.2; 6.21; 7.8; 1 Chr 29.22; 2 Chr 6.5; Ps 118.9; 146.3; Is 9.6; Ezek 34.24; 48.21-22; Dan 8. 11, 25; Hos 3.4; 5.10; Nah 3.17; Mt 9.34; Lk 11.15

PRINCIPALITIES Rom 8.38; Eph 3.10; 6.12; Col 1.16; 2.15

PRISCA Rom 16.3; 1 Cor 16.19; 2 Tim 4. 19; called Priscilla, Acts 18.2, 18, 26

PRIZE see REWARD

PROCHORUS Acts 6.5

PROCLAIM, PROCLAMATION Ex 32.5; 34.5; Lev 23.21; Is 52.7; 61.1, 2; Jer 34. 8; Jon 3.7-10

PROCONSUL(S), governor of a Roman province Acts 13.7, 8, 12; 18.12; 19. 38

PROFANE,-D,-ING Lev 18.21; 19.12; 20.3; 21.6, 9, 10-15, 23; 22.32; Num 18.32; Neh 13.17-18; Ezek 13.19; 20.13-16, 21-24; 36.20-23; Mal 1.12; 2.10-11; 1 Cor 11.27; Heb 10.29

PROFIT Prov 3.14; 10.2; 11.4; 14.23; Is 48.17; Jer 2.8, 11; Hab 2.18; see REWARD

PROMISE(S) (a) God Ex 3.16-17; Josh 21. 45; 2 Sam 22.31; 1 Kgs 8.20, 56; 1 Chr 25.5; 2 Chr 1.9; Ps 18.30; 119. 41, 50, 58 (and many other verses in Ps 119); Lk 1.72; 24.49; Acts 1. 4; 2.33, 39; 7.5, 17; 13.23, 32; 26. 6; Rom 1.2; 4.13, 14, 16, 20, 21; 7. 10; 9.4, 8, 9; 15.8; 2 Cor 1.20; 7. 1; Gal 3.14-22; 4.23, 28; Eph 1.13; 2.12; 3.6; 6.2; 2 Tim 1.1; Tit 1.2; Heb 4.1; 6.12-17; 7.6; 8.6; 10.23, 36; 11.9, 11, 13, 17, 33, 39; 12.26; Jas 1.12; 2.5; 2 Pet 1.4; 3.4, 9, 13; 1 Jn 2.25

(b) man Gen 47.29-30; Neh 5.12-13; Ps 119.57; Mt 14.7; Mk 14.11; Acts 23.21; 2 Cor 9.5; 2 Pet 2.19

PROPHECY 2 Chr 9.29; 15.8; Neh 6.12; Prov 29.18; Mt 13.14; Rom 12.6; 1 Cor 12.10; 13.8, 9; 14.6, 22; 2 Pet 1.20, 21; Rev 1.3; 19.10; 22.7, 10, 18, 19

PROPHESY Num 11.25-29; 1 Sam 10.6, 10-13; 19.20-24; 1 Kgs 22.8, 12, 18; 1 Chr 25.1-3; Is 30.10; Jer 5.30-31; 11.21; 14.15-16; 23.16, 25-32; Ezek

13.2, 17; Joel 2.28; Amos 2.12; 3.8; 7.12-16; Mt 7.22; 11.13; 15.7; 26.28; Mk 7.6; 14.65; Lk 1.67; 22.64; Jn 11.51; Acts 2.17, 18; 21.9; 1 Cor 11.4, 5; 14.1-5, 24, 31, 39; 1 Thes 5.20; 1 Pet 1.10; Jude 14; Rev 10.11; 11.3, 6

PROPHET(S) (a) in OT Gen 20.7; Num 11.29; 12.6; Deut 13.1-3, 5; 18.15, 18-22; 34.10-12; Judg 6.7-9; 1 Sam 9.9; 10.5-6, 10-13; 28.6, 15; Jer 1.5; 14.14-16; 23.9, 11-31; 27.9-10, 14-18; Ezek 13.2-10, 16; Zech 13.3-6; 7.3, 7, 12; see also MOSES, SAMUEL, NATHAN, ELIJAH, ELISHA, ISAIAH, JEREMIAH, EZEKIEL, DANIEL, etc.

(b) in NT (1) John Baptist Mt 11.9; 14.5; 21.26; Mk 11.32; Lk 1.76; 7.26; 20.6; Jn 1.21; (2) Jesus Mt 21.11, 46; Mk 6.15; Lk 7.16, 39; 24.19; Jn 4.19; 9.17; (3) Jewish Mt 1.22; 2.5, 15, 17, 23; 3.3; 4.14; 5.12, 17; 7.12; 8.17; 10.41; 11.13; 12.17, 39; 13.17, 35; 16.14; 21.4; 22.40; 23.29-31, 37; 24.15; 26.56; 27.9; and parallels in other Gospels; Jn 1.23, 45; 6.45; 8.52, 53; 12.38; Acts 2.16, 30; 3.18, 21, 24-25; 7.42, 48, 52; 8.28, 30, 34; 13.15, 20, 27; 26.22, 27; 28.23, 25; Rom 1.2; 3.21; 11.3; 1 Thes 2.15; Heb 1.1; 11.32; Jas 5.10; 1 Pet 1.10; 2 Pet 2.16; 3.2; Rev 10.7; 11.18; 16.6; 18.20, 24; 22.6; (4) "the prophet" Jn 1.21, 25; 6.14; 7.40; Acts 3.22-23; 7.37; (5) Christian Acts 11.27; 13.1; 21.10; 1 Cor 12.28, 29; 14.29, 32, 37; Eph 2.20; 3.5; 4.11; (6) false Mt 7.15; 24.11, 24; Mk 13.22; Acts 13.6; 2 Pet 2.1; 1 Jn 4.1; Rev 16.13; 19.20; 20.10; (7) other Mt 10.41; 13.57; 23.34; Mk 6.4; Lk 2.36; 13.33; Jn 4.44; 7.52; Tit 1.12; Rev 2.20; 11.10

PROPHETESS Ex 15.20; Judg 4.4; 2 Kgs 22.14 (2 Chr 34.22); Is 8.3; Lk 2.36; Rev 2.20

PROSELYTE(S) Mt 23.15; Acts 2.10; 6.5

PROSTITUTE Deut 23.17-18; 1 Kgs 14.24; 2 Kgs 23.7; Hos 4.14; 1 Cor 6.15, 16; see ADULTERER, HARLOT

Purify, Purification

PROUD 2 Chr 26.16; 32.25; Job 22.29; Eccl 7.8; Is 2.12; Jer 50.31-32; Ezek 28.2-5, 17; Lk 1.51; Rom 11.20; 15.17; Jas 4.6; see PRIDE

PROVIDE,-S,-ED Gen 22.8, 14; 47.12; 50.21; 1 Chr 29.2-3, 16; Ezra 7.20; Ps 68.10; Ezek 45.22-25; 46.13-15; 1 Cor 10.13; 2 Cor 9.8; 1 Tim 5.8

PROVOKE,-S,-ED Deut 4.25-26; 9.7, 8, 18, 22; 31.29; 32.16, 21; 1 Kgs 15.30; 16.33; 22.53; Is 65.3; Jer 7.18, 19; Zech 8.14; Eph 6.4; Heb 3.10

PRUDENCE, PRUDENT 1 Sam 16.18; Prov 1.4; 10.19; 12.16; 14.8, 15, 18; Jer 49.7; Dan 2.14; Amos 5.13

PSALM(S) Ps 47.7; Lk 20.42, 44; Acts 1.20; 13.33; Eph 5.19

PUBLIUS Acts 28.7, 8

PUDENS 2 Tim 4.21

PUL 2 Kgs 15.19; 1 Chr 5.26; see TIGLATH-PILESER

PUNISH,-MENT Gen 4.13; Num 12.11; 2 Kgs 7.9; Is 10.12; 13.11; 24.21; Jer 44.13; 51.44, 47; Ezek 7.3, 4, 8, 9; Hos 8.13; 9.9; Zeph 1.8, 9, 12; Zech 10.3; Mt 24.51; 25.46; Lk 12.46; Acts 4.21; 22.5; 26.11; 2 Cor 2.6; 6.9; 7.11; 10.6; 2 Thes 1.9; Heb 10.29; 12.5; 1 Pet 2.14; 2 Pet 2.9; 1 Jn 4.18; Jude 7; Rev 19.20; 20.10, 14, 15

PURE,-ITY Job 4.17; 8.6; Ps 12.6; 18.26; 19.8; 24.4; 119.9; Prov 21.8; Zeph 3.9; Mal 1.11; Mt 5.8; 2 Cor 6.6; 11.2, 3; Phil 1.10; 4.8; 1 Tim 1.5; 4.12; 5.2, 22; 2 Tim 2.22; Tit 1.15; Jas 1.27; 3.17; 1 Pet 2.2; 1 Jn 3.3

PURIFY,-IED,-ICATION Gen 35.2; Num 8.21; 31.19-20, 23; Ezra 6.20; Neh 13.22; Is 52.11; Dan 12.10; Mal 3.3; Mk 7.4; Lk 2.22; Jn 2.6; 3.25; 11.55; Acts 21.24, 26; 24.18; 2 Tim 2.21; Tit 2.14; Heb 1.3; 9.13, 14, 22, 23; Jas 4.8; 1 Pet 1.22; 1 Jn 3.3

PURIM (PUR), Jewish festival celebrating deliverance of exiles in Persia from massacre Esth 3.7 (9.24); 9.20-28

PURPOSE,-ED,-S Ex 9.16; Deut 31.21; 1 Kgs 5.5; 1 Chr 12.33; 2 Chr 2.1; Job 42.2; Ps 57.2; 106.43; 138.8; Is 46.10-11; 55.11; Jer 6.20; Lam 2.17; Zech 8.14-15; Lk 4.43; Jn 12.27; Rom 8.28; 9.11; Eph 1.5, 9, 11; Heb 6.17

PUT people related to Egyptians (Gen 10.6), and their country 1 Chr 1.8; Jer 46.9; Ezek 27.10

PUTEOLI, a town in Italy visited by Paul Acts 28.13

Q

QUAILS Ex 16.13; Num 11.31, 32; Ps 105.40

QUAKE,-D Ex 19.18; Judg 5.5; Ps 68.8; Is 64.3; Nah 1.5

QUARREL,-ING Gen 26.20-22; 45.24; Ex 21.18; Lev 24.10; Prov 17.14; 19.13; Acts 7.26; Rom 13.13; 1 Cor 1.11; 2 Cor 12.20; 1 Tim 2.8; 3.3; 2 Tim 2.23, 24; Tit 3.2, 9

QUESTION,-ING Job 38.3; 40.7; Mt 21.24; 22.23, 35, 41, 46; Mk 1.27; 2.6, 8; 9.10; 11.29; 12.18, 34; Lk 2.46; 3.15; 5.21, 22; 20.3, 28, 40; 22.23; 23.9; 24.38; Jn 16.30; 18.19; Acts 5.27; 15.2; 18.15; 23.29; 25.20; 1 Cor 10.25, 27; Phil 2.14; Col 2.16

QUART, a dry measure, Greek choinix, about 1 quart Rev 6.6

QUIRINIUS (Cyrenius, AV) Roman governor of Syria Lk 2.2

R

RAAMSES Ex 1.11; see RAMESES

RABBAH, chief city of Ammonites Deut 3.11; 2 Sam 11.1; 12.26-29 (1 Chr 20.1); Jer 49.2-3; Ezek 25.5; Amos 1.14

RABBI, Hebrew "my master," title of respect for religious teacher Mt 23.7, 8; 26.25, 49; Mk 9.5; 10.51; 11.21; 14.45; Jn 1.38, 49; 3.2, 26; 4.31; 6.25; 9.2; 11.9

RABBONI, Hebrew "my lord, master," title of respect for religious teacher Jn 20.16

RABMAG title of officer in Babylonian army Jer 39.3, 13

RABSARIS, title of official in Assyrian and Babylonian armies 2 Kgs 18.17; Jer 39.3, 13

RABSHAKEH, military official of Assyria 2 Kgs 18.17, 19; 18.26-28; 37 (Is 36.2, 4, 11-13; 22)

RACHEL, daughter of Laban and wife of Jacob Gen 29.6-31; 30.1-8; 31.4, 5, 14-16, 19, 32-35; 34; 35.16-20; Ruth 4.11; figurative, Jer 31.15; in NT, Mt 2.18

RAHAB (a) poetical name for Egypt Ps 87.4; 89.10; Is 30.7

(b) harlot in Jericho who helped Israelites Josh 2.1-21; spared, with her family, at capture of Jericho, 6.22-25; in NT, Mt 1.5; Heb 11.31; Jas 2.25

RAIN(S) Gen 2.5; 7.4, 12; 8.2; Lev 26.4; Deut 11.11, 14, 17; 1 Kgs 8.35-36; 17.1, 7, 14; 18.1, 41-45; 2 Kgs 3.17; Ps 68.8-9; 147.8; Mt 5.45; 7.25, 27; Acts 28.2; Heb 6.7; Jas 5.7, 17, 18; Rev 11.6

RAM(S) as food, Gen 31.38; for burnt offering, Gen 22.13; Lev 8.18; peace offering, 9.4; trespass offering, 5.15; 6.6; r's skins for tabernacle coverings, Ex 26.14; for horns for war and jubilees, Josh 6.4-6, 8, 13; symbol of Medo-Persian power in Daniel's vision, Dan 8.3-7, 20

RAMAH (a) town in Benjamin Josh 18.25; fortified by Baasha, king of Israel, 1 Kgs 15.17, 21, 22 (2 Chr 16.1-6);

captives of Judah gathered there before Babylonian captivity, Jer 40.1; re-occupied after captivity, Ezra 2.26; Neh 11.33; Mt 2.18

(b) home of Samuel's parents 1 Sam 1.19; 2.11; Samuel's birthplace and residence, 7.17; 8.4;19.18, 19, 22, 23; buried in R, 25.1; 28.3; called Ramathaim-zophim to distinguish between towns of same name, 1 Sam 1.1

(c) Ramoth-Gilead cp. 2 Kgs 8.28 and 29; cp 2 Chr 22.5 and 6

(d) others (1) Josh 19.29; (2) Josh 19.36; (3) Josh 19.8

RAMESES, a town of Egypt Gen 47.11; Ex 12.37; Num 33.3, 5; see RAAMSES

RANSOM,-ED Ex 21.30; 30.12; Lev 27.29; Num 35.31-32; Ps 49.7, 8, 15; Mt 20.28; Mk 10.45; 1 Tim 2.6; 1 Pet 1.18; Rev 5.9

RAMOTH-GILEAD (sometimes recorded as Ramoth in Gilead) Deut 4.43; Josh 20.8; 1 Kgs 22.3-6, 12, 15, 20, 29; 2 Kgs 9.1, 4, 14; 2 Chr 18.2, 3, 5, 11, 14, 19, 28; see also RAMAH (c)

RAVEN(S) Gen 8.6, 7; Lev 11.13-15; 1 Kgs 17.3-6; Ps 147.9; Lk 12.24

RAZOR Num 6.5; 8.7; Judg 13.5; 16.17; 1 Sam 1.11; Is 7.20; Ezek 5.1

READ,-ING Ex 24.7; Deut 31.11; Josh 8.34-35; 2 Kgs 22.8-16 (2 Chr 34.18-30; Neh 8.3, 8, 18; Jer 29.29; 36.6-23; Dan 5.8, 15-17; Jer 51.61-63; Mt 12.3, 5; 19.4; 21.16, 42; 22.31; 24.15; 27.37; Mk 2.25; 12.10, 26; 13.14; Lk 4.16; 6.3; 10.26; Jn 19.19, 20; Acts 8.28, 30, 32; 13.15, 27; 15.21, 31; 23.34; 2 Cor 1.13; 3.2, 14, 15; Eph 3.4; Col 4.16; 1 Thes 5.27; 1 Tim 4.13; Rev 1.3

REAP,-ER(S) (a) literal Lev 19.9; Deut 24.19; Ruth 2.3-7, 14

(b) figurative Ps 126.5; Prov 22.8; Hos 8.7; 10.12

(c) NT usage Mt 6.26; 13.30, 39; 25.24, 26; Lk 12.24; 19.21, 22; Jn 4.36-38; Rom 1.13; 1 Cor 9.11; 2 Cor 9.6; Gal 6.7-9; Rev 14.15, 16; see REWARD

REBA, a Midianite king Num 31.8; Josh 13.21

REBEKAH (REBECCA) daughter of Bethuel, Gen 22.23; 24.15-30; sister of Laban, 24.29; met servant of Abraham, 24.45-61; marriage to Isaac, 24.64-67, 25.20; mother of Esau and Jacob, 25.21-26; preference for Jacob, 25.28; plotted with Jacob to obtain blessing belonging to Esau, 27.1--28.5; buried in cave of Machpelah, 49.31; in NT, Rom 9.10

REBEL,-S; REBELLION Num 14.9; 20.24; Deut 1.26, 43; 9.7, 24; Josh 1.18; 22.16-19, 29; 2 Kgs 1.1; 3.5-7; 24.20 (Jer 52.3); Ezek 12.2-3, 9, 25; 20.8, 13, 21, 38; Dan 9.5, 9-10; Mk 15.7

REBUILD,-ING 2 Chr 24.27; Ezra 1.3,5; 5.2, 13-17; 6.3; Neh 3.13-15; Ps 51.18; Is 58.12; Jer 31.38; Ezek 36.10, 33-36; Acts 15.16

REBUKE Ruth 2.16; 2 Sam 22.16; 2 Kgs 19.3-4; Ps 9.5; 105.14; Zech 3.2; Mal 3.11; Mt 8.26; 16.22; 17.18; 19.13; 20.31; Mk 1.25; 4.39; 8.32,.33; 9.25; 10.13, 48; Lk 4.35, 39, 41; 8.24; 9.42, 55; 17.3; 18.15, 39; 19.39; 23.40; 1 Tim 5.1, 20; 2 Tim 4.2; Tit 1.13; 2 Pet 2.16; Jude 9

RECEIVE (a) Christ Mt 10.40; Mk 9.37; Lk 9.48, 53; Jn 1.11, 12; 5.43; 13.20; Col 2.6

(b) Christ's messengers Mt 10.14, 40; Mk 6.11; Lk 9.5; 10.8-10; Jn 13.20

(c) teaching, word, gospel Deut 9.9; Prov 1.3; Jer 9.20; Mt 13.20; 19.11, 12; Mk 4.16; Lk 8.13; Jn 3.11; 12.48; 17.8; Acts 2.41; 8.14; 11.1; 17.11; 1 Cor 15.1; Gal 1.9; Phil 4.9; 1 Thes 1.6; 2.13; 2 Thes 3.6; Heb 4.6

(d) kingdom of God Dan 7.18, 22; Mk 10.15; Lk 18.17

(e) Holy Spirit Jn 7.39; 14.17; 20.22; Acts 1.8; 2.33, 38; 8.15-19; 10.47; 19.2; Gal 3.2

(f) blessings Job 2.10; Ps 24.5; Jn 1.16; Rom 1.5; 3.25; 5.11, 17; 8.15; 11.30, 31; 13.3; 1 Cor 2.12, 14; 4.7; 9.25; Gal 3.14; 4.5; 1 Tim 1.13, 16; Heb 4.16; 6.7; 9.15; 10.36; 11.2, 13, 17, 33, 35, 39; 1 Pet 2.10; 1 Jn 2.27

(g) answer to prayer Mt 7.8; 21.22; Mk 11.24; Lk 11.10; Jn 16.24; Jas 1.7; 4.3; 1 Jn 3.22

(h) reward Mt 10.41; 19.29; Mk 10.30; Lk 18.30; Jn 4.36; 1 Cor 3.8, 14; 4.5; 9.24; 2 Cor 5.10; Eph 6.8; Col 3.24; Jas 1.12; see REWARD

(i) condemnation, punishment Mt 23.14; Mk 12.40; Lk 12.47, 48; 20.47; Heb 2.2

(j) God receives 1 Chr 33.13, 19; Ps 73.24

RECHAB (a) 2 Sam 4.2, 6; (b) 2 Kgs 10.15, 23; 1 Chr 2.55; (c) Neh 3.14

RECHABITES, descendants of RECHAB (b), who lived a simple life Jer 35.1-19

RECOMPENSE Ruth 2.12; 2 Sam 19.33-36; Is 49.4; 61.8; 62.11; Jer 51.56; Hos 9.7; Rev 22.12

RECONCILE,-IATION Mt 5.24; Acts 7.26; Rom 5.10, 11; 11.15; 1 Cor 7.11; 2 Cor 5.18-20; Eph 2.16; Col 1.20-22

RED SEA see SEA (b)

REDEEM,-PTION Ex 6.6; 13.13-15 (34.20); Lev 25.25-28 (and similar verses in Lev 25 and 27); Ruth 4.3-6; 2 Sam 7.23 (1 Chr 17.21); Ps 77.15; 111.9; 130.7; Is 50.2; Jer 32.7-8; Lk 1.68; 2.38; 21.28; 24.21; Rom 3.24; 8.23; 1 Cor 1.30; Gal 3.13; 4.5; Eph 1.7; 4.30; Col 1.14; Tit 2.14; Heb 9.12, 15; Rev 14.3, 4; see DELIVER

REDEEMER Job 19.25; Ps 19.14; 78.35; Prov 23.11; Is 41.14; 43.14; 44.6, 24; 47.4; 59.20; 60.16; 63.16; Jer 50.34

REED(S) tall, broad-leaved grass growing in watery areas Gen 41.2, 18; Ex 2.3, 5; 1 Kgs 14.15; Is 42.3; Hos 13.15; Mt 11.7; 12.20; 27.29, 30

REED, measure of length, 10 ft., 2 in. Ezek 40.3, 5-7; 41.8; 42.16-19

REFINE,-ED,-ER in spiritual sense, Is 48.10; Jer 9.7; Dan 11.35; 12.10; Zech 13.9; Mal 3.2-3

REFUGE cities of, Num 35.6-32; Josh 20.2, 3; 21.13-28; 1 Chr 6.57, 67; God as a r, Ruth 2.12; 2 Sam 22.2-3, 31, 33; Ps 2.11-12; 5.11; 16.1; 31.1-2, 4, 19; Prov 30.5; Joel 3.16; Nah 1.7; Zeph 3.12; Heb 6.18; other, Prov 14.32; Is 28.15-17; see FORTRESS, ROCK

REGARD Gen 4.4-5; 1 Sam 2.12; 1 Kgs 8.28 (2 Chr 6.19); Ps 74.20; 102.17; 119.117; 144.3; Lk 1.48; 2 Cor 5.16

REGENERATION see BIRTH (b)

REHOB (a) Josh 21.31; Judg 1.31; 1 Chr 6.75; (b) 2 Sam 8.3, 12; (c) Neh 10.11

REHOBOAM, son of king Solomon and Naamah, and successor to Solomon 1 Kgs 11.43--14.31 (2 Chr 9.31--12.16)

REHOBOTH (a) well dug by Isaac Gen 26.22

(b) town Gen 36.37; 1 Chr 1.48

REHUM (a) Ezra 2.2; (b) Ezra 4.8, 9; (c) Neh 10.25; (d) Neh 12.3, 7; (e) Neh 3.17

REIGN Judg 9.8-14; 1 Sam 8.9, 11; 13.1; 2 Sam 2.10; 1 Kgs 2.11; God's r, Ex 15.18; Ps 146.10; Is 32.1; Lam 5.19; Mic 4.7; Mt 2.22; Lk 1.33; 3.1; 19.14, 27; Rom 5.14, 17, 21; 6.12; 1 Cor

4.8; 15.25; 2 Tim 2.12; Rev 5.10; 11. 15, 17; 19.6; 20.4, 6; 22.5

REJECT,-ED Num 11.19-20; 1 Sam 8.7; 10. 19; 15.23-26; Ps 118.22; Is 53.3; Zech 10.6; Mt 21.42; Mk 8.31; Rom 11. 1, 2

REJOICE,-ING Deut 12.7, 17, 18; 1 Sam 2. 1; 1 Kgs 1.40, 45 (2 Chr 23.13); Neh 12.43; Ps 5.11; 9.13-14; 13.5; 35.9; 48.11; 64.10; 106.4-5; 119.162; Prov 24.17; 29.6; Is 35.1, 2; 61.10; 62.5; 65.18-19; 66.10, 14; Zeph 3.14, 17; Zech 2.10; 9.9; Mt 2.10; 5.12; 18.13; Lk 1.14, 47, 58; 6.23; 10.20, 21; 13. 17; 15.5, 6, 9; 19.37; Jn 3.29; 4.36; 5.35; 8.56; 14.28; 16.20, 22; Acts 2.26; 5.41; 7.41; 8.39; 15.31; 16.34; Rom 5.2, 3, 11; 12.12, 15; 15.10; 1 Cor 7.30; 12.26; 13.6; 16.17; 2 Cor 2.3; 6.10; 7.7, 9, 13, 16; Gal 4.27; Phil 1.18, 19; 2.17, 18, 28; 3.1; 4. 4, 10; Col 1.24; 2.5; 1 Thes 5.16; 1 Pet 1.6, 8; 4.13; 2 Jn 4; 3 Jn 3; Jude 24; Rev 11.10; 12.12; 18.20; 19.7

REKEM (a) Num 31.8; Josh 13.21; (b) 1 Chr 2.43; (c) Josh 18.27

RELEASE,-ED Lev 25.28-54; Deut 15.1-3, 9; Mt 27.15, 17, 21; Heb 11.35

RELIGION, RELIGIOUS Acts 17.22; 26.5; 1 Tim 2.10; 3.16; 5.4; 2 Tim 3.5; Jas 1.26, 27

REMALIAH, father of king Pekah 2 Kgs 15. 25; 2 Chr 28.6

REMEMBER Gen 9.15, 16; 30.22; Ex 2.24; 6.5; 13.3; 20.8; Lev 26.40-45; Deut 5.15; 7.17-18; 8.2, 18; 9.7; 15.15; 24.9, 17-22; Josh 1.13; 1 Chr 78.35, 39; 98.3; 105.42; 106.45; Eccl 12.1; Is 17.10; 43.18, 25; 44.21; 46.8, 9; 63.11; Ezek 16.59-63; Hab 3.2; Zech 10.9; Mt 26.75; Mk 8.18; 11.21; 14. 72; Lk 1.72; 17.32; 22.61; 23.42; 24. 6, 8; Jn 2.17, 22; 12.16; 15.20; 16. 4; Acts 20.31, 35; 1 Cor 11.2; Gal 2.10; Eph 2.11, 12; Col 4.18; 1Thes 1.3; 2 Tim 2.8; Heb 8.12; 10.17; 13. 3, 7; 2 Pet 3.2; Jude 17; Rev 2.5; 3.3

REMEMBRANCE Ex 28.12, 29; 30.16; 39.7; Num 10.10; Is 62.6; Mal 3.16; Lk 22. 19; 1 Cor 11.24, 25

REMNANT Gen 45.7; 2 Kgs 19.30, 31; Ezra 9.8, 13-15; Is 10.20-22; 46.3; Jer 23.3; 31.7; 40.11-12; 44.7, 12-14, 28; 50.20; Mic 2.12; 5.7-8; Zeph 2.9; Zech 8.6, 11, 12; 9.7; Rom 9.27

REND, RENT Gen 37.29, 34; Josh 7.6; Judg 11.35; 1 Kgs 19.11; 2 Kgs 19.1; 22.11, 19; Ezra 9.3; Job 1.20; 2.12; Is 64.1; Joel 2.12-13, see TEAR

RENEW see NEW

REPAIR,-ED,-ING 1 Kgs 18.30; 2 Kgs 12. 5-14; 22.4, 5, 6; 2 Chr 15.8; Ezra 4.12; Neh 3.4-32

REPENT,-ANCE (a) God 1 Sam 15.11, 29; Jer 18.8-10; 26.13; 42.10; Ezek 24. 14; Joel 2.14; Jon 3.9

(b) man 1 Kgs 8.47-48 (2 Chr 6.37-38); Ezek 14.6; 18.30

(c) NT usage Mt 3.2, 8, 11; 4.17; 11.20, 21; 12.41; 21.29, 32; Mk 1.4, 15; 6.12; Lk 3.3, 8; 5.32; 10.13; 11. 32; 13.3, 5; 15.7, 10; 16.30; 17.3, 4; 24.47; Acts 2.38; 3.19; 5.31; 11. 18; 13.24; 17.30; 19.4; 20.21; 26.20; Rom 2.4; 2 Cor 7.10; 12.21; 2 Tim 2. 25; Heb 6.1, 4; 12.17; 2 Pet 3.9; Rev 2.5, 16, 21, 22; 3.3, 19; 9.20, 21; 16.9, 11

REPHAIAH (a) 1 Chr 4.42, 43; (b) Neh 3. 9; (c) 1 Chr 3.21; (d) 1 Chr 7.2; (e) 1 Chr 9.43

REPHAIM (a) people of large stature living in Palestine Gen 14.5; Deut 2.11, 20-21; 3.11; Josh 17.15; 2 Sam 21.16-21 (RV margin); see ANAKIM, GIANTS, NEPHILIM

(b) valley near Jerusalem and Bethlehem 2 Sam 23.13, 14; Philistines defeated there, 2 Sam 5.18-22; 1 Chr 14.9-10; see also 1 Chr 11.15

REPHAN, a god worshiped by Israelites in wilderness, same as Kaiwan, Acts 7.43

REPHIDIM camping ground for Israelites in wilderness Ex 17.1; 19.2; Num 33.14, 15; water lacking until Moses smote rock, Ex 17.5, 6; scene of battle with Amalek, Ex 17.8-16

REPORT,-ED Gen 37.2; 45.16; Ex 23.1; Num 13.32; 14.36-37; Ezra 5.5-8; Neh 6.1-7, 19; Hab 3.2; Lk 4.14; Jn 12.38; see also RUMOR

REPROACH,-ES 1 Sam 17.26; Prov 14.34; Is 51.7; Jer 15.15; 20.8; 24.9; 25.9; 29.18; Ezek 5.14, 15; 36.6, 7, 15; Joel 2.17-19; Rom 15.3; 1 Tit 3.2; 1 Pet 4.14; see DISGRACE, DISHONOR, REBUKE, REPROOF, SCORN, SHAME

REPROOF,-PROVE(S) Prov 3.12; 9.8; 10.17; 12.1; 13.18; 29.15; 2 Tim 3.16; Tit 2.15; Rev 3.19; see REBUKE, REPROACH

REQUIRE,-D Gen 9.5; Deut 10.12; 23.21; Ezek 3.18-20; 33.6-8; Mic 6.8; Lk 12.48

REQUITE 2 Sam 3.39; Ps 28.4; 62.12; 103.10; Hos 4.9; Joel 3.4-7; 2 Tim 4.14

RESCUE Ps 71.2; 82.4; Ezek 34.10-12; 2 Pet 2.9

RESPECT Mt 21.37; Mk 12.6; Lk 20.13; Rom 13.7; Eph 5.33; 1 Thes 4.12; 5.12; 1 Pet 2.18

REST Ex 16.23; 23.11-12; 31.15; 34.21; Lev 16.31; 23.3, 24, 32, 39; 25.4-5; Josh 1.13-15; 23.1; Judg 3.11; Prov 29.17; Is 62.1, 6-7; 63.14; Mt 11.28, 29; 12.43; 26.45; Mk 6.31; 14.41; Lk 11.24; 23.56; Jn 3.36; 11.13; Acts 7.49; Rom 4.16; 2 Cor 7.5; 12.9; Gal 3.12; 2 Thes 1.7; Heb 3.11, 18; 4.1-11; 1 Pet 4.14; Rev 6.11; 14.11, 13

RESTITUTION Ex 22.1-15; Lev 5.16; Num 5.5-8

RESTORE,-ER Lev 6.4, 5; Num 35.25; Deut 24.10-13; 30.1-3; Ruth 4.5; 2 Sam 12.6; 2 Kgs 8.6; Jer 30.3, 17-18; 50.19; Joel 2.25; Amos 9.14; Mt 17.11; Acts 1.6; spiritual restoration, Ps 51.12; 80.3, 7, 19; 85.4; Lam 5.21; Gal 6.1; 1 Pet 5.10

RESURRECTION (a) Jesus Christ Mt 16.21; 17.9, 23; 20.19; 26.32; 27.53, 63, 64; 28.6, 7; Mk 8.31; 9.9, 31; 10.34; 14.28; 16.6; Lk 9.22; 18.33; 24.7, 34, 46; Jn 2.22; 12.1; 20.9; 21.14; Acts 1.22; 2.24, 31, 32; 3.15; 4.10, 33; 5.30; 10.40, 41; 13.30, 34, 37; 17.3, 31; 26.23; Rom 1.4; 4.24, 25; 6.4, 9; 7.4; 8.11, 34; 10.9; 1 Cor 6.14; 15.4, 12-28; 2 Cor 4.14; 5.15; Gal 1.1; Eph 1.20; Phil 3.10; Col 2.12b; 1 Thes 1.10; 4.14; 2 Tim 2.8; 1 Pet 1.3, 21; 3.21; see JESUS CHRIST

(b) men Mt 10.8; 11.5; 14.2; 22.23-33; 27.52; Mk 6.14, 16; 9.10; 12.18-27; Lk 7.22; 9.7, 8, 19; 14.14; 16.31; 20.27-38; Jn 5.21, 25-29; 6.39, 40, 44, 54; 11.1-44; 12.9, 17; Acts 4.2; 9.36-42; 17.18, 32; 23.6, 8; 24.15, 21; 26.8; Rom 6.5; 1 Cor 6.14; 15.12-58; 2 Cor 1.9; 4.14; Eph 2.6; Phil 3.11; Col 2.12a; 3.1; 1 Thes 4.16; 2 Tim 2.18; Heb 6.2; 11.19, 35; Rev 20.5, 6

RETURN Gen 3.19; Deut 30.2; Josh 1.15; Ruth 1.16; 2 Chr 30.6-9; Neh 1.8-9; Ps 51.13; 90.13; Is 10.22; 35.10; 44.22; 51.11; Jer 3.12, 14, 22; Hos 6.1; Joel 2.12-13; Amos 4.6-11; Zech 1.3-4; Mal 3.7; 1 Pet 2.25; 3.9

REUBEN, Jacob's oldest son Gen 29.31, 32; 35.23; saved Joseph from death, 37.21-22; blessed by Jacob 49.3-4; his tribe blessed by Moses, Deut 33.6; see REUBENITES

REUBENITES, tribe of Reuben Num 26.7; Deut 3.12, 16; 4.43; 29.7-8; Josh 22.1-34; Rev 7.5; see REUBEN

REUEL (a) descendant of Esau and Ishmael Gen 36.2-4

(b) Moses' father-in-law Ex 2.18; see JETHRO

(c) others (1) Num 2.14; (2) 1 Chr 9.8

REVEAL,-ATION Gen 35.6-7; 1 Sam 3.21; 9. 15-16; Is 40.5; 53.1; Jer 33.6; Dan 2. 19, 29-30, 47; Mt 10.26; 11.25, 27; 16. 17; Lk 2.26, 32, 35; 10.21, 22; 12.2; 17.30; Jn 1.31; 12.38; 21.1, 14; Rom 1.17, 18; 2.5; 8.18; 16.25; 1 Cor 1. 7; 2.10; 3.13; 14.6, 26, 30; 2 Cor 7. 12; 12.1, 7; Gal 1.12; 2.2; 3.23; Eph 1.17; 3.3, 5; 2 Thes 1.7; 2.3, 6, 8; 1 Pet 1.5, 7, 12, 13; 4.13; 5.1; Rev 1.1; 15.4

REWARD(S) 1 Sam 24.19; 26.23; Ps 19.11; 58.11; Prov 11.18; 22.4; Is 40.10; 62. 11; Mt 5.12, 46; 6.1, 2, 4, 5, 6, 16, 18; 10.41, 42; Mk 9.41; Lk 6.23, 35; 23.41; Acts 1.18; 1 Cor 3.14; 9.17, 18; Col 3.24; Heb 10.35; 11.6, 26; 2 Jn 8; Rev 11.18; see PRIZE, PROFIT, REAP

REZIN (a) <u>king of Syria</u> 2 Kgs 16.5-9 (Is 7.1); Is 8.6

(b) <u>founder of family</u> of temple servants Ezra 2.48; Neh 7.50

REZON, king of Syria 1 Kgs 11.23, 24; perhaps same as HEZION, 1 Kgs 15.18

RHODA Acts 12.13

RHODES Acts 21.1

RIBLAH, town in Syria 2 Kgs 23.33; 25. 21; Jehoahaz brought to <u>R</u> as prisoner of Egyptians, 23.33; Zedekiah blinded at <u>R</u> by Nebuchadnezzar, 25.6-7, 21; Jer 34.1-3, 21; 52.9-11, 27

RICH,-ES Gen 13.2; 14.22-23; Lev 25.47-49; 1 Sam 2.7; 2 Sam 12.1-4; 1 Kgs 3. 11-13; 10.23; 1 Chr 29.12, 28; Job 34. 19; Ps 119.14; Prov 10.22; 22.1; 30.8; Jer 9.23; Mt 13.22; 19.23, 24; 27.57; Mk 4.19; 10.23, 25; 12.41; Lk 1.53; 6. 24; 8.14; 12.16, 21; 14.12; 16.1, 11, 19, 21, 22; 18.23-25; 19.2; 21.1; Rom 2.4; 9.23; 10.12; 11.12, 33; 1 Cor 4. 8; 2 Cor 6.10; 8.9; Eph 1.7, 18; 2.4, 7; 3.8, 16; Phil 4.19; Col 1.27; 2.2; 1 Tim 6.9, 17, 18; Jas 1.10, 11; 2.5, 6; 5.1, 2; Rev 2.9; 3.17, 18; 6.15; 13. 16; 18.3, 19

RIDDLE Judg 14.12-19

RIGHT Gen 18.25; 24.48; Lev 25.29, 32; Deut 6.18; Ps 82.3; Is 49.4; Jer 32. 7-8; Hos 14.9; Jas 4.17; 1 Pet 2.14, 15, 20; 3.6, 11, 13, 17; 4.19; 1 Jn 2.29; 3.7, 10

RIGHTEOUS (a) <u>general</u> Gen 6.9; 18.23-33; Num 23.10; Job 4.17; 25.4; Ps 1. 5, 6; 34.15; 37.12ff; 119.137; Prov 11.21; 11.30-31; 20.7; 29.2, 6, 7, 16, 27; Is 53.11; Ezek 18.5-9; Mt 9.13; 10.41; 13.17, 43, 49; 23.28, 29, 35; 25.37, 46; 27.19; Mk 6.20; Lk 1.6; 2. 25; 15.7; 18.9; 23.50; Rom 1.17; 2.5, 13; 3.10; 5.7, 19; Gal 3.11; 1 Thes 2.10; Heb 1.8; 10.38; 11.4; Jas 5.6, 16; 1 Pet 3.12; 4.18; 2 Pet 2.7, 8; 1 Jn 3.7, 12; Rev 19.8; 22.11

(b) <u>God</u> Ps 7.11; 11.7; 71.15, 24; 112.4; 116.5; Is 45.21; 53.11; Jer 23. 5; 33.15; Dan 9.14, 16; Zeph 3.5; Jn 17.25; Rom 3.26; 2 Thes 1.5

(c) <u>Christ</u> Acts 3.14; 7.52; 2 Tim 4. 8; 1 Pet 3.18; 1 Jn 2.1, 29; 3.7

RIGHTEOUSNESS Gen 15.6; 18.19; 2 Sam 22.21, 25; 1 Kgs 8.31-32 (2 Chr 6.22-23); Job 36.3; Ps 9.8; 23.3; 33.5; 71. 16, 19; 85.10-13; 96.13; Prov 1.2-3; 10.2; 11.19; 12.28; 14.34; 21.21; Is 5.16; 11.4-5; 33.5; 59.16-17; 61.10-11; Jer 22.3; 23.5, 6; 33.15, 16; Dan 9.24; 12.3; Hos 10.12; Zeph 2.3; Zech 8.7-8; Mal 4.2; Mt 3.15; 5.6, 10, 20; 6.33; 21.32; Lk 1.75; Jn 16.8, 10; Acts 13.10; 17.31; Rom 1.17; 3.21-26; 4.1-25; 5.17, 18, 21; 6.13-20; 9.30-31; 10.3, 5, 6; 14.17; 1 Cor 1.30; 2 Cor 3.9; 5.21; 6.7, 14; 9.9, 10; 11. 15; Gal 3.6, 21; 5.5; Eph 4.24; 6.14; Phil 1.11; 3.6, 9; 1 Tim 6.11; 2 Tim 2.22; 3.16; 4.8; Tit 3.5; Heb 1.9; 5. 13; 7.2; 11.7; 12.11; Jas 1.20; 2.23; 3.18; 1 Pet 2.24; 3.14; 2 Pet 1.1; 2. 5, 21; 3.13; Rev 19.11

RIMMON (a) <u>Syrian god worshipped by Naaman</u> 2 Kgs 5.18

(b) <u>town assigned to Levites</u> Josh 19.13; 1 Chr 4.32

(c) rock near Gibeah, and refuge for Benjamites Judg 20.45-47; 21.13

(d) others (1) 2 Sam 4.2; (2) Josh 15.32; Zech 14.10

RING(S) Ex 25.12-27; 28.23-28; 32.2-3; Lk 15.22; Jas 2.2

RIVER(S) figurative, Ps 36.8; 46.4; 65.9; Is 48.18; 66.12; Ezek 47.1-12; Jn 7.38; Rev 22.1; see STREAM

RIZPAH, concubine of Saul 2 Sam 3.7; 21.8, 10, 11

ROB(S) Lev 19.13; Prov 22.22; Is 10.1-2; Mal 3.8-9; Lk 3.14

ROBBER(S) Jer 7.11; Mt 21.13; 26.55; 27.38, 44; Mk 11.17; 14.48; 15.27; Lk 10.30, 36; 19.46; 22.52; Jn 10.1, 8; 18.40; 1 Cor 5.10, 11; 6.10; 2 Cor 11.26; see THIEF

ROBBERY Lev 6.2-4; Ps 62.10; Is 61.8; Ezek 33.15; Amos 3.10

ROBE(S) Gen 37.3, 23, 31-33; Ex 39.22-26; 1 Sam 2.19; Is 61.10; Zech 8.23; Mt 27.28; Acts 1.10; Rev 1.13; 7.9, 13, 14; 19.13; 22.14

ROCK(S) (a) literal Ex 17.6; 33.21-22; Num 20.8-11; 24.21; Judg 20.45-47; Job 28.10; Ps 78.20; Is 2.19, 21; 57.4-5; Jer 48.28; 49.16

(b) figurative Gen 49.24; Deut 32.4; 32.15-18, 30-31, 37; 1 Sam 2.2; 2 Sam 22.2-3, 32, 47; Ps 18.2, 31, 46; 19.14; 31.2-3; 62.2, 6-7; Is 8.14; 26.4

(c) NT usage Mt 7.24, 25; 13.5, 20; 16.18; 27.51, 60; Mk 4.5, 16; 15.46; Lk 6.48

ROD(S) of Moses, or Aaron, Ex 4.2-4, 17, 20; 7.9-20; 20.8-11; Heb 9.4; of the tribes, Num 17.2-10; for punishment, Ps 2.9; Prov 10.13; 13.24; Is 30.31; Ezek 21.10, 13; 1 Cor 4.21; Rev 2.27

ROLL (for writing) Ps 40.7; Heb 10.7; see SCROLL

ROMAN(S) Jn 11.48; Acts 16.12, 21, 37, 38; 22.25-29; 23.27; 25.16; 28.17

ROME Acts 2.10; 18.2; 19.21; 23.11; 28.14, 16; Rom 1.7, 15; 2 Tim 1.17

ROOT,-ED 1 Kgs 14.15; 2 Kgs 19.30; Is 11.1; Mt 3.11; 13.6, 21; Rom 11.16, 18; 15.12; 1 Tim 6.10; Rev 5.5

RUFUS Mk 15.21; Rom 16.13

RUIN,-ED,(S) Deut 28.63; 2 Chr 34.11; Ezra 9.9; Neh 2.17; Ps 146.9; Jer 46.19; Ezek 36.36; Acts 15.16; 1 Cor 15.33

RULE Gen 1.16-18; 3.16; Lev 25.43, 46, 53; Deut 15.6; Judg 8.22-23; 2 Chr 7.18; Ps 59.13; Prov 16.32; Dan 4.17, 25-26, 32; Rom 15.12; Col 2.10; 3.15; Rev 2.27

RULER(S) (a) in OT Gen 45.8, 26; 49.10; Ex 18.21-22, 25; Lev 4.22, 23; 1 Kgs 1.35; 11.34; Prov 28.15, 16; Is 33.22; Mic 5.1, 2

(b) in NT (1) general Mt 2.6; 9.18, 23; 20.25; Lk 12.11; 18.18; 23.13, 35; 24.20; Jn 3.1; 12.31; 14.30; 16.11; Acts 3.17; 4.5, 8, 26; 7.35; 13.27; 14.5; 16.19; 23.5; Rom 13.3; 1 Cor 2.6; Eph 6.12; Tit 3.1; (2) synagogue Mk 5.22, 36, 38; Lk 8.41; 13.14; Acts 13.15; 18.8, 17

RUHAMAH Hos 2.1 (RSV "She has obtained pity")

RUMOR 2 Kgs 19.7 (Is 37.7); Jer 10.22; Ezek 7.26; Mt 24.6; Mk 13.7; see REPORT

RUTH Ruth 1--4; Mt 1.5

S

SABACHTHANI (Aramaic word meaning "you have forsaken me") Mt 27.46; Mk 15.34

SABBATH(S) Ex 16.23-29; 31.14-17; Lev 23.3; 26.34-35; Deut 5.12-15; Neh 13.

15-22; Is 56.2-7; Jer 17.21-27; Mt 12. 1-8, 9-14; 24.20; 28.1; Mk 1.21; 6.2; 15.42; Lk 4.16; 13.10-16; 14.1-6; Jn 5.9-18; 7.22, 23; 9.16; 19.31; Acts 1.12; 13.14, 27, 42, 44; 15.21; 16. 13; 18.4; Col 2.16

SABBATH DAY'S JOURNEY, about 2/3 mile Acts 1.12

SABEANS, people of Sheba Job 1.15; Is 45.14; Joel 3.8

SACKCLOTH Gen 37.34; 2 Kgs 19.1 (Is 37. 1); Neh 9.1; Esth 4.1-4; Ps 30.11; Jon 3.5, 6, 8; Mt 11.21

SACRIFICE Ex 3.18; 5.17; 12.26-27; Deut 12.5, 11; 1 Sam 1.21; 15.19-22; 1 Kgs 12.27, 32; Neh 12.43; Ps 4.5; 40.6 (Heb 10.5); 51.16-19; Prov 21.3; Hos 6.6; Zeph 1.17; Mt 9.13; 12.7; Mk 12. 33; 14.12; Lk 2.24; 13.1; 22.7; Acts 7.41, 42; 14.13, 18; 15.29; 21.25; Rom 12.1; 1 Cor 5.7; 9.13; 10.18, 20, 28; Eph 5.2; Phil 2.17; 4.18; 2 Tim 4.6; Heb 5.1, 3; 7.27; 8.3; 9.9, 23, 26; 10.1-13, 26; 11.4; 13.11, 15, 16; 1 Pet 2.5; see OFFERING

SACRILEGE Mt 24.15; Mk 13.14; see ABOMINATION

SADDUCEES Mt 3.7; 16.1, 6, 11, 12; 22. 23, 34; Mk 12.18; Lk 20.27; Acts 4.1; 5.17; 23.6-8

SAFETY Deut 33.12, 28-29; 1 Kgs 4.25; Ps 4.8; Prov 11.14; Hos 2.18

SAKKUTH god associated with planet Saturn Am 5.26

SAINT(S) Deut 33.2-3; Ps 31.23; 34.9; 37.28; Prov 2.6-8; Zech 14.1-5; Mt 27.52; Acts 9.13, 32, 41; 26.10; Rom 1.7; 8.27; 12.13; 15.25, 26, 31; 16. 2, 15; 1 Cor 1.2; 6.2; 2 Cor 1.1; 13. 13; Eph 1.1, 15, 18; 2.19; 3.8, 18; 4.12; 5.3; 6.18; Phil 1.1; 4.22; Col 1.2, 4, 12, 26; 1 Thes 3.13; 2 Thes 1.10; 1 Tim 5.10; Phm 5, 7; Heb 6.10; 13.24; Jude 3; Rev 5.8; 8.3, 4; 11.

18; 13.7, 10; 14.12; 16.6; 17.6; 18. 20, 24; 19.8; 20.9; 22.21

SALAMIS, seaport on E coast of Cyprus Acts 13.5

SALEM Gen 14.18; Ps 76.1-2; Heb 7.1, 2; see also JERUSALEM

SALIM Jn 3.23

SALOME Mk 15.40; 16.1

SALT Lev 2.13; Judg 9.45; Mt 5.13; Mk 9.49-50; Lk 14.34; Col 4.6; Jas 3. 12; see also SEA (c)

SALT SEA (Dead Sea) Gen 14.3; Num 34. 3, 12; Deut 3.17; Josh 15.2, 5

SALT, VALLEY OF 2 Sam 8.13 (1 Chr 18. 12); 2 Kgs 14.7 (2 Chr 25.11)

SALVATION Gen 49.18; Ex 14.13; 15.2; 1 Sam 2.1; Ps 13.5; 27.1; 68.19-20; 116.13; Jon 2.9; Lk 1.69, 77; 2.30; 3.6; 19.9; Jn 4.22; Acts 4.12; 13. 26, 47; 16.17; 28.28; Rom 1.16; 11. 11; 13.11; 2 Cor 1.6; 6.2; 7.10; Eph 1.13; 6.17; Phil 1.28; 2.12; 1 Thes 5.8, 9; 2 Tim 2.10; 3.15; Tit 2.11; Heb 1.14; 2.3, 10; 5.9; 6.9; 1 Pet 1.5, 9, 10; 2.2; 2 Pet 3.15; Jude 3; Rev 7.10; 12.10; 19.1; see DELIVER SAVE, SAVIOR

SAMARIA, capital of northern kingdom of Israel 1 Kgs 16.24; 20.1; 2 Kgs 6. 19-25; Hos 13.16; Mic 1.1-7; Lk 17. 11; Jn 4.4-43; Acts 1.8; 8.1, 5-24; 9.31; 15.3

SAMARITAN(S), people of Samaria whom Jews regarded as impure in race and religion 2 Kgs 17.29; Mt 10.5; Lk 9.52; 10.33; 17.16; Jn 4.9, 39, 40; 8.48; Acts 8.25

SAMSON birth foretold and instructions given regarding his rearing Judg 13. 2-23; birth of, 13.24-25; exploits, 14.1--16.3; and Delilah, 16.4-22; Samson's revenge, 16.23-31; in NT, Heb 11.32

SAMUEL, a judge and priest of the Hebrews born, 1 Sam 1.19-20; dedicated to God, 1.21-28; ministered before God, 2.11, 18-21; called by God, 3.1-18; judge, 7.3-17; warning regarding a king, 8. 10-18; anointing of Saul, 10.1-8; reasoned with Israel, 12; reproved Saul, 13.8-15; 15.10-23; and Agag, 15. 33; anointed David, 16.1-13; died, 25.1; 28.3; see also Ps 99.6; Jer 15. 1; Acts 3.24; 13.20; Heb 11.32

SANBALLAT, Samaritan who tried to stop the rebuilding of Jerusalem wall Neh 2. 10, 19-20; 4.1-10; 6.1-12; 13.28-29

SANCTIFY, -ICATION Ex 29.42-43; 31.13; Josh 3.5; 7.13; 2 Chr 29.5, 15-17; Ezek 20.12; 37.28; Joel 1.14; 2.15-16; Jn 17.17-19; Acts 20.32; 26.18; Rom 15.16; 1 Cor 1.2; 6.11; Eph 5. 26; 1 Thes 5.23; Heb 2.11; 9.13; 10. 10, 14, 29; 13.12; 1 Pet 1.2; see HOLINESS

SANCTUARY,-IES Ex 15.17; 25.8; Lev 19. 30; 21.10-12, 23; 1 Chr 22.19; 2 Chr 20.8; Ps 96.6; 150.1, 2; Ezek 5.11; Dan 8.11-14; 9.16, 17; Mt 23.35; Lk 11.51; Heb 8.2, 5; 9.1, 8, 24; 10.19; 13.11

SAND Gen 22.17; 32.12; 41.49; Judg 7.12; Mt 7.26; Heb 11.12; Rev 20.8

SANDALS Ex 12.11; Deut 29.5; 2 Chr 28. 12-15; Mk 1.7

SAPPHIRA Acts 5.1

SARAH (SARAI) wife of Abraham, Gen 11. 29; barren, 11.30; S and Hagar, 16.1 -6; represented as Abraham's sister, 12.10-20; 20.1-18; name changed to Sarah, 17.15; laughed at God's promise, 18.9-15; bore Isaac, 21.1-8; jealous of Ishmael, 21.9-11; died at Hebron, 23.2; buried, 23.19; in NT, Rom 4.19; 9.9; Heb 11.11; 1 Pet 3.6

SARDIS, city in W Asia Minor Rev 1.11; 3.1, 4

SARGON, king of Assyria Is 20.1

SATAN 1 Chr 21.1-8; Job 1.6-12; 2.1-7; Zech 3.1-2; Mt 4.10; 12.26; 16.23; Mk 1.13; 3.23, 26; 4.15; 8.33; Lk 10. 18; 11.18; 13.16; 22.3, 31; Jn 13. 27; Acts 5.3; 26.18; Rom 16.20; 1 Cor 5.5; 7.5; 2 Cor 2.11; 11.14; 12.7; 1 Thes 2.18; 2 Thes 2.9; 1 Tim 1.20; 5.15; Rev 2.9, 13, 24; 3.9; 12.9; 20. 7; see BEELZEBUB, DEVIL, EVIL (c)

SATISFY,-IED Ps 17.15; 65.4; 81.16; 90. 14; 91.16; Is 55.2; 58.10-11; Jer 31. 25; Mt 5.6; 14.20; 2 Tim 2.4

SATRAPS, Persian governors Ezra 8.36; Esth 3.12; Dan 3.2, 3, 27; 6.1, 2, 3, 4, 6, 7

SAUL (a) king of Israel son of Kish, 1 Sam 9.1-2; met Samuel, 9.5-24; anointed king, 10.1-8; Acts 13.21; prophesied, 10.9-13; chosen king at Mizpeh, 10.17-24; victorious over Ammonites, 11.5-11; made king in Gilgal, 11.12-15; rebuked for disobedience, 13.8-15; built altar, 14.35; rejected as king, 15.11-30; David plays harp for S, 16.14-23; jealous of David, 18.6-30; attempt to murder David, 19.1-17; murder of priests, 22.11-19; life spared by David, 24. 1-7; 26.1-12; woman of Endor consulted, 28.3-25; death and burial, 31; decline of family line, 2 Sam 3.1

(b) the apostle see PAUL

SAVE,-ED,-S Gen 45.7; Ex 14.30; Deut 33.29; Judg 2.16-18; 1 Sam 10.19; 17. 47; 2 Sam 3.17, 18; 19.5, 9; 1 Chr 11.14; Job 5.15; 22.29; Ps 7.10; 28. 8, 9; 31.16; 33.16; 55.16; 80.3; 119. 94; Is 30.15; 35.4; 45.17, 22; Jer 31.7; Dan 6.27; Mt 1.21; 8.25; 10.22; 14.30; 16.24; 18.11; 19.25; 24.13, 22; 27.40, 42, 49; Mk 3.4; 8.35; 10. 26; 13.13, 20; 15.30, 31; 16.16; Lk 1.71; 6.9; 7.50; 8.12; 9.24, 55; 13. 23; 18.26; 19.10; 23.35, 37, 39; Jn 3.17; 5.34; 10.9; 12.47; Acts 2. 21, 40, 47; 4.12; 11.14; 15.1, 11; 16.30, 31; 27.20, 31, 43; Rom 5.9, 10; 8.24; 9.27; 10.1, 9, 10, 13; 11. 14, 26; 1 Cor 1.18, 21; 3.15; 5.5;

7.16; 9.22; 10.33; 15.2; 2 Cor 2.15;
Eph 2.5, 8; 1 Thes 2.16; 2 Thes 2.10,
13; 1 Tim 1.15; 2.4, 15; 4.16; 2 Tim
1.9; 4.18; Tit 3.5; Heb 5.7; 7.25; 9.
28; 11.7; Jas 1.21; 2.14; 4.12; 5.15,
20; 1 Pet 3.20, 21; 4.18; Jude 5, 23;
see SALVATION, SAVIOR

SAVIOR (a) in OT 2 Sam 22.2-3; Ps 17.7;
106.21; Is 19.19-20; 43.3, 11; 45.15,
21; 60.16; 63.8; Hos 13.4

(b) in NT (1) God Lk 1.47; 1 Tim 1.
1; 2.3; 4.10; Tit 1.3; 2.10; 3.4;
Jude 25; (2) Christ Lk 2.11; Jn 4.42;
Acts 5.31; 13.23; Eph 5.23; Phil 3.
20; 2 Tim 1.10; Tit 1.4; 2.13; 3.6;
2 Pet 1.1, 11; 2.20; 3.2, 18; 1 Jn 4.
14

SCATTER,-ED Gen 11.4-9; Lev 26.33; Deut
30.3; Neh 1.8-9; Ps 68.1; Jer 23.1-2;
31.10; Ezek 36.19; Zech 10.9; Mt 12.
30; 26.31; Jn 11.52; 16.32; Acts 8.1,
4; 11.19

SCEPTER Gen 49.10; Num 24.17; Ps 45.6;
60.7 (108.8); 110.2; Heb 1.8

SCEVA Acts 19.14

SCOFFER(S) Ps 1.1; Prov 13.1; 14.6; 15.
12; 2 Pet 3.3

SCORPION(S) Deut 8.15; 1 Kgs 12.11-14 (2
Chr 10.11-14); Lk 10.19; 11.12; Rev
9.3, 5, 10

SCRIBE(S) Ezra 4.8-23; 7.6, 11-12, 21;
Neh 8.1-13; Jer 36.32; Mt 2.4; 5.20;
7.29; 8.19; 9.3; 12.38; 13.52; 15.1;
16.21; 17.10; 20.18; 21.15; 23.2, 13,
14, 15, 23, 25, 27, 29, 34; 26.57;
27.41; and parallels in other Gospels;
Jn 8.3; Acts 4.5; 6.12; 23.9; 1 Cor
1.20

SCRIPTURE Mk 12.10; 15.28; Lk 4.21; 22.
37; Jn 2.22; 7.38, 42; 10.35; 13.18;
17.12; 19.24, 28, 36, 37; 20.9; Acts
1.16; 8.32, 35; Rom 4.3; 9.17; 10.11;
11.2; 1 Cor 4.6; Gal 3.8, 22; 4.30;
1 Tim 4.13; 5.18; 2 Tim 3.16; Jas 2.
8, 23; 4.5; 1 Pet 2.6; 2 Pet 1.20

SCRIPTURES Mt 21.42; 22.29; 26.54, 56;
Mk 12.24; 14.49; Lk 24.27, 32, 45;
Jn 5.39; Acts 17.2, 11; 18.24, 28;
Rom 1.2; 15.4; 1 Cor 15.3, 4; 2 Pet
3.16; see WORD

SCROLL (for writing) Ezra 6.2; Jer 36.
1-32; Ezek 2.9; 3.1, 2, 3; Zech 5.
1, 2; Rev 5.1-9; 10.2-10; see ROLL

SCYTHIANS, a people living N of Black
Sea Col 3.11

SEA (a) Galilee Num 34.11 (called
Chinnereth); Mt 4.13, 15, 18; 8.24,
26, 27, 32; 13.1; 14.25, 26; 15.29;
and all other references to a speci-
fic "sea" in the Gospels; called
Sea of Tiberias, Jn 6.1; 21.1; called
Lake Gennesaret, Lk 5.1

(b) Red, or Reed Ex 10.19; 13.18;
14.1-29; 15.1-22; Num 14.25; 33.10-
11; Deut 11.4; Josh 2.10; 4.23; 24.
6-7; Neh 9.9-11; Ps 106.7-9, 21-22;
136.13-15; Acts 7.36; 1 Cor 10.1-2;
Heb 11.29

(c) Dead called Salt, Gen 14.1-3;
Num 34.1-3; Deut 3.17; called Sea
of the Arabah, Deut 4.49; 2 Kgs 14.
25; called eastern sea, Ezek 47.18;
Joel 2.20; Zech 14.8

(d) Great Sea (Mediterranean) Num
34.6-7; Josh 1.4; Ezek 47.15-20

(e) Adriatic Acts 27.27, 30, 38, 40;
28.4

(f) Aegean Acts 17.14

(g) "of glass" Rev 4.6; 15.2

(h) general Gen 1.26-28; 9.2; Job
26.12; 38.8; Ps 66.6; 72.8; 89.9;
95.5

SEAL,-ED,-ING Neh 9.38; Song 8.6; Is
8.16; 29.11; Jer 32.10, 11, 14, 44;
Dan 12.4, 9; Mt 27.66; Jn 3.3; 6.
27; Eph 1.13; 4.30; 2 Cor 1.22; 2 Tim
2.19; Rev 5.1-5; 6.1-12; 7.3; 8.1;
20.3

SEARCH,-ED,-S Deut 4.29; 1 Sam 23.23;
1 Chr 28.9; Ezra 4.15-19; 5.17; Ps
139.23, 24; Jer 17.10; Ezek 34.8, 11;

Mt 2.8; 13.45; 18.12; Jn 5.39; Rom 8.27; 1 Cor 2.10; Rev 2.23

SEASON(S) Prov 15.23; Eccl 3.1; Jer 5.24; Acts 1.7; 14.17; Gal 6.9

SEAT (a) mercy seat Ex 25.17-22; 37.6-9; Lev 16.2, 12-16; Heb 9.5

(b) judgment seat Mt 27.19; Jn 19.13; Acts 25.6; Rom 14.10; 2 Cor 5.10

SEBA, a people in S Arabia Gen 10.7; 1 Chr 1.9; Ps 72.10; Is 43.3

SECRET(S) Deut 27.24; 29.29; Ps 44.20, 21; 51.6; 90.8; Prov 20.19; 21.14; 25.9, 10; Mt 6.4, 6, 18; 13.11; Mk 4.11, 22; Lk 8.10, 17; Jn 7.4; Rom 2.16; 16.25; 1 Cor 2.7; 14.25; Eph 5.12; Phil 4.12; see MYSTERY

SECUNDUS, Thessalonian Christion who accompanied Paul Acts 20.4

SECURE,-LY, SECURITY Lev 25.18, 19; Prov 10.9; Jer 23.6 (33.16); Zech 14.11; Mt 27.64, 65, 66; Acts 5.23; 1 Thes 5.3

SEED(S) (a) literal Gen 1.11, 12, 29; Ex 16.31; Mt 13.4, 5, 7, 8, 24, 27, 31, 32, 37, 38; Mk 4.4, 5, 7, 8, 26, 27, 31; Lk 8.5, 11; 13.19; 17.6; 1 Cor 15.38; 2 Cor 9.10

(b) descendants Gen 3.15; Jer 33.25, 26; Mt 22.24, 25; Mk 12.19, 22; Lk 1.55; 20.28; Jn 7.42; 8.33, 37; Acts 3.25; 7.5, 6; 13.23; Rom 1.3; 4.13, 16, 18; 9.7; 11.1; Gal 3.16, 19; 2 Tim 2.8; Heb 2.16; 11.18

(c) figurative Ps 126.6; 1 Pet 1.23

SEEK Num 10.33; Deut 1.33; 4.29; 1 Kgs 19.10, 14; 1 Chr 10.13, 14; 16.10,11; 22.19; 28.9; 2 Chr 7.14; 15.2; 34.3; Ps 27.4, 8, 9; 53.2; 119.10; Prov 28.5; Is 1.17; 11.10; 55.6; Jer 29.13; Ezek 34.11, 12; Zeph 2.3; Mal 3.1; Mt 6.33; 7.7, 8; 12.39; Mk 8.11, 12; 16.6; Lk 2.44, 45, 49; 11.9, 10; 12.29-31; 13.6, 7; 19.3, 10; 24.5; Jn 1.38; 4.23; 5.30, 44; 6.24, 26; 7.34, 36; 8.21, 50; 13.33; 18.4, 7; 20.15; Acts 12.19; 15.17; 17.27; Rom 2.7; 3.11; 10.20; 11.7; 1 Cor 1.22; 10.24; 2 Cor 12.14; Phil 4.17; Col 3.1; Heb 11.6, 14; 12.17; 13.14; 1 Pet 3.11; 5.8; Rev 9.6

SEIR, a land south of the Dead Sea and its inhabitants mountain range of Edom, Gen 36.21; Num 24.18; inhabitants called Horites, Gen 14.6; home of Esau, 32.3; descendants of Esau dispossess Horites, Deut 2.12; Josh 24.4; campaigns against by Simeonites, 1 Chr 4.42, 43; by Jehoshaphat, 2 Chr 20.22, 23; and by Amaziah, 2 Chr 25.11; prophecy against, Ezek 35.2, 3, 7, 15

SELA, capital of Edom, Petra Judg 1.36; 2 Kgs 14.7; Is 16.1; 42.11

SELAH, a direction about music or liturgy Ps 3.2, 4, 8 and 68 more places in Ps; Hab 3.3, 9, 13

SELEUCIA, a port on the coast of Syria Acts 13.4

SENIR, Amorite name for Mt Hermon Deut 3.9; 1 Chr 5.23; Song 4.8; Ezek 27.5

SENNACHERIB, king of Assyria 2 Kgs 18.13-19.36 (2 Chr 32.1-22; Is 36.1--37.37)

SEPARATE, SEPARATION Gen 1.6, 14; Ex 26.33; Lev 15.31; Num 6.2-41; Is 56.3; 59.2; Mt 13.49; 25.32; Rom 8.39; 1 Cor 7.10; 2 Cor 6.17; Eph 2.12; Heb 7.26

SEPHARAD, probably Sardis in Asia Minor Ob 1.20

SEPHARVAIM 2 Kgs 17.24, 31; 18.34; 19.13; Is 36.19; 37.13

SERAIAH (a) chief priest at time of Jerusalem's capture by Nebuchadnezzar slain by Nebuchadnezzar, 2 Kgs 25.18-21; Jer 42.24-27; an ancestor of Ezra the Scribe, Ezra 3.2; 7.1

(b) one sent to arrest Baruch and Jeremiah Jer 36.26

(c) others (1) 1 Chr 4.13; (2) 2 Sam 8.17; (3) 1 Chr 4.35; (4) Jer 51.59-64; (5) 2 Kgs 25.23; Jer 40.8; (6) Ezra 2.2; (7) Neh 10.2; (8) Neh 11.11; (9) Neh 12.1, 7

SERAPHIM, heavenly beings Is 6.2, 6

SERGIUS PAULUS, Roman governor of Cyprus Acts 13.7

SERPENT(S) Gen 3.1-4, 13-14; Ex 4.3; 7.9-12, 15; Is 27.1; Mt 7.10; 10.16; 23.33; Mk 16.18; Lk 10.19; 11;11; Acts 28.3-6; 1 Cor 10.9; 2 Cor 11.3; Rev 9.19; 12.9, 14, 15; 20.2; brazen serpent, or "serpent in the wilderness," Num 21.8-9; 2 Kgs 18.4; Jn 3.14; see also NEHUSHTAN

SERVANT(S) (a) general Gen 24.2-66; 39.16-19; Ex 12.45; 21.2; Num 11.11; Deut 5.15; 15.18; 24.14; Josh 9.8-11, 24; Ruth 2.21; 2 Kgs 5.15-25; Prov 22.7; Mt 8.6, 8, 13; 10.24, 25; Mk 1.20; Lk 7.7; 16.13; Jn 2.5, 9; 4.51; 13.16; 15.15, 20; 18.26; Rom 13.4; 1 Pet 2.18

(b) parables of Jesus Mt 18.23-35; 21.34-36; 22.1-10; 24.45-51; 25.14-30; Mk 12.1-5; 13.34; Lk 12.35-40, 41-48; 14.15-24; 15.17, 19, 22, 26; 17.7-10; 19.11-27; 20.9-12

(c) Christ Mt 12.18; Acts 3.13, 26; 4.27, 30; Rom 15.8; Phil 2.7

(d) of the Lord Abraham, Gen 26.24; Moses, Ex 24.13; Num 12.7-8; 2 Kgs 21.8; Heb 3.5; Caleb, Num 14.24; Samuel, 1 Sam 3.9; David, 1 Chr 17.4, 7; Lk 1.69; Acts 4.25; Jews, Ezra 5.11; Job, Job 1.8; Israel (Jacob), Is 41.8; Lk 1.54; Daniel, Dan 6.20; The BRANCH, Zech 3.8; poems about S of the Lord, Is 42.1-7; 49.1-6; 50.4-9; 52.13--53.12

(e) Christians Mt 20.26; 23.11; Mk 9.35; 10.43; Jn 12.26; 15.15; 18.36; Acts 4.29; 16.17; Rom 14.4; Gal 5.13; 1 Pet 2.16; Rev 2.20; 7.3; 22.3

(f) Simeon Lk 2.29

(g) Paul Rom 1.1; 1 Cor 3.5; 4.1; 2 Cor 4.5; 6.4; Gal 1.10; Phil 1.1; Tit 1.1

(h) other Christian ministers Col 1.7; 4.7, 12; 1 Thes 3.2; 2 Tim 2.4; Jas 1.1; 2 Pet 1.1; Jude 1; Rev 1.1

SERVE-ICE Gen 25.23; 29.8-30; 41.46; Ex 1.13-14; 7.16; 8.1, 20; 9.1, 13; 10.3-11, 24-26; 12.25-26, 31; 23.24-25, 33; 28.1-4; Deut 28.47-48; Josh 24.14-24; 1 Sam 12.10, 14, 20, 24; Neh 13.14; Mt 4.10; 6.24; 20.28; Mk 10.45; Lk 1.74; 15.29; 16.13; 22.26, 27; Jn 12.26; Acts 6.2; 17.25; 26.16; Rom 1.9, 25; 7.6, 25; 12.7, 11; 14.18; 16.18; Col 3.23, 24; 1 Thes 1.9; 1 Tim 3.10,13; 6.2; 2 Tim 1.3; Phm 13; Heb 1.14; 7.13; 8.5; 9.14; 13.10; Rev 7.15

SETH, son of Adam Gen 4.25, 26; 5.3-8; 1 Chr 1.1; Lk 3.38

SHABBETHAI, a chief Levite in Ezra's time Ezra 10.15; Neh 8.7; 11.16

SHADOW 2 Kgs 20.9-11; Job 8.9; Ps 17.8; 36.7; 57.1; 91.1; Eccl 6.12; 8.13; Is 51.16; Hos 14.7; Lk 1.79; Acts 5.15; Heb 8.5; 10.1; Jas 1.17

SHADRACH, name given to Hananiah, one of three faithful Hebrew stewards in Babylon Dan 1.7; 3.12-30

SHAKE,-EN,-S Neh 5.13; Ps 62.6; Is 14.16; Amos 9.9; Hab 3.6; Hag 2.6-7, 21; Zech 2.9; Mt 10.14; Acts 4.31; 2 Thes 2.2; Heb 12.26, 27, 28

SHALLUM (a) chief porter at the sanctuary 1 Chr 9.17-19, 30

(b) son of Jabesh murdered king Zechariah, reigned for ten months and was assassinated 2 Kgs 15.8-15

(c) others (1) 1 Chr 7.13; (2) 1 Chr 4.24, 25; (3) 1 Chr 2.40, 41; (4) 2 Chr 28.12; (5) 2 Chr 6.12-15; (6) 2 Kgs 22.14; (7) Jer 32.7, 8;

(8) 2 Kgs 23.30; (9) Ezra 10.24; (10) Ezra 10.42; (11) Neh 3.2

SHALMANESER, Assyrian king, successor to Tiglath-pileser   2 Kgs 17.1-6; 18.9-10

SHAME,-FUL   Ps 25.2-3; 53.5; 71.1; 97.7; Prov 19.26; Is 45.16-17; 50.6-7; 61.7; Dan 12.2; Hos 4.7; Joel 2.26-27; Zeph 3.19; Mt 1.19; 22.6; Mk 12.4; Lk 13.17; 14.9; 18.32; 20.11; Rom 9.33; 10.11; 1 Cor 1.27; 6.5; 14.35; 15.34; 2 Cor 7.14; 10.8; 11.21; Eph 5.12; Phil 3.19; 1 Thes 2.2; Tit 2.8; Heb 12.2; 1 Pet 2.6; 3.16; 5.2; 1 Jn 2.28; Jude 13; Rev 3.18

SHAMGAR, Israelite judge   Judg 3.31; 5.6

SHAMMUA   (a) spy from tribe of Reuben   Num 13.4

(b) son of David   2 Sam 5.14 (1 Chr 3.5, here Shimea)

(c) priest in days of Joiakim, the high priest   Neh 11.17

(d) a Levite   Neh 11.17

SHAPHAN, scribe during reign of Josiah   2 Kgs 22.1-22; 2 Chr 34.8-20; Jer 26.24; 36.10-12; 40.5; Ezek 8.11

SHAPHAT   (a) spy from tribe of Simeon   Num 13.5

(b) father of Elisha   1 Kgs 19.16, 19; 2 Kgs 3.11

(c) others   (1) 1 Chr 5.12; (2) 1 Chr 27.29

SHAREZER   (a) a son of Sennacherib   2 Kgs 19.37; Is 37.38

(b) man from Bethel who inquired about fasts   Zech 7.2-3

SHARON   (a) 1 Chr 27.29; Is 33.9; 35.2; Acts 9.35; (b) 1 Chr 5.16

SHAVE,-D,-N,   Num 6.18; Judg 16.17-22; 2 Sam 10.4; Is 7.20; Ezek 44.20; Acts 21.24

SHEAF   Gen 37.7; Lev 23.10-12; Ps 126.6; Amos 2.13; Mic 4.12

SHEALTIEL, successor to king Jeconiah   1 Chr 3.17; Ezra 3.2; Neh 12.1; Hag 1.1; 2.23; Mt 1.12; Lk 3.27

SHEAR-JASHUB, son of Isaiah   Is 7.3

SHEBAT, eleventh Hebrew month, January-February   Zech 1.7

SHEBA   (a) country and people of SW Arabia   Gen 10.7, 28; 25.3, 6; Ps 72.10; Is 60.6; Ezek 27.22; 38.13; queen of, 1 Kgs 10.1-13 (2 Chr 9.1-12)

(b) others   (1) 2 Sam 20.1-22; (2) Josh 19.2; (3) 1 Chr 5.13, 16

SHEBNA, steward of king Hezekiah   2 Kgs 18.18, 26, 37; 19.2; Is 22.15-25

SHECANIAH   (a) descendant of Aaron   1 Chr 24.1, 6, 11

(b) Levite during Hezekiah's reign   2 Chr 31.15

(c) chief of priests returning from Babylon with Zerubbabel   Neh 12.3, 7

(d) others   (1) 1 Chr 3.21, 22; (2) Ezra 8.5; (3) Ezra 10.2, 3; (4) Neh 3.29; (5) Neh 6.18

SHECHEM   (a) town near Mt. Gerizim (Judg 9.7) where Abraham built an altar Gen 12.6-7; Jacob purchased land, 33.18, 19; town pillaged by Simeon and Levi, Gen 34.25-29; deed condemned by Jacob, 49.5-7; see also Josh 24.1, 32; Judg 9.1-49; 1 Kgs 12.1, 25; Jer 41.5

(b) son of Hamor, prince of Shechem lover of Dinah, daughter of Jacob Gen 34.2-4; requests marriage, 34.6-12; circumcised, 34.13-17, 18-24; killed by Simeon and Levi 34.25-56

(c) others   (1) Num 26.31; (2) 1 Chr 7.19

SHEEP   Gen 4.2; 29.2-10; Ex 12.5; Num 27.17; 2 Sam 7.8 (1 Chr 17.17); 24.17 (1 Chr 21.17); 1 Kgs 22.17 (2 Chr 18.16); Ps 78.52; 95.7; 100.3; Is 53.

6-7; Ezek 34.2-24, 31; Mt 7.15; 9.36; 10.6, 16; 12.11, 12; 15.24; 18.12; 25.32, 33; 26.31; and parallels in other Gospels; Jn 2.14, 15; 5.2; 10.1-16, 26, 27; 21.17; Acts 8.32; Rom 8.36; Heb 11.37; 13.20; 1 Pet 2.25; Rev 18.13

SHEKEL, a weight, about .577 oz., Gen 23.15; 24.22; 37.22; Ex 30.13, 15, 23, 24; Lev 27.3-7, 16, 25; Num 7 (often); Josh 7.21; 1 Sam 17.5, 7; 2 Kgs 6.25; 7.1, 16, 18 (Ezek 45.12); Hos 3.2; Amos 8.5; Zech 11.12, 13; see MONEY

(b) pool at Jerusalem Neh 3.15

(c) a son of Judah and founder of tribal family Gen 38.2, 5, 11, 14, 26; Num 26.20

SHELEMIAH (a) father of Hananiah Neh 3.30

(b) priest appointed a treasurer of the tithes Neh 13.13

(c) others (1) 1 Chr 26.13, 14; (2) Jer 36.14; (3) Jer 36.26; (4) Jer 37.13; (5) Jer 38.1; (6) Ezra 10.39; (7) Ezra 10.41

SHELTER Gen 19.8; Ps 27.5; 61.4; 91.1-2; Is 4.5-6; 25.4; Rev 7.15

SHEM, a son of Noah Gen 5.32; 6.10; 11.10-11; Lk 3.36

SHEMAIAH (a) a prophet during reign of Rehoboam 1 Kgs 12.22-24 (2 Chr 11.2-4)

(b) a false prophet among the exiles Jer 29.24-32

(c) a false prophet in Jerusalem Neh 6.10-13

(d) many others, including (1) 2 Chr 17.8; (2) 2 Chr 29.14, 15

SHEOL, the place of the dead Gen 37.35; 44.29, 31; Num 16.30-33; 2 Sam 22.6; Ps 6.5; 9.17; 16.10; 18.5; 139.8; Prov 23.14; Is 14.9-15; Hos 13.14; Jon 2.2

SHEPHERD(S) (a) literal Gen 43.1; Ex 3.1; Num 27.16-17; 1 Sam 16.1; 17.15, 34-37; 2 Sam 7.8; 1 Kgs 22.17 (2 Chr 18.16); Is 40.11; Amos 1.1; 3.12; 7.15; Mt 9.36; 25.32; Mk 6.34

(b) figurative Gen 49.24; Ps 23.1; 78.70-72; 80.1; Is 44.28; 63.11; Jer 23.1-4; 49.19, 20; 50.6; Ezek 34.2-24; Zech 11.4-17; 13.7; Mt 26.31; Mk 14.27; Jn 10.2, 11, 12, 14, 16; Heb 13.20; 1 Pet 2.25; 5.4; Rev 7.17

SHEPHELAH, lower hill country of S Palestine 1 Kgs 10.27; 1 Chr 27.28; 2 Chr 1.15; Jer 17.26; Obad 1.19

SHEREBIAH (a) Neh 12.8, 24; (b) Ezra 8.18, 24; (c) Neh 8.7; 9.4-5

SHESH-BAZZAR, prince of Judah, led return to Jerusalem, Ezra 1.8-11; 5.14-16

SHIBBOLETH, Hebrew word meaning "head of grain" Judg 12.6

SHIELD (a) literal 2 Sam 1.21; 8.7; 1 Kgs 10.16-17; 1 Chr 12.8; 18.7; Neh 4.16

(b) figurative Gen 15.1; Deut 33.29; 2 Sam 22.2-3, 31-36; Ps 3.3; 7.10; 18.2, 30; 28.7; 115.9-11; Zech 12.8; Eph 6.16

SHILOH town north of Bethel, in territory of Ephraim Josh 18.1, 8-10; 22.9, 12; 1 Sam 1.3, 9; 3.21; 1 Kgs 2.27; Ps 78.60; Jer 7.12-14

SHIMEI (a) Benjamite of Saul's family 1 Kgs 2.8-9, 36-44

(b) Levite who helped cleanse temple in Hezekiah's reign 2 Chr 29.14-16

(c) keeper of tithes (perhaps identical to (b)) in Hezekiah's reign 2 Chr 31.12-13

(d) many others, including (1) 1 Kgs 1.8; 4.18; (2) 1 Chr 3.19

SHIMSHAI, a scribe and enemy of Jews Ezra 4.8-9, 17-23

SHINAR, plain of Babylonia Gen 10.10;

11.2; Josh 7.21; Is 11.11; Dan 1.2; Zech 5.10-11

SHINE (SHONE) (with reference to God's favor or presence) Ex 34.29-35; Num 6.25; Ps 31.16; 67.1; 80.3, 7, 19; 119.135; Ezek 43.2; Dan 9.17; other, Eccl 8.1; Dan 12.3; Mt 5.16; 13.43; 17.2; Lk 2.9; Acts 22.6; 2 Cor 4.6; Rev 1.6

SHISHAK, one of the Egyptian Pharaohs 1 Kgs 11.40; 14.25; 2 Chr 12.2-9

SHITTIM (a) encampment of Israelites in Moab Num 25.1; Josh 2.1; 3.1

(b) dry and unfruitful valley which is to be revived Joel 3.18

SHOBACH, Aramean general 2 Sam 10.16; perhaps same as Shaphach, 1 Chr 19.16, 18

SHOES Ex 3.5; Josh 5.15; 9.13; Amos 2.6

SHOOT(S) in figurative sense, Is 11.1; 18.5; 27.6; 60.21; Ezek 36.8; Hos 14.6

SHORTENED Num 11.23; Is 50.2; 59.1; Mt 24.22

SHOULDER-PIECE(S) Ex 28.6-7, 12, 25-27; 39.4, 7, 18-20

SHOUT,-ED,-ING Num 23.21; Josh 6.5-20; Judg 7.18; 2 Sam 6.15; Ps 47.1, 5; 71.23; 126; Is 42.13; 48.20; Zech 4.6-7; Mt 21.9; 27.23; Acts 21.34

SHOW Gen 12.1; Ex 9.16; Lev 10.3; Deut 1.32, 33; Ezek 38.23; Jn 14.8, 9; Rom 3.25; Jas 2.18; Rev 1.1

SHOWBREAD 1 Chr 9.32; 2 Chr 2.4; Neh 10.32-33

SHUNAMITE 1 Kgs 1.3, 15; 2.17-22; 2 Kgs 4.8-37; 8.1-6

SHUT (a) literal Gen 7.16; Lev 13.4-54; Num 12.14-15; Is 52.15; Dan 6.22

(b) figurative Ex 14.3; 2 Chr 6.26; 7.13; Ps 77.9; Is 6.10; 44.18

(c) NT usage Mt 6.6; 23.13; 25.10; Lk 3.20; 4.25; 11.7; 13.25; Jn 20.19, 26; Acts 21.30; 26.10; Gal 4.17; Rev 3.7, 8; 11.6; 20.3; 21.25

SIBBOLETH Judg 12.6; see SHIBBOLETH

SICKLE Joel 3.13; Mk 4.29; Rev 14.14-19

SICK,-NESS (a) literal 2 Kgs 1.2; 8.8-10; 20.1-12 (2 Chr 32.24); Is 38.1-9

(b) figurative Ps 107.17-20; Prov 13.12; 18.14; Sol 2.5; Hos 5.13

(c) NT usage Mt 4.24; 8.14, 16; 9.12; 10.8; 14.14, 35; 25.36, 39, 43, 44; and parallels in other Gospels; Jn 5.7; Acts 5.15, 16; 9.37; 19.12; 28.8; Jas 5.14, 15

SIDON Gen 10.19; Is 23.2-12; Ezek 28.21-23; Joel 3.4; Zech 9.2; Mt 11.21, 22; 15.21; Mk 3.8; 7.24, 31; Lk 4.26; 6.17; 10.13, 14; Acts 12.20; 27.3

SIEGE Ezek 4.1-8; 24.2; Mic 5.1; Nah 3.14; Zech 12.2

SIFT Is 30.28; Lk 22.31

SIGHT Gen 6.11; Ex 3.3; 11.3; 33.12-17; Deut 6.18; 1 Sam 16.22; 26.24; Mt 11.5; Jn 9.11, 15, 18; Acts 9.9, 12, 17, 18; 2 Cor 5.7; Heb 13.21

SIGN(S) Gen 9.12-17; 17.11; Ex 7.3-4; 10.1-2; 12.13; 31.13, 17; Num 14.11, 22-23; 20.8-9; Ps 78.43; Is 7.11-14; 55.13; 66.19; Ezek 14.6-8; Dan 4.2-3; Mt 12.38, 39; 16.1-4; 24.3, 24, 30; 26.48; and parallels in other Gospels; Lk 2.12, 34; 17.20; 23.8; Jn 2.11, 18, 23; 3.2; 4.48, 54; 6.2, 14, 26, 30; 7.31; 9.16; 10.41; 11.47; 12.18, 37; 20.30; Acts 2.19, 22, 43; 4.16, 22, 30; 5.12; 6.8; 7.36; 8.6, 13; 14.3; 15.12; Rom 4.11; 15.19; 1 Cor 1.22; 14.22; 2 Cor 12.12;

2 Thes 2.9; Heb 2.4; Rev 13.13, 14; 16.14; 19.20; see MIRACLES

SIGNET(S)   Gen 41.42; Ex 28.11-12; Jer 22.24; Hag 2.23

SIHON, king of Amorites   Num 21.21-34 (Deut 2.24-35); Deut 1.4; Ps 135.8-12

SILAS   Acts 15.22, 27, 32, 40; 16.19, 25, 29; 17.4, 10, 14, 15; 18.5; called Silvanus, 2 Cor 1.19; 1 Thes 1.1; 2 Thes 1.1; 1 Pet 5.12

SILENCE, SILENT   Job 41.12; Ps 62.1, 5; Prov 11.12; Is 62.1; Hab 2.20; Zeph 1.7; Zech 2.13

SILOAM   Lk 13.4; Jn 9.7, 11; probably identical with Shelah, Neh 3.15

SILVER   Gen 37.28; Ex 12.35, 36; 20.33; Deut 7.25; Judg 17.1-4; 1 Kgs 10.27; 20.3-7; 2 Kgs 12.13-14; 14.14; 16.8; Ezek 1.4-11; Ps 12.6; 66.10; 115.4; Prov 10.20; 16.16; 22.1; 25.11; Is 1.22; 31.7; 48.10; 60.17; Ezek 7.19; 16.13-17; 22.20-22; Dan 2.32-35, 44, 45; Hos 8.4; 13.2; Joel 3.5; Amos 2.6; 8.6; Hag 2.8; Mal 3.3; Mt 10.9; 26.15; 27.3-10; Lk 15.8; Acts 3.6; 7.16; 8.20; 17.29; 19.19, 24; 20.33; 1 Cor 3.12; 2 Tim 2.20; Jas 5.3; 1 Pet 1.18; Rev 9.20; 18.12

SILVER COIN   see MONEY

SIMEON   (a) son of Jacob   Gen 29.33; 34.25-30; 42.24-36; 43.23; Josh 19.1, 8-9; Rev 7.7

(b) others   (1) Lk 2.25, 34; (2) Lk 3.30; (3) Acts 15.14 (=Peter); (4) Acts 13.1

SIMON   (a) see PETER

(b) Cananean, or Zealot   Mt 10.4; Mk 3.18; Lk 6.15; Acts 1.13

(c) brother of Jesus   Mt 13.55; Mk 6.3

(d) the leper, of Bethany   Mt 26.6; Mk 14.3

(e) Cyrenian   Mt 27.32; Mk 15.21; Lk 23.26

(f) Pharisee   Lk 7.36-50

(g) father of Judas Iscariot   Jn 6.71; 13.2, 26

(h) the magician, of Samaria   Acts 8.9-24

(i) the tanner, of Joppa   Acts 9.43; 10.6, 17, 32

SIN(S)   Gen 4.7; 18.20; 39.9; 42.22; 50.17; Ex 10.17; 29.14, 36; 30.10; 32.30-34; 34.7-9; Lev 4.1-35 (and many other references to sin offerings in Leviticus); 1 Sam 12.23; 14.34; 15.23-25; 2 Sam 12.13; 1 Kgs 8.33-36, 46 (2 Chr 6.24-27, 36); Mt 1.21; 3.6; 5.29, 30; 9.2, 5, 6; 12.31; 13.41; 18.6-9, 15, 21; 27.4; Mk 3.29; Lk 7.47-49; 11.4; 15.18, 21; 17.1-4; Jn 1.29; 5.14; 8.21, 24, 34, 46; 9.2, 3, 34; 15.22, 24; 16.8, 9; 19.11; 20.23; Acts 2.38; 3.19; 5.31; 7.60; 10.43; 13.38; 22.16; 26.18; Rom 2.12; 3.9, 20, 23, 25; 4.7, 8; 5.12--8.10; 11.27; 14.23; 1 Cor 6.18; 7.28, 36; 8.12; 15.3, 17, 34, 56; 2 Cor 5.21; 11.7; 12.21; Gal 1.4; 2.17; 3.22; Eph 2.1; 4.26; Col 1.14; 1 Thes 2.16; 1 Tim 5.20, 22, 24; 2 Tim 3.6; Heb 1.3; 2.17; 3.13, 17; 4.15; 5.1, 3; 8.12; 9.22, 26, 28; 10.2, 3, 4, 11, 12, 17, 18, 26; 11.25; 12.1, 4; Jas 1.15; 2.9; 4.17; 5.15, 16, 20; 1 Pet 2.22, 24; 3.18; 4.1, 8; 2 Pet 1.9; 2.4, 14; 1 Jn 1.7-10; 2.1, 2, 12; 3.4, 5, 6, 8, 9; 4.10; 5.16-18; Rev 1.5; 18.4, 5; see INIQUITY, TRANSGRESSION

SIN, WILDERNESS OF   Ex 16.1; 17.1; Num 33.11-12

SINAI   Ex 19; 24.12-18; 31.18; 34.2-4, 29-32; Num 3.1, 4, 14-15; Deut 33.2; Neh 9.13; Ps 68.8, 17; Acts 7.30, 38; Gal 4.24, 25; see HOREB

SING   Ex 15.1, 21; Judg 5.3; 1 Sam 21.11; 2 Sam 22.50; 1 Chr 16.9, 23; 2 Chr 20.21-22; Ps 7.17; 9.2, 11; 21.13; 27.6; 30.4; 47.6, 7; 57.7, 9;

63.7; 81.1; 89.1; 92.1, 4; 96.1, 2, 12; 104.12, 33; Is 5.1; 12.5, 6; 42. 10-11; 49.13; 54.1; Jer 20.13; 51.48; Zeph 3.14-17; Zech 2.10; Acts 16.25; Rom 15.9; 1 Cor 14.15; Eph 5.19; Col 3.16; Jas 5.13; Rev 4.8, 10; 14.3; 15.3

SINGERS 1 Chr 9.33; 15.16, 19, 27; 2 Chr 35.15; Ezra 2.41, 65, 70; Neh 7. 1, 44; 11.22-23

SINNER(S) Ps 1.1, 5; 51.13; 104.35; Prov 1.10; 14.21; 23.17; Eccl 9.18; Mt 9. 10, 11, 13; 11.19; 26.45; Mk 2.15-17; 14.41; Lk 5.30, 32; 6.32-34; 7. 34, 37, 39; 13.2; 15.1, 2, 7, 10; 18. 13; 19.7; Jn 9.16, 24, 25, 31; Rom 3.7; 5.8, 19; Gal 2.15, 17; 1 Tim 1. 9, 15; Heb 7.26; 12.3; Jas 4.8; 5.20; 1 Pet 4.18; Jude 15

SISERA, commander of a Canaanite army Judg 4.1-22; 5.20, 26-30; Ps 83.9

SIVAN, third Hebrew month Esth 8.9

SLAUGHTER Ps 44.11, 22; Is 53.7; Jer 11. 19; 51.40

SLAVE(S) Gen 15.3; 21.10-13; 47.19-25; Ex 12.44; 21.2-11, 20-21, 26-32; Lev 25.42-46; Deut 15.15; 16.12; Ps 105. 17; Prov 22.7; Jer 34.9-16; Mt 8.9; 20.27; 26.51; Mk 10.44; 14.47; Lk 7. 2-3, 8, 10; 22.50; Jn 8.34, 35; 18. 10; Acts 16.16; Rom 6.16-22; 1 Cor 7. 21-23; 9.19; 12.13; Gal 3.28; 4.1, 3, 7, 9, 22, 23, 30, 31; Eph 6.8; Col 3.11; Tit 2.9; 3.3; Phm 16; 2 Pet 2. 19; Rev 6.15; 13.16; 18.13; 19.18

SLAVERY Rom 8.15; Gal 4.24-25; 5.1; 1 Tim 6.1

SLAY(S) Gen 4.14-15; Ex 4.23; 2 Kgs 6. 21-22

SLAYER Josh 20.1-6; 21.13-28

SLEEP,-ING (a) literal Gen 2.21; Judg 16.14-20; Esth 6.1; Ps 3.5; 121.4; 127.2; Prov 20.13; Eccl 5.12; Mt 1. 24; 9.24; 13.25; 25.5; 26.40, 43, 45; Mk 4.27; Lk 8.52; 9.32; 22.45, 46; Acts 12.6; 20.9

(b) death 1 Kg 1.21; Ps 13.3; Jn 11.11-13; 1 Cor 15.51; Eph 5.14; 1 Thes 5.10

(c) spiritual Is 29.10; Jer 51.39, 57; Rom 13.11; 1 Thes 5.6-7

SLOW Ex 4.10; 34.6; Num 14.18; Neh 9. 17; Prov 14.29; 15.18; 19.11; Joel 2.13; Jon 4.2; Nah 1.3; Lk 24.25; Jas 1.19; 2 Pet 3.9

SLUGGARD Prov 6.6; 26.16

SMITE, SMITTEN Ex 3.20; 12.12-13, 29; Num 11.33; Josh 10.26-39; 2 Sam 12. 9; 1 Kgs 14.15; Ps 121.6; Is 50.6; 53.4; Ezek 7.9; in figurative sense, 1 Sam 24.5; 2 Sam 24.10; Is 11.4; Zech 14.12

SMYRNA, ancient city on west coast of Asia Minor Rev 1.11; 2.8

SNARE Ex 23.33; Judg 2.3; 8.27; Ps 106. 36; Prov 18.7; 20.25; 29.25; Jer 50. 24; 2 Tim 2.26

SNOW Ex 4.6; Num 12.10; Ps 51.7; Is 1. 18; Dan 7.9; Mt 28.3; Rev 1.14

SNUFFERS Ex 25.38; 37.23; Num 4.9; 2 Chr 4.22

SOCO (a) a town of Judah Josh 15.35; 1 Sam 17.1; 2 Chr 11.7; 28.18

(b) others (1) Josh 15.48; 1 Chr 4. 18; (2) 1 Kgs 4.10

SODOM, a city in the plain of Jordan Gen 13.1-13; 14.8-12, 17-23; 19.1-28; Deut 29.23; Is 1.9; Jer 23.14; 50.40; Ezek 16.46-56; Amos 4.11; Zeph 2.9; Mt 10.15; 11.23, 24; Lk 10.12; 17.29; Rom 9.29; 2 Pet 2.6; Jude 7; Rev 11.8

SOJOURN,-S,-ER(S) Gen 12.10; 15.13; Ex 6.4; Lev 17.8-13; 25.23, 35, 39-40; Num 15.15-16, 26-30; Deut 26.11-13; 27.19

SOLDIER(S) 1 Kgs 9.22; 20.29, 39; 2 Chr 17.13; in NT, (a) Mt 8.9; 27.27, 65; 28.12; Mk 6.27; 15.16; Lk 3.14; 23.11, 36; Jn 18.3, 12; 19.2, 23, 25, 32, 34; Acts 10.7; 12.4, 6, 18; 21.32, 35; 23.10, 23, 27, 31; 27.31, 32, 42; 28.16; 1 Cor 9.7; 2 Tim 2.4; (b) Phil 2.25; 2 Tim 2.3; Phm 2

SOLE (of your foot) Deut 2.5; 11.24; Josh 1.3

SOLOMON, son of David and his successor as king born, 2 Sam 12.24; anointed king, 1 Kgs 2.12-46; married Pharaoh's daughter, 3.1; asked for wisdom, 3.5-15; judged wisely, 3.16-28; conferred with Hiram, 5; built the temple, 6; built his own house, 7.1-12; dedicated the temple, 8; the Lord's covenant with S, 9.1-9; visited by Queen of Sheba, 10.1-13; turned from the Lord, 11.1-40; died, 11.41-43; other, Neh 12.45; Prov 1.1; Song 1.1; Mt 1.6, 7; 6.29; 12.42; Lk 11.31; 12.27; Jn 10.23; Acts 3.11; 5.12; 7.47

SON (a) Jesus, son of Mary Mt 1.21, 23, 25; 13.55; Mk 6.3; Lk 2.7, 48

(b) of man Ps 8.4; 80.17; Ezek 2.1 (and often in Ezek); Dan 7.13; 8.17; Mt 8.20; 9.6; 10.23; 11.19; 12.8, 32, 40; 13.37, 41; 16.13, 27, 28; 17.9, 12, 22; 18.11; 19.28; 20.18, 28; 24.27, 30, 37, 39, 44; 25.31; 26.2, 24, 45, 64; and parallels in other Gospels; Lk 18.8; Jn 1.51; 3.13, 14; 5.27; 6.27, 53, 62; 8.28; 9.35; 12.23, 34; 13.31; Acts 7.56; "one like a son of man," Dan 7.13; Rev 1.13; 14.14; see MAN (e)

(c) of God Mt 2.15; 3.17; 4.3, 6; 8.29; 11.27; 14.33; 16.16; 17.5; 24.36; 26.63; 27.40, 43; 28.19; and parallels in other Gospels; Mk 1.1; Lk 1.32; Jn 1.14, 18, 34, 49; 3.16-18, 35, 36; 5.19-26; 6.40; 8.36; 10.36; 11.4, 27; 14.13; 17.1; 19.7; 20.31; Acts 8.37; 9.20; 13.33; Rom 1.3, 4, 9; 5.10; 8.3, 29, 32; 1 Cor 1.9; 15.28; 2 Cor 1.19; Gal 1.16; 2.20; 4.4, 6; Eph 4.13; Col 1.13; 1 Thes 1.10; Heb 1.2, 5, 8; 4.14; 5.5, 8; 6.6; 7.3, 28; 10.29; 2 Pet 1.17; 1 Jn 1.3, 7; 2.22-24; 3.8, 23; 4.9, 10, 14, 15; 5.9-13, 20; 2 Jn 3, 9; Rev 2.18

(d) of David Joseph Mt 1.20; Jesus Mt 1.1; 9.27; 12.23; 15.22; 20.30, 31; 21.9, 15; 22.42, 45; and parallels in other Gospels

(e) of Abraham Gen 15.4; 17.19; 21.2-13; 22.2-16; Mt 1.1; Lk 19.9

(f) of perdition Jn 17.12; 2 Thes 2.3; of the devil Acts 13.10

(g) of peace Lk 10.6

(h) other Gen 27.1-43; Deut 6.20-21; 1 Sam 1.11, 20-23; 2 Sam 18.12, 32--19.4; Prov 1.8, 10; 3.11, 12; 13.1; 15.20; 19.18; 24.21; Is 9.6

SONS (a) of God Gen 6.2, 4; Job 1.6; 2.1; 38.7; Mt 5.9, 45; Lk 6.35; 20.36; Rom 8.14, 19, 23; 9.26; 2 Cor 6.18; Gal 3.26; 4.5, 6; Eph 1.5; see CHILDREN (a)

(b) of light Lk 16.8; Jn 12.36; 1 Thes 5.5

(c) of the resurrection Lk 20.36

(d) of the kingdom Mt 13.38

(e) of the evil one Mt 13.38

(f) of this world Lk 16.8

(g) of disobedience Eph 2.2; 5.6

(h) of men Ps 12.1, 8; 107.8 (15, 21, 31)

(i) of the singers Neh 12.28

(j) of the prophets 2 Kgs 2.3, 5, 7, 15

(k) of Zion Lam 4.2

(l) other Gen 9.1; 35.22-26; 48.1-2, 5-9; Ex 29.9; Num 18.7-9; Deut 21.15-21; Ps 127.3, 4; Prov 17.6; Joel 2.23, 28

SORCERER(S) Ex 7.11; Deut 18.10; Is 19.3; Dan 2.2; Mal 3.5; Rev 21.8; 22.15; see ENCHANTER, MAGICIAN, WIZARD

SORCERY,-IES 2 Kgs 17.17; 2 Chr 33.6; Mic 5.12; Gal 5.20

SORROW   Is 35.10; 51.11; Jer 31.13

SOSTHENES   ruler of synagogue in Corinth Acts 18.17; perhaps same as 2 Cor 1.1

SOUL(S)   Lev 17.11; Deut 4.9, 29; 6.5; 10.12; 30.2, 6, 10; Josh 23.14; Ps 19.7; 23.3; 34.2; 103.1-2, 22; Prov 25.25; Is 1.14; 42.1; 53.11-12; Jer 6.16; 31.25; Ezek 18.4, 20; Mt 10.28; 11.29; 12.18; 22.37; 26.38; Mk 12.30; 14.34; Lk 1.46; 2.35; 10.27; 12.19, 20; Jn 12.27; Acts 2.27, 41, 43; 3.23; 4.32; 7.14; 14.22; 2 Cor 12.15; 1 Thes 5.23; Heb 4.12; 6.19; 10.38, 39; 13.17; Jas 1.21; 5.20; 1 Pet 1.9, 22; 2.11, 25; 4.19; 2 Pet 2.8, 14; 3 Jn 2; Rev 6.9; 18.13, 14; 20.4; see LIFE

SOW,-ING   (a) literal   Ex 23.10, 16; Lev 19.19; 25.3-4; Ps 107.37; Eccl 11.4-6; Mt 13.3, 27

(b) figurative   Ps 126.5; Prov 6.14; Jer 31.27; Hos 8.7; 10.12; 1 Cor 15.42, 43, 44; Gal 6.7, 8

SPAIN   Rom 15.24, 28

SPAN, a measure of length equal to 3 hands, about 8.745 inches   Ex 28.16; 39.9; 1 Sam 17.4; Ezek 43.13 (3 1/2 hands, 10.202 in)

SPEAR(S)   1 Sam 13.19-22; 17.47; 19.9-10; 26.8-25; 1 Chr 12.8, 24, 34; Is 2.4; Joel 3.10; Mic 4.3; Jn 19.34

SPEECH   Gen 11.7; Ex 4.10-16; Num 12.8; Ps 19.2, 3; Prov 2.12; Mk 7.32; 2 Cor 10.10; Col 4.6

SPIRIT(S)   (a) general   Num 5.14, 30; 11.17, 25, 26; Deut 34.9; 2 Kgs 5.26; 19.7; Ps 34.18; Ps 51.10, 12, 17; Prov 16.2, 18, 19; Is 4.4; Jn 4.23, 24; 6.63; Acts 23.8; Phil 3.3; 2 Thes 2.2; a spirit, Lk 24.37, 39; Acts 23.9

(b) of God, of the Lord, etc   Gen 1.2; 6.3; 41.38; Ex 31.2-3; Num 24.2; Judg 3.10; 11.29; 13.25; 1 Sam 10.6, 10; 2 Kgs 2.16; 2 Chr 15.1; Neh 9.20, 30; Ps 51.11; Is 11.2; 40.13; 61.1; 63.10, 11, 14; Ezek 36.27; Joel 2.28-29; Mic 2.7; 3.8; Hag 2.5; Zech 4.6; 6.8; 7.12

(c) of man   Gen 41.8; 45.27; Ex 6.9; 35.21; Deut 2.30; 2 Kgs 2.9, 15; Ezra 1.1, 5; Ps 31.5; Dan 5.12; 6.3; Hag 1.14; Zech 12.1; Mt 5.3; 26.41; 27.50; Mk 2.8; 8.12; 14.38; Lk 1.47, 80; 8.55; 23.46; Jn 11.33; 13.21; 19.30;   Acts 7.59; 17.16; 18.25; Rom 1.9; 8.16; 1 Cor 2.11; 5.3-5; 7.34; 14.14-16; 16.18; 2 Cor 7.1; Phil 4.23; 1 Thes 5.23; 2 Tim 4.22; Phm 25; Heb 4.12; 12.23; Jas 2.26; 4.5; 1 Pet 3.18

(d) unclean, evil, lying; of harlotry   Judg 9.23; 1 Sam 16.14-23; 1 Kgs 22.22-23; Hos 4.12; 5.4; Zech 13.2; Mt 8.16; 10.1; 12.43, 45; Mk 1.23, 26, 27; 3.11, 30; 5.2, 8, 13; 6.7; 7.25; 9.17, 20, 25; Lk 4.33, 36; 6.18; 7.21; 8.2, 29; 9.39, 42; 10.20; 11.24, 26; 13.11; Acts 5.16; 8.7; 16.16, 18; 19.12-16; Rev 18.2

(e) elemental   Gal 4.3, 9; Col 2.8, 20

(f) in prison   1 Pet 3.19

(g) Holy   see HOLY SPIRIT

SPOIL   Num 31.10-12; Josh 7.21; 2 Chr 15.11; 20.25; Prov 16.19; Is 3.14; Jer 30.16

SPRINKLE,-ING   Ex 29.21; Lev 6.27; 8.11, 30; 16.14, 15, 19; Ezek 36.25; Heb 11.28; 12.24

SPY, SPIES   Gen 42.9-34; Num 13.2, 16-32

STADIA, plural of stadion, Greek measure of length, about 607 feet   Lk 24.13 mg; Jn 6.19 mg; 11.18 mg; Rev 14.20; 21.16

STAFF   Ex 12.11; 2 Kgs 4.29-31; Ps 23.4; Jer 48.17; Mic 7.14; Zech 11.10, 14

STAR(S)   Gen 1.16; 22.17; Ex 32.13; Num 24.17; Ps 8.3; 147.4; Is 14.13; Dan 12.3; Mt 2.2, 7, 9, 10; 24.29; Mk 13.25; Lk 21.25; Acts 7.43; 27.

20; 1 Cor 15.41; Heb 11.12; 2 Pet 1.
19; Jude 13; Rev 1.16, 20; 2.1, 28;
3.1; 6.13; 8.10-12; 9.1; 12.1, 4; 22.
16

STATURE Num 13.32; 1 Sam 2.26; 16.7; Lk
2.52; Eph 4.13

STATUTE(S) Ex 15.25-26; 18.16-20; Lev
18.3-5; Ps 119.5, 8, 33; Ezek 20.23-
25; 36.27; 37.24

STEADFAST,-NESS (a) "steadfast love"
Ex 15.13; Num 14.18-19; Deut 7.9, 12;
2 Sam 2.6; Neh 9.17, 32; Ps 13.5; 94.
18; 136

(b) general Josh 23.6; 1 Cor 15.58;
Heb 16.9; Jas 1.3, 4; 2 Pet 1.6

STEAL,-ING Ex 20.15; Lev 19.11; Deut 5.
19; 24.7; Mt 19.18; Rom 13.9

STEPHANAS 1 Cor 1.16; 16.15, 17

STEPHEN Acts 6.5; 6.8--8.2; 11.19; 22.
20

STEWARD(S),-SHIP Mt 20.8; Lk 8.3; 12.42;
16.1-8; Jn 2.8, 9; 1 Cor 4.1, 2; Eph
3.2; Tit 1.7; 1 Pet 4.10

STIFF-NECKED Ex 32.9; 33.3-5; 34.9; 2
Chr 30.8; Acts 7.51

STOICS, a school of philosophers who
taught resignation and self-control
Acts 17.18

STONE (a) literal Gen 31.45; Ex 24.12;
28.9-10; 34.1, 4; Deut 4.13; 29.17;
Josh 4.3-9, 20-21; 1 Sam 17.49-40; 1
Kgs 18.31-38; Is 37.19; Zech 4.7

(b) figurative Job 41.24; Ps 118.22;
Is 8.14; 28.16

(c) NT usage Mt 21.42; Mk 12.10; Lk
20.17; Acts 4.11; Rom 9.32-33; 1 Pet
2-4-8; Rev 2.17; see ROCK

STOREHOUSE(S) Gen 41.56; Job 38.22; Is
39.2-4

STRANGER(S) Ex 12.48-49; 22.21; 23.9;
Num 15.14-16, 26-29; Mt 25.35; Jn 10.
35; Eph 2.19; Heb 11.13; 13.2

STRAW Ex 5.7-18

STREAM(S) Ps 42.1; 78.16, 20; Is 35.6;
44.3-4; Joel 3.18; see RIVER

STRENGTH,-EN,-ING (a) general Deut 3.
28; Judg 16.5, 16; Neh 2.18; Is 35.
3; Mk 12.33; Acts 14.22; 15.41

(b) from God Ex 15.2; 1 Sam 30.6;
Neh 6.9; Ps 18.1; 28.7, 8; 46.1; 73.
26; 84.5; 118.14; Is 40.31; 41.10;
49.5; Jer 16.19; Hab 3.19; Rom 16.25;
Eph 6.10; Phil 4.13; 1 Pet 4.11; 5.
10

STRIFE Gen 13.7-8; 2 Sam 22.44; Prov
10.12; 15.18; 17.19; 28.25; Rom 1.29;
Gal 5.20

STRIPES Deut 25.2-3; Is 53.5

STRONG Ex 13.9, 16; Deut 31.6, 7; Josh
1.6; Ps 24.8; 136.12; Prov 18.10;
Song 8.6; Jer 50.34; 2 Cor 12.10; Eph
6.10

STRONGHOLD(S) (a) literal Num 13.19; 1
Sam 22.4-5; 2 Sam 5.7, 9 (1 Chr 11.5,
7)

(b) figurative Ps 9.9; 18.2; 27.1;
Prov 10.29; Is 25.4; Jer 16.19

STUBBORN,-NESS Deut 9.6, 13, 27; 10.16;
1 Sam 15.23; 2 Kgs 17.14; Ps 78.8;
81.11-12; Hos 4.16

STUMBLING Lev 19.14; Ps 116.8; Is 8.14
-15; Jer 6.21; Ezek 7.19; 44.12; Rom
9.32; 14.13

SUCCOTH (a) Gen 33.17; Josh 13.27; (b)
Ex 12.37; 13.20; Num 33.5, 6

SUFFER,-ING(S) (a) Christ Mt 16.21;
17.12; Mk 8.31; 9.12; Lk 9.22; 17.25;
22.15; 24.26, 46; Acts 3.18; 17.3;
26.23; Heb 2.9, 10, 18; 5.8; 13.12;
1 Pet 2.21, 23; 4.1, 13; 5.1

(b) other Ex 3.7; Neh 2.17; 9.27;
Prov 13.20; 19.15; Ezek 18.19-20; Mt

17.15; Mk 5.26; Lk 13.2; Acts 5.41; 9.16; Rom 5.3; 8.17, 18; 1 Cor 12.26; 2 Cor 1.5-7; Phil 1.29; 3.8, 10; Col 1.24; 1 Thes 2.2, 14; 3.4; 2 Thes 1. 5, 9; 2 Tim 1.8, 12; 2.3, 9; 3.11; 4. 5; Heb 11.26, 36; Jas 5.10, 13; 1 Pet 1.6; 2.19, 20; 3.14, 17; 4.15, 16, 19; 5.9, 10; Rev 2.10

SUN (a) <u>literal</u> Josh 8.29; 10.12-13; 1 Kgs 8.12; Ps 121.6; Eccl 9.11; Is 38. 8; 60.19-20; Joel 2.31; Mt 5.45; 13. 43; 17.2; Rev 1.16; 21.23

(b) <u>figurative</u> Ps 84.11

SUPPLICATION 1 Kgs 8.28-59 (2 Chr 6.19-37); 1 Kgs 9.3; Ps 28.2, 6; Is 19.22; Dan 9.3, 17-23; Zech 12.10; Eph 6.18; Phil 4.6

SURVIVOR(S) 2 Kgs 19.31; Ezra 1.4; Neh 1.3; Is 37.32; 45.20; 66.19; Zeph 2.9

SUSA, a capital of Persia Neh 1.1; Esth 1.1-2; 2.3-8; 8.14-15; 9.6-18; Dan 8.2 (RSV, Shushan AV)

SUSANNA Lk 8.3

SWEAR,-S,-ING Ex 32.13; Lev 19.12; Num 11.12; Deut 6.13; Josh 2.12, 17-20; Ps 63.11; Is 45.23; 48.1; Jer 32.22; Mt 5.33-36; 23.16-22; 26.74; Mk 14.71; Acts 2.30; Heb 3.11, 18; 4.3; 6.13, 16; 7.21; Jas 5.12; Rev 10.6

SWORD(S) Gen 3.24; Josh 5.13; Judg 4.15-16; 7.14, 20-22; 1 Sam 17.39, 45-51; Ps 44.6; Prov 25.18; Is 2.4; Jer 12.12; Hos 1.7; Joel 3.10; Mic 4.3; Mt 10.34; 26.47, 51-52, 55; Mk 14.43, 47, 48; Lk 2.35; 21.24; 22.36, 38, 49, 52; Jn 18.10-11; Acts 12.2; 16.27; Rom 8.35; 13.4; Eph 6.17; Heb 4.12; 11.34, 37; Rev 1.16; 2.12, 16; 6.4, 8; 13.10, 14; 19.15, 21

SYCHAR, town near Mt Gerizim Jn 4.5

SYENE, city in the south of Egypt Is 49.12; Ezek 29.10; 30.6

SYMEON (a) Lk 3.30; (b) Acts 13.1; (c) Acts 15.14 (= Peter)

SYNAGOGUE(S) Mk 1.21, 23, 29, 39; 3.1; 5.22, 36, 38; 6.2; 12.39; 13.9; and parallels in other Gospels; Jn 6.59; 9.22; 12.42; 16.2; 18.20; Acts 6.9; 9.2, 20; 13.5, 14, 15, 43; 14.1; 15.21; 17.1, 10, 17; 18.4, 7, 8, 17, 19, 26; 19.8; 22.19; 24.12; 26.11; Rev 2.9; 3.9

SYNTYCHE Phil 4.2

SYRACUSE, city of Sicily Acts 28.12

SYRIA,-N(S) 2 Sam 8.5-6; 10.6-19; 1 Kgs 20.1, 20-23; 22.1-3, 31; 2 Kgs 5.1-5; 8.7-29; 1 Chr 18.5-6; 19.10-19; Mt 4.24; Lk 2.2; 4.27; Acts 15.23, 41; 18.18; 20.3; 21.3; Gal 1.21

SYROPHOENICIAN, a Phoenician of Syria Mk 7.26

<u>T</u>

TAANACH Josh 12.21; 17.11; 21.25; Judg 1.27; 5.19; 1 Kgs 4.12

TABERAH, place where murmuring Israelites were destroyed by fire Num 11.3; Deut 9.22

TABERNACLE (TENT) movable sanctuary made according to God's direction to Moses, Ex 25.8, 9; "dwelling," 25.9; 26.1; "tent of meeting," 40.34, 35; "tent of the testimony," 38.21; Num 9.15; "house of the Lord," Ex 34.26; Josh 6.24; furnished by liberal gifts of the people, Ex 35.21-29; 36.2-7; construction, 36.8-38; erection, 40.1-33; glory of God in <u>t</u>, 40.34-35, 38; carrying, Num 1.50-53; 10.15-23; other, Josh 22.29; 1 Chr 6.32, 48; 21.28-30; 23.25-26; <u>see also</u> TENT; FEAST (d)

TABITHA, a Christian woman of Joppa, restored to life by Peter Acts 9.36, 40

TABLE(S) (a) tablets on which commandments were written Ex 24.12; 31.18 (Deut 9.10); 32.19; 34.1-5; Deut 9.9-17; 10.1-5; 1 Kgs 8.9 (2 Chr 5.10)

(b) furniture for house of worship Ex 25.23-30; 26.35; 37.10-16; 2 Chr 4.19; 13.11

(c) in the sense of food or provision Gen 43.34; 2 Sam 9.9-13; Neh 5.17; Ps 23.5; 78.19

(d) NT usage Mt 8.11; 9.10; 15.27; 26.7, 20; Mk 2.15; 14.18; Lk 5.29; 7.36, 49; 11.37; 13.29; 14.15; 16.21; 22.27, 30; Jn 12.2; 13.28; 1 Cor 8.10; 10.21

TALENT(S), weight of metal, 60 minas, about 108.2 lbs Ex 25.31, 39; 38.24-29; 2 Sam 12.30; 1 Kgs 9.28; 10.14; 2 Chr 29.4, 7; Ezek 45.12; Mt 18.24; 25.14-30; see MONEY

TALITHA (an Aramaic word meaning "girl") Mk 5.41

TABOR (a) a mountain in N Palestine Judg 4.6-14; Ps 89.12; Jer 46.18

(b) others (1) 1 Chr 6.77; (2) 1 Sam 10.3

TAHPANHES, TEHAPHNEHES, a town in NE Egypt where Jewish exiles lived Jer 2.16; 43.7-9; 44.1; 46.14; Ezek 30.18

TAMAR (a) daughter-in-law of Judah Gen 38.6-26; Ruth 4.11-12; Mt 1.3

(b) sister of Absalom 2 Sam 13.1-39; 1 Chr 3.9

(c) daughter of Absalom 2 Sam 14.27

(d) a desert town 1 Kgs 9.18

(e) town near SE Palestinian frontier Ezek 47.18-19

TAMBOURINE(S) Gen 31.27; 1 Sam 10.5; 2 Sam 6.5; 1 Chr 13.8

TAMMUZ, Babylonian god Ezek 8.14

TARSHISH (a) town and its people, perhaps in southern Spain Gen 10.4; 1 Kgs 10.22 (2 Chr 9.21); 22.48; Ps 48.7; Is 2.12, 16; 23.1, 14; Ezek 27.25; Jon 1.3

(b) others (1) 1 Chr 7.10; (2) Esth 1.14

TARSUS, city in SE Asia Minor Acts 9.11, 30; 11.25; 21.39; 22.3

TAX(ES) (a) general 2 Chr 24.6-11; Neh 5.1-4; Esth 2.18; Mt 9.9; 17.24; 22.17, 19; Mk 2.14; 12.14; Lk 5.27; Rom 13.6, 7

(b) collector(s) Mt 5.46; 9.10, 11; 10.3; 11.19; 18.17; 21.31, 32; Mk 2.15, 16; Lk 3.12; 5.27, 29, 30; 7.29, 34; 15.1; 18.10, 11, 13; 19.2

TEACHER(S) (a) Jesus Mt 8.19; 9.11; 12.38; 17.24; 19.16; 22.16, 24, 36; 26.18; Mk 4.38; 5.35, 9.17, 38; 10.35; 12.19, 32; 13.1; Lk 9.38; 11.45; 12.13; 19.39; Jn 1.38; 3.2; 8.4; 11.28; 13.13, 14; 20.16

(b) John the Baptist Lk 3.12; Nicodemus Jn 3.10; Gamaliel Acts 5.34; Paul 2 Tim 1.11

(c) others 1 Chr 25.7-8; Job 36.22; Ps 119.99; Is 30.20-21; Mt 10.24, 25; 23.8; Lk 2.46; 5.17; 6.40; Acts 13.1; Rom 2.20; 1 Cor 12.28, 29; Eph 4.11; 1 Tim 1.7; 2.7; 3.2; 2 Tim 2.24; 4.3; Heb 5.12; Jas 3.1; 2 Pet 2.1

TEACHING(S) Deut 32.1-3; Ps 78.1-4; Prov 1.8; 3.1-2; 4.1-2; 7.2-3; Mt 7.28; 16.12; 22.33; Mk 1.22, 27; 11.18; Lk 4.32; Jn 7.16, 17; 18.19; Acts 2.42; 5.28; 13.12; 17.19; 28.31; Rom 6.17; 1 Cor 14.6; 1 Tim 4.13, 16; 5.17; 6.1, 3; 2 Tim 3.10; 4.3; Tit 2.7; Rev 2.14, 15, 24

TEBETH, tenth Hebrew month, December-January Esth 2.16

TEKEL Dan 5.25, 27

TEKOA, a town in Judah in wilderness 1 Chr 2.24; 4.5; 2 Chr 11.6; Neh 3.

Teman, Temanites

5, 27; home of prophet Amos, Amos 1.1

TEMAN,-ITE,-ITES, a city of Edom and its inhabitants Gen 36.11, 15, 34, 42; 1 Chr 1.36, 45, 53; Job 2.11; 4.1; Jer 49.7, 20; Ezek 25.13; Amos 1.12; Obad 1.9; Hab 3.3

TEMPLE (a) Solomon's 1 Kgs 5.2-18; 6.1-38; 7.48-51; 8.6-21; 2 Kgs 18.15-16; 23.4; 24.12-13; 25.13-17; 1 Chr 28.10; 2 Chr 2.2, 3, 4, 5, 6; construction of t and its furnishings, 3--5.1; transferral of ark of covenant to temple, 5.7-14; prayer of dedication, 6.1-42; temple filled with glory of God, 7.2; contrast with Zerubbabel's t, Ezra 3.12-13

(b) Zerubbabel's Ezra 3.6-11; 4.1-5; 5.11-17; 6.5-12, 13-22

(c) Herod's Mt 4.5; 12.5, 6; 21.12-17, 23; 23.16, 17, 21; 24.1; 26.55, 61; 27.5, 40, 51; and parallels in other Gospels; Lk 1.9, 21, 22; 2.27, 37, 46; 24.53; Jn 2.14-17; 5.14; 7.14, 28; 8.2, 20, 59; 10.23; 11.56; 18.20; Acts 2.46; 3.1-3, 8, 10; 5.20, 21, 25, 42; 21.26-30; 22.17; 24.6, 12, 18; 25.8; 26.21; 1 Cor 9.13; 2 Thes 2.4

(d) in reference to tabernacle 1 Sam 1.9; 3.3; 2 Sam 22.7

(e) figurative Jn 2.18-22; 1 Cor 3.16-17; 6.19; 2 Cor 6.16; Eph 2.21; Rev 21.22

(f) other 1 Chr 10.10; Acts 14.13; 19.27, 35; Rom 2.22; 1 Cor 8.10; Rev 3.12; 7.15; 11.1, 2, 19; 14.15, 17; 15.5, 6, 8; 16.1, 17; 21.22

TEMPT Mt 4.1, 7; Mk 1.13; Lk 4.2, 12; Acts 5.9; 1 Cor 7.5; 10.13; Gal 6.1; 1 Thes 3.5; Heb 2.18; 4.15; Jas 1.13-14; see TEST

TEMPTATION(S) Mt 6.13; 18.7; 26.41; Mk 14.38; Lk 4.13; 8.13; 11.4; 17.1; 22.40, 46; 1 Cor 7.2; 10.13; 1 Tim 6.9

TEMPTER Mt 4.3; 1 Thes 3.5

TENT(S) (a) general Gen 4.20; 12.7-8; 13.18; 25.27; Ex 33.8-11; Num 1.52; Josh 7.20-24; Judg 4.17-23; 1 Kgs 12.16 (2 Chr 10.16); Ps 104.1-2; Prov 14.11; Is 13.20; of Moloch, Acts 7.43

(b) tabernacle Ex 27.21; 29.4, 10-11; 31.6-7; 40.17-19, 22-35; Lev 4.4-7; 9.23; Num 1.1-2; 3.25; 4.23-47; Deut 31.14-15; 1 Sam 2.22; 2 Sam 7.2; Ps 61.4; 78.60-61; Acts 7.44; Heb 8.5; 9.1-10, 21; 13.10

(c) place of revelation and justice in wilderness Ex 33.7-10

(d) figurative 2 Cor 5.1, 4; Heb 8.2; 9.11; Rev 15.5

See also TABERNACLE

TENTMAKER Acts 18.3

TERAH (a) father of Abraham Gen 11.25-28, 31-32; Josh 24.2

(b) other Num 33.27, 28

TERAPHIM, household gods Judg 17.5-6; 18.14-20 (Gen 31.19-36); 1 Sam 19.13; 16; 2 Kgs 23.24-25; Ezek 21.21; Hos 3.4; Zech 10.2

TERROR(S) Gen 35.5; Ex 15.16; 23.17; Lev 26.14-17; Esth 7.6; Job 6.4; Ps 91.5; Jer 8.15; 14.19

TERTIUS Rom 16.22

TERTULLUS Acts 24.1, 2

TEST,-ED Gen 22.1; Deut 6.16; 8.16; Judg 2.21-22; Ps 66.10; 78.18, 41, 56; 106.14; Is 28.16; Jer 9.7; Mt 16.1; 19.3; 22.18, 35; Mk 8.11; 10.2; 12.15; Lk 10.25; 11.16; Jn 6.6; 8.6; 1 Cor 3.13; 10.9; 2 Cor 2.9; 8.2; 13.5, 7; Gal 6.4; 1 Thes 2.4; 5.21; 1 Tim 3.10; Heb 3.8, 9; 11.17; Jas 1.3, 12; 1 Pet 1.7; 1 Jn 4.1; Rev 2.2, 10; see TEMPT

TESTAMENT see COVENANT

TESTIFY 1 Sam 12.3-5; Ps 50.7; Is 59.12; Jer 14.7; Amos 3.13-14; Mt 26.62; 27.13; Mk 14.60; Jn 4.44; 7.7; 13.21; Acts 2.40; 8.25; 10.42; 13.22; 18.5;

20.21, 24, 26; 23.11; 26.5, 22; 28.
23; 1 Cor 15.15; 2 Cor 8.3; Gal 5.3;
Eph 4.17; 2 Tim 1.8; Heb 2.6; 3.5; 7.
8; 1 Jn 1.2; 4.14; 3 Jn 3, 6, 12;
Rev 22.20

TESTIMONY,-IES Ex 16.34; 25.16, 21-22;
31.18; Deut 4.45-46; 6.17, 20-25; 1
Kgs 2.1-4; Ps 19.7; 25.10; 99.7; 119.
2, 24, 111, 144; Is 8.16; Mt 10.18;
24.14; 26.59; Mk 14.55, 59; Lk 22.71;
Jn 1.7, 19; 3.11, 32, 33; 4.39; 5.31-
36; 8.13-17; 19-35; 21.24; Acts 4.33;
22.18; 1 Cor 1.6; 2.1; 2 Cor 1.12;
2 Thes 1.10; 1 Tim 2.6; 6.13; Tit 1.
13; Heb 10.28; 1 Jn 5.9-11; 3 Jn 12;
Rev 1.2, 9; 11.7; 12.11, 17; 19.10;
20.4; 22.16; see ARK OF THE TESTI-
MONY, WITNESS

TETRARCH (a) Herod Antipas Mt 14.1; 3.
1a, 19; 9.7; Acts 13.1

(b) Philip Lk 3.1b

(c) Lysanias Lk 3.1c

THADDAEUS, a disciple of Jesus, same as
Judas, not Iscariot Mt 10.3; Mk 3.
18; see JUDAS (c)

THANK (a) general 1 Chr 16.4; Ps 35.18;
52.9; 107.8, 15, 21, 31; 118.21; Mt
11.25; Lk 10.21; 17.9; 18.11; Jn 11.
41; Acts 28.15; Rom 1.8; 6.17; 7.25;
1 Cor 14.18; 15.57; 2 Cor 2.14; 8.
16; 9.15; Phil 1.3; Col 1.3; 1 Thes
2.13; 1 Tim 1.12; 2 Tim 1.3; Phm 4;
Rev 4.9

(b) give thanks 1 Chr 16.8, 34, 35,
41; 2 Chr 7.3, 6; Ezra 3.11; Neh 12.
24, 31, 38, 40; Ps 28.7; 100.4; 107.
1; 145.10; Is 12.4; Dan 2.23; Mt 15.
36; 26.27; Mk 8.6; 14.23; Lk 2.38;
17.16; 22.17, 19; Jn 6.11, 23; Acts
27.35; Rom 1.21; 14.6; 16.4; 1 Cor 1.
4; 10.30; 11.24; 14.17; 2 Cor 1.11;
Eph 1.16; 5.20; Col 1.12; 3.17; 1
Thes 1.2; 5.18; 2 Thes 1.3; 2.13;
Rev 11.17

THANKFUL,-NESS 1 Cor 1.14; 10.30; Phil
1.5; Col 3.15, 16

THANKSGIVING Lev 7.12-15; 1 Chr 16.17;
Neh 12.27; Ps 26.6-7; 50.14; 100.4;
Is 51.3; Jer 30.18-19; Jon 2.9; 1 Cor
14.16; 2 Cor 4.15; 9.11; Eph 5.4;
Phil 4.6; Col 2.7; 4.2; 1 Thes 3.9; 1
Tim 2.1; 4.3, 4; Rev 7.12

THEBES, southern capital of Egypt Jer
46.25; Ezek 30.14, 15, 16; Nah 3.8

THEBEZ Judg 9.50-55; 2 Sam 11.21

THEOPHILUS Lk 1.3; Acts 1.1

THESSALONICA,-ANS, city (and its in-
habitants) in Macedonia Acts 17.1,
11, 13; 20.4; 27.2; Phil 4.16; 1 Thes
1.1; 2 Thes 1.1; 2 Tim 4.10

THEUDAS Acts 5.36

THIEF(VES) Ex 22.1-2, 7-8; Deut 24.7;
Is 1.23; Jer 2.26; Hos 7.1; Joel 2.
9; Mt 6.19, 20; 24.43; Lk 12.33, 39;
Jn 10.1, 8, 10; 12.6; 1 Cor 6.10;
Eph 4.28; 1 Thes 5.2, 4; 1 Pet 4.15;
2 Pet 3.10; Rev 3.3; 16.15; see ROB-
BER

THINK 2 Kgs 18.20; Esth 4.13; Ps 119.
52, 59; 144.3; Is 36.5; Jer 22.15; 23.
26-27; Mt 5.17; 6.7; 9.4; 10.34; 17.
25; 18.12; 21.28; 22.17, 42; 26.53;
Lk 8.18; 10.36; 12.17, 51; 13.2, 4;
Jn 5.39, 45; 11.13, 56; 13.29; 16.2;
Acts 8.20; 12.9; 17.29; 26.2, 8, 28;
Rom 1.21; 12.3; 14.14; 1 Cor 3.18; 4.
9; 7.26, 36, 40; 10.12; 12.23; 13.11;
14.20, 37; 2 Cor 12.19; Gal 6.3; Eph
3.20; Phil 1.17; 3.4; 4.8; 2 Tim 2.
7; Heb 10.29; 11.15; Jas 1.26; 2 Pet
1.13

THIRST,-Y Ex 17.3; Ps 42.2; 63.1; 69.
21; Prov 25.21, 25; Is 41.17; 44.3;
48.21; Amos 8.11; Mt 5.6; 25.35, 37,
42, 44; Jn 4.13-15; 6.35; 7.37; 19.
28; Rom 12.20; 1 Cor 4.11; 2 Cor 11.
27; Rev 7.16; 21.6; 22.17

THOMAS, disciple of Jesus Mt 10.3; Mk
3.18; Lk 6.15; Jn 11.16; 14.5; 20.24-
28; 21.2; Acts 1.13

THORN(S) Num 33.55; Prov 15.19; 22.5; Is 5.5-6; 7.23-25; 55.13; Jer 12.13; Hos 2.6; Mt 7.16; 13.7, 22; 27.29; Mk 15.17; Lk 6.44; Jn 19.2, 5; 2 Cor 12.7; Heb 6.8

THOUGHT(S) Gen 45.20; Deut 15.9; Ps 40.5; 92.5; 139.23; Prov 12.5; 15.26; Is 55.6-9; Amos 4.13; Jon 1.6; Mal 3.16; Mt 9.4; 12.25; 15.19; Mk 7.21; Lk 2.35; 6.8; 9.47; 11.17; Rom 2.15; 1 Cor 2.11; 3.20; 2 Cor 10.5; 11.3; Heb 4.12; Jas 2.4; 1 Pet 4.1

THOUSAND YEARS Ps 90.4; 2 Pet 3.8; Rev 20.1-7

THRESH,-ED Is 21.10; 27.12; Amos 1.3; Mic 4.13; 1 Cor 9.10

THRONE(S) (a) of God 2 Kgs 22.19 (2 Chr 18.18); Ps 11.4; 45.6; 47.8; Is 6.1; 66.1; Jer 3.17; Dan 7.9

(b) of David 2 Sam 3.9-10; 7.13-16; 1 Kgs 1.37; Ps 122.5; Is 9.7

(c) other Gen 41.39-40; 1 Kgs 22.10 (2 Chr 18.9); 2 Chr 9.17-19; Esth 1.2; Ps 122.5; Prov 16.12; 20.28; Is 10.13; Jer 1.15; Hag 2.20-22

(d) NT usage Mt 5.34; 19.28; 23.22; 25.31; Lk 1.32, 52; 22.30; Acts 2.30; 7.49; 12.21; Col 1.16; Heb 1.8; 4.16; 8.1; 12.2; Rev 1.4; 2.13; 3.21; 4.2--5.13; 6.16; 7.9-17; 8.3; 11.16; 12.5; 13.2; 14.3; 16.10, 17; 19.4, 5; 20.4, 11, 12; 21.3, 5; 22.1, 3

THUMMIM, sacred lot Ex 28.30 (Lev 8.8); Deut 33.8-10; Ezra 2.63 (Neh 7.65); see URIM

THUNDERS Ex 9.23; 1 Sam 7.10; 12.16-18; Job 26.14; 37.4-5; 40.9; Ps 29.3-4

THYATIRA Acts 16.14; Rev 1.11; 2.18, 24

TIBERIAS (a) sea of Jn 6.1; 21.1; see SEA (a)

(b) city, on W shore of Sea of Galilee Jn 6.23

TIBERIUS Lk 3.1; see CAESAR (c)

TIBNI 1 Kgs 16.21-22

TIDINGS Ex 33.4-6; 2 Sam 13.30; 2 Kgs 7.9; Is 40.9; 52.7 (Nah 1.15); 61.1

TIGLATH-PILESER, TIGLATH-PILNESER (in Chr), an Assyrian king 2 Kgs 15.29; 16.7-10; 1 Chr 5.6; 2 Chr 28.19-21; see PUL

TIGRIS, river of Mesopotamia Gen 2.3; Dan 10.4

TILLER Gen 4.2; 9.20; Zech 13.4-5

TIMAEUS Mk 10.46

TIMBER 1 Kgs 5.6-11, 18; 2 Kgs 12.11-12; 22.4-6; 2 Chr 2.8-10, 16; Ezra 6.3-4; Neh 2.7-8

TIMBREL(S) Ex 15.19-20; Judg 11.34; 1 Sam 18.6; Ps 81.1-2; 150.4

TIME Gen 21.2; Ex 9.5; 21.18-19; Esth 4.14; Eccl 3.1-8, 11, 17; 8.6; Is 49.8; Hos 10.12; Dan 7.25; Mt 8.29; 16.21; 26.18; Mk 1.15; 13.33; Lk 4.13; 12.56; 18.30; 19.44; 21.8; Jn 7.6, 8; Acts 1.6; 3.21; 7.17; Rom 3.26; 5.6; 8.18; 13.11; 1 Cor 4.5; 7.29; 2 Cor 6.2; Gal 4.4; Eph 1.10; 5.16; Col 4.5; 2 Thes 2.6; 1 Tim 6.15; 2 Tim 4.3, 6; Tit 1.3; Heb 4.16; 7.25; 9.10, 28; 10.12, 14; 1 Pet 1.5, 11; 4.17; 5.6; Jude 18.25; Rev 1.3; 11.18; 12.12, 14; 22.10

TIMES 2 Kgs 5.10-14; Job 24.1; Ps 31.15; 34.1; 62.8; Mt 16.3; Lk 21.24; Acts 1.7; 3.19; 17.30; 1 Thes 5.1; 1 Tim 4.1; 1 Pet 1.20; Rev 12.14

TIMNAH (a) Josh 15.10; 19.43; Judg 14.2; 2 Chr 28.18; (b) Gen 38.12-14; Josh 15.57

TIMON Acts 6.5

TIMOTHY Acts 16.1, 3; 17.14, 15; 18.5; 19.22; 20.4; Rom 16.21; 1 Cor 4.17; 16.10; 2 Cor 1.1, 19; Phil 1.1; 2.19, 22; Col 1.1; 1 Thes 1.1; 3.2, 6; 2

Thes 1.1; 1 Tim 1.2, 18; 6.20; 2 Tim 1.2; Phm 1; Heb 13.23

TIRZAH (a) <u>a daughter of Zelophehad</u> Num 26.33; 27.1-4; 36.10-11; Josh 17.1-6

(b) <u>town of Canaanites captured by Joshua</u> Josh 12.7, 24; residence of Jeroboam I, 1 Kgs 14.17; capital of ten tribes, 15.21, 33; 16.6-11, 15-17

TISHBITE, of or from Tishbeh 1 Kgs 17.1; 21.17-28; 2 Kgs 1.3-8

TITHE(S) (or TENTH) Gen 14.20; Deut 12.5-7, 10-11; 26.12-14; 2 Chr 31.5, 11-12; Mal 3.8-10; Mt 23.23; Lk 11.42; 18.12; Heb 7.4-9

TITIUS Acts 18.7

TITUS 2 Cor 2.13; 7.6, 13, 14; 8.6, 16, 23; 12.18; Gal 2.1, 3; 2 Tim 4.10; Tit 1.4

TOBIAH (a) <u>family returned to Jerusalem</u> Ezra 2.60; Neh 7.61-62

(b) <u>Ammonite who ridiculed rebuilding of Jerusalem wall</u> Neh 2.10; 4.1-7; 6.1-19; 13.1-8

TODAY Ex 16.25; 19.10; Lev 9.3-4; Deut 31.27; Josh 22.31; 1 Sam 9.19; 11.13; Ps 95.7; Lk 4.21; 5.26; 13.32-33; 19.9, 42; 23.43; Acts 13.33; Heb 1.5; 3.7, 13, 15; 4.7; 5.5; 13.8

TOGARMAH, district in E Asia Minor Gen 10.3; Ezek 27.14; 38.6

TOMB(S) Gen 50.4-5; 1 Sam 10.1-2; 13.5-6; 2 Sam 21.12-14; 2 Kgs 23.16-18; Is 65.1-4; Jer 8.1-2; Mt 23.27, 29; 27.52, 53; Mk 5.2, 3, 5; 6.29; 15.46; 16.2-3; and parallels in other Gospels; Jn 5.28; 11.17, 31, 38; 12.17; Acts 2.29; 7.16; 13.29; Rev 11.9

TOMORROW Prov 27.1; Is 22.12-14; Mt 6.34; Lk 13.32, 33; 1 Cor 15.32; Jas 4.13, 14

TONGUE(S) (a) <u>literal</u> Ex 4.10-12; Judg 7.5-8; Ps 34.13; 35.28; Prov 10.20; 12.18, 19; 18.21; Is 45.23; Mk 7.33, 35; Lk 1.64; 16.24; Rom 3.13; 14.11; Phil 2.11; Jas 1.26; 3.5, 6, 8; 1 Pet 3.10; Rev 16.10; 17.15

(b) <u>language</u> Is 66.18; Rev 5.9; 7.9; 10.11; 11.9; 13.7; 14.6; <u>see</u> HEBREW

(c) <u>speaking in tongues</u> Acts 2.3, 4, 11, 26; 10.46; 19.6; 1 Cor 12.10, 28, 30; 13.1, 8; 14.2-40

TOPHETH 2 Kgs 23.10; Jer 7.31, 32; 19.6, 11-14

TORCH,-ES Judg 7.15-21; 15.4-5; Nah 2.4; Jn 18.3; Rev 4.5

TOU, or TOI, king of Hamath 2 Sam 8.9, 10; 1 Chr 18.9, 10

TOUCH,-ED,-ING Gen 3.3; 1 Sam 10.26; 1 Chr 16.19-22 (Ps 105.12-15); Ps 104.31-32; Is 6.6-7; 52.11 (2 Cor 6.17); Jer 1.9-10; Zech 2.8; Mt 8.3, 15; 9.20, 21, 29; 14.36; 17.7; 20.34; Mk 1.41; 3.10; 5.27, 28, 30, 31; 6.56; 7.33; 8.22; Lk 5.13; 6.19; 7.14, 39; 8.44-47; 11.46; 18.15; 22.51; 1 Cor 7.1; 2 Cor 6.17; Col 2.21; Heb 11.28; 12.18, 20; 1 Jn 1.1; 5.18

TOWER Gen 11.4-9; Ps 61.3; Prov 18.10; Lk 13.4; 14.28

TRADITION(S) Mt 15.2-6; Mk 7.3-13; 1 Cor 11.2; Gal 1.14; Col 2.8; 2 Thes 2.15; 3.6

TRAMPLE,-ED Ps 68.30; 91.13; Amos 2.6-7; 5.11-12; 8.4-6; Hab 3.12, 15; Mt 7.6

TRANSFIGURE,-ATION Mt 17.2; Mk 9.2; 2 Pet 1.16-18

TRANSGRESS,-ED,-ION Ex 23.21; 34.6-8; Num 14.18; Josh 7.11, 15; 23.15-16; 1 Sam 15.24; 2 Kgs 18.11-12; Ps 32.1; Prov 29.6, 22; Is 58.1; 59.20; Dan 9.11; Hos 6.7; 8.1; Amos 4.4-5; Mic 1.2-5; Mt 15.2, 3; Lk 22.37; Rom 4.15; 5.14; Gal 3.19; 1 Thes 4.6; Heb

Tread

2.2; 9.15; Jas 2.9; 2 Pet 2.16; <u>see</u> SIN, INIQUITY

TREAD (TRODDEN) Deut 11.24; Josh 14.9; Is 63.3; Lam 1.15; Mt 5.13; Rev 19.15

TREASURE(S) Gen 43.19-23; 1 Kgs 14.25-26 (2 Chr 12.9); Prov 10.2; 15.6, 16; 21.6; Is 33.5-6; Mt 2.11; 6.19-21; 12.35; 13.44, 52; 19.21; Mk 10.21; Lk 6.45; 12.21, 33, 34; 18.22; Acts 8.27; 2 Cor 4.7; Col 2.3; Heb 11.26; Jas 5.3

TREASURY(IES) Deut 28.12; Josh 6.19, 24; 1 Kgs 7.51; 2 Kgs 12.18; Ezra 6.2-4; 7.20; Mt 27.6; Mk 12.41, 43; Lk 21.1; Jn 8.20

TREE(S) (a) <u>general</u> Gen 2.16; Ex 15.25; Judg 9.7-15; 1 Kgs 19.4-5; Ps 1.1, 3; Prov 11.30; 15.4; Jer 17.8; Hab 3.17-18; Zech 4.11-14; Mt 3.10; 7.17-19; 12.33; 13.32; 21.8, 19-21; 24.32; Mk 8.24; 11.13, 20, 21; 13.28; Lk 13.6, 7, 19; 17.6; 19.4; 21.29; Jn 1.48, 50; 12.13; Rom 11.17, 24; Jas 3.12; Jude 12; Rev 6.13; 7.1, 3; 11.4

(b) <u>of life</u> Gen 2.9; 3.24; Rev 2.7; 22.2, 14, 19

(c) <u>cross, or for hanging</u> Gen 40.19; Deut 21.22-23; Acts 5.30; 10.39; 13.29; Gal 3.13; 1 Pet 2.24

TREMBLE,-ED,-ING,(s) Deut 2.17, 25; 1 Sam 4.12-13; 14.13-15; Ps 2.11; 119.120; Is 32.11; 64.1-2; 66.5; Jer 5.22-23; Ezek 26.15-16; Dan 6.26; Mk 5.33; Phil 2.12

TRESPASS(ES) Mt 6.14-15; Mk 11.25, 26; Rom 4.25; 5.15-20; 11.11, 12; 2 Cor 5.19; Gal 6.1; Eph 1.7; 2.1, 5; Col 2.13

TRIAL(S) (a) <u>judicial</u> Job 9.32; Ps 37.33; 109.6; Mk 13.11; Acts 23.6; 24.21; 26.6

(b) <u>testing and suffering</u> Deut 4.32-34; 7.18-19; 29.2-3; Judg 6.39; Lk 22.28; Acts 20.19; Gal 4.14; Jas 1.2, 12; 1 Pet 1.6; 2 Pet 2.9; Rev 3.10

TRIBE(S) Gen 49.1-28; Num 1.4-49; 36.2-12; Judg 21.1-5; Ps 105.37-45; 122.3-4; Is 49.6; 63.17; Rev 5.9; 7.4-8

TRIBULATION(S) Deut 4.30-31; 1 Sam 26.24; Mt 13.21; 24.9, 21; Mk 4.17; 13.19, 24; Jn 16.33; Acts 14.22; Rom 2.9; 8.35; 12.12; Rev 1.9; 2.9, 10, 22; 7.14

TRIES,-IED (testing) 1 Chr 29.17; Job 23.10; Ps 66.8-12; Prov 17.3; Is 48.10; Jer 11.20

TROAS, city in NW Asia Minor Acts 16.8, 11; 20.5, 6; 2 Cor 2.12; 2 Tim 4.13

TRODDEN <u>see</u> TREAD

TROPHIMUS Acts 20.4; 21.29; 2 Tim 4.20

TROUBLE Josh 7.22-26; 1 Kgs 18.17-18; Ps 9.9; 20.1; 25.22; 86.7; Prov 11.8; 15.16; Is 33.2; 65.16; Jer 14.8-9; Nah 1.7; see also AFFLICTION; DISTRESS; GRIEF; SORROW; SUFFERING; TRIBULATION

TRUE 1 Sam 9.6; 2 Sam 7.28-29; 22.31; 1 Kgs 8.61; 2 Chr 15.3-4; Ps 18.30; 19.9; 119.151; 141.6; Prov 30.5; Mt 22.16; Mk 12.14; Lk 16.11; Jn 1.9; 3.21, 33; 4.23; 5.32; 6.32; 7.18; 8.26; 10.41; 17.3; 19.35; 21.24; Rom 3.4; 2 Cor 6.8; Eph 5.9; Phil 4.8; 1 Thes 1.9; 1 Tim 1.2; Tit 1.4, 13; 1 Jn 2.8, 27; 5.20; Rev 3.7, 14; 6.10; 15.3; 16.7; 19.2, 9, 11; <u>see also</u> UPRIGHT

TRUMPET(S) Ex 19.10-19; Lev 23.24; 25.9-10; Josh 6.4-20; Judg 7.18; 1 Sam 13.3-4; 1 Kgs 1.32-34, 39-40; Ps 47.5; 98.6; 150.3; Is 27.13; 58.1; Jer 4.5, 19-22; Hos 8.1; Joel 2.1, 15; Zech 9.14; Mt 6.2; 24.31; 1 Cor 15.52; 1 Thes 4.16; Heb 12.19; Rev 1.10; 4.1; 8.2-13; 9.13, 14; 11.15

TRUST,-ED,-S Ruth 2.12; 2 Kgs 18.5-6; Ps 9.10; 13.5; 22.4-5; 32.10; 37.3, 5; 40.3-4; 52.7-8; 84.12; Prov 3.5; 11.28; 16.20; 29.25; Is 12.2; 26.3-4; Jer 17.5-8

TRUTH (a) general Gen 42.16; 2 Chr 18. 15; Ps 51.6; 145.18; Prov 12.17; 23. 23; Is 59.14-15; Jer 4.1-2; 5.1, 3; Jn 1.14, 17; 4.23, 24; 5.33; 8.32, 40, 44-46; 14.6; 16.7, 13; 17.17, 19; 18. 37-38; Rom 1.18, 25; 2.8, 20; 9.1; 2 Cor 11.10; 13.8; Gal 2.5, 14; 5.7; 2 Tim 1.14; 2.15, 25; 3.7, 8; 4.4; Tit 1.1, 14; Heb 10.26; Jas 1.18; 1 Pet 1.22; 2 Pet 2.2; 1 Jn 1.6, 8; 2.4, 21; 3.18, 19; 4.6; 5.7; 2 Jn 1-4; 3 Jn 3, 4, 8, 12

(b) truth of God, God of truth Ps 25.5; 43.3; 86.11; Is 45.19; 65.16

(c) Spirit of Jn 14.17; 15.26; 16.13

TRYPHAENA Rom 16.12

TRYPHOSA Rom 16.12

TUBAL, descendant of Japheth Gen 10.2; 1 Chr 1.5; Is 66.19; Ezek 38.2-3

TUBAL-CAIN Gen 4.22

TURN 1 Kgs 8.33-36 (2 Chr 6.24-26); 9. 6-7; 2 Kgs 17.13; Neh 9.26, 29; Job 23.13; Ps 25.16; Ps 119.37, 39, 132; Prov 29.8; Is 6.10; 45.22: Jer 25.5; 31.13; Joel 2.14; Jon 3.8-9; Mal 4.6

TYCHICUS Acts 20.4; Eph 6.21; Col 4.7; 2 Tim 4.12; Tit 3.12

TYRANNUS Acts 19.9

TYRE, an important seacost city in Phoenicia 2 Sam 5.11; 1 Kgs 5.1; 7.13-14; Is 23.1-18; Ezek 26.1-21; Amos 1.9-10; Mt 11.21, 22; 15.21; Mk 3.8; 7.24, 31; Lk 6.17; 10.13, 14; Acts 12.20; 21.3, 7

U

ULAI, river on banks of which Daniel had a vision Dan 8.2-3, 6-7, 15-16

UNBELIEF Mt 13.58; Mk 6.6; 9.24; 16.14; Acts 14.2; Rom 11.20, 23; 15.31; 1 Cor 6.6; 7.12-15; 14.22-24; 2 Cor 4. 4; 6.14, 15; 1 Tim 1.13; 5.8; Tit 1.15; Heb 3.12, 19

UNCIRCUMCISED,-ION (a) literal Gen 17. 14; 34.1-4, 14-17; Josh 5.5-7; 1 Sam 17.26, 36; Is 52.1; Ezek 44.6-7; Acts 11.3; Rom 2.25-27; 3.30; 4.9, 11; 1 Cor 7.18-19; Gal 2.7; 5.6; 6.15; Eph 2.11; Col 2.13; 3.11

(b) figurative Ex 6.12, 30; Lev 26. 40-42; Jer 9.25-26; Ezek 44.6-8; Acts 7.51

UNCLEAN,-NESS (a) general Lev 5.2-3; 7. 20-21; 10.10; 14.19; 15.1-11, 31; Num 19.11-13; Judg 13.4; Job 14.4; Is 6. 5; 35.8; 52.1; Ezek 36.29; Acts 10. 14, 28; 11.8; Rom 14.14; 1 Cor 7.14; 2 Cor 6.17 Eph 4.19; 1 Thes 2.3; 4. 7; Rev 21.27

(b) spirit(s) see SPIRIT (d)

UNDERSTAND (UNDERSTOOD) Gen 11.7; Deut 32.28-29; Neh 8.8; Job 6.24; 42.3; Ps 92.5-8; 119.27; Prov 2.1-5; 14.6, 8; 20.24; 28.5; Is 6.9-10; 40.21-23; 43.10; Jer 9.24; Mt 13.13-19, 23, 51; 15.10; 16.12; 17.13; 24.15; Mk 4.12-13; 6.52; 7.14; 8.17, 21; 9.32; 13.14; 14.68; Lk 2.50; 8.10; 9.45; 18.34; 24.25; Jn 3.10; 8.43; 10.6, 38; 12. 16; 13.7; Acts 7.25; 8.30; 28.26-27; Rom 3.11; 7.15; 10.19; 11.25; 15.21; 1 Cor 2.8, 12, 14; 11.3; 12.3; 13.2, 12; 14.2; 2 Cor 1.13; Eph 5.17; Col 1.6; 2 Tim 3.1; Heb 11.3; 13.23; 2 Pet 1.20; 3.3, 16; Jude 10

UNDERSTANDING Deut 32.28-31; 1 Kgs 3.8-9; 4.29-30; Job 12.12; 32.8; Ps 49. 3; 111.10; 119.34; 119.99, 104, 125, 169; 147.5; Prov 2.1-5, 11; 3.5, 13-14, 19; 9.10; 14.29; 15.14, 21; Is 29.16; 40.13-14, 28; Mt 11.25; 15.16; Mk 7.18; 12.33; Lk 2.47; 10.21; 2 Cor 10.12; Eph 4.18; Phil 4.7; Col 1.9; 2.2; 1 Tim 1.7, 9; 2 Tim 2.7; Jas 3. 13; 1 Jn 5.20; Rev 13.18

UNGODLY,-INESS 2 Chr 19.2; Ps 1.1,4-6; 43.1-2; Rom 1.18; 4.5; 5.6; 11.26; 1 Tim 1.9; 2 Tim 2.16; 2 Pet 2.5, 6; 3. 7; Jude 4, 15, 18

UNITY see ONE

UNLEAVENED Ex 12.17, 39.; Lev 6.16-17; Num 6.13-16; Deut 16.1, 8

UNRIGHTEOUS,-NESS Ex 23.1; Lev 19.15 (19.35); Ps 71.4; 92.15; Is 10.1-3; 55.7; Jer 22.13; Lk 16.9, 11; 18.6; 1 Cor 6.1, 9; 2 Thes 2.12; Jas 3.6; 1 Pet 3.18; 2 Pet 2.9; 1 Jn 1.9

UPRIGHT,-LY,-NESS 1 Sam 29.6; 2 Sam 22. 21-25; 2 Chr 19.11; 29.34; Job 1.1, 8; 2.3; Ps 7.10; 25.8; 36.10; 73.1; 84.11; 112.1-5; 119.7; 125.4; 140.13; Prov 13.6; 14.2; Is 33.15-16; Hos 14.9; Mic 2.7; Mal 2.4-7

URBANUS Rom 16.9

UR (a) city of Abraham's birth Gen 11. 28, 31; 15.7; Neh 9.7

(b) father of Eliphal 1 Chr 11.35

URIAH (a) Hittite; a mighty man of David's army 2 Sam 11.1-27; 2 Sam 23.39; 1 Kgs 15.4-5; 1 Chr 11.41

(b) a prophet Jer 26.20-23

(c) others (1) Is 8.2; (2) Ezra 8.33; Neh 3.4, 21; (3) Neh 8.4

URIJAH high priest during reign of Ahaz 2 Kgs 16.10-16; probably same as URIAH (c) (1)

URIM, object(s) used to determine the will of the Lord Ex 28.28-30; Lev 8.8; Num 27.21; Deut 33.8; 1 Sam 14.41; 28.6; Ezra 2.63; Neh 7.65

USURY see INTEREST

UZ Gen 10.23; 22.21; 1 Chr 1.17, 42; Job 1.1; Jer 25.20; Lam 4.21

UZZAH (a) 2 Sam 6.1-7; 1 Chr 13.1-10; (b) 1 Chr 6.29-30; (c) 1 Chr 8.7

UZZIAH (a) a king of Judah (Azariah) 2 Kgs 15.13, 30-34; 2 Chr 26.1-23; 27.2; Is 1.1; 6.1; Hos 1.1; Amos 1.1; Zech 14.5

(b) others (1) 1 Chr 6.24; (2) 1 Chr 27.25; (3) Ezra 10.21; (4) Neh 11.4

V

VALIANT,-LY Num 24.18; 1 Sam 18.17; 2 Sam 2.7; 13.28; 17.10; Ps 60.12 (108.13); 118.15-16; see COURAGEOUS

VALLEY(S) Josh 8.13; 1 Kgs 20.28; Ps 23.4; 65.13; Is 22.1-8; 28.1; 40.4; Jer 7.32 (19.6-8); 21.13; Hos 2.15; Joel 3.14; Lk 3.5; Jn 18.1

VANIT(IES) Ps 119.37; Eccl 1.1-18; 2.1-26; 3.19; 4.4, 7; 12.8; Is 49.4; Hos 5.11

VASHTI Esth 1.9-20; 2.1-4, 17

VEIL in tabernacle, Ex 26.31-35; 27.21; 30.1, 6; 40.3, 21-26; Lev 4.6, 17; 16.2, 12-15; 21.23; Mt 27.51 ("curtain" RSV); 2 Cor 3.13-16

VENGEANCE Gen 4.15; Deut 32.35, 41; Ps 94.1-3; Prov 6.34; Is 34.8; 35.4; 61.1-2; Jer 50.28; 51.6, 11; Ezek 25.17; Nah 1.2; Lk 21.22; Rom 12.19; 2 Thes 1.8; Heb 10.30

VICTORY Deut 20.2-4; 1 Sam 14.45; 19.4-5; 2 Sam 8.6, 14 (1 Chr 18.6, 13); 23.10-12 (1 Chr 11.14); 2 Chr 20.17; Job 40.14; Ps 48.10; 98.1-3; Prov 21.31; Is 59.16; 63.5; Zech 12.7; Mt 12.20; Jn 16.33; Rom 12.21; 1 Cor 15.54, 55, 57; 2 Pet 2.19; 1 Jn 2.13, 14; 4.4; 5.4, 5

VILLAGE(S) Gen 25.16; Lev 25.31; 1 Chr 9.22-25; Mt 9.35; 10.11; 14.15; 21.2; Mk 6.6, 36, 56; 8.23, 26, 27; 11.2; Lk 5.17; 8.1; 9.6, 12, 52, 56; 10.38; 13.22; 17.12; 19.30; 24.13, 28; Jn 7.42; 11.1, 30; Acts 8.25

VINDICATE,-S,-ED Deut 32.36; 1 Kgs 8.31-32 (2 Chr 6.22-23); Job 13.18; Ps 26.1; 35.24; 43.1; 135.14; Ezek 36.23; 38.16

VINDICATION Ps 17.2; 24.5; 103.6; Is 54.17; 62.1-2; Jer 51.10

VINE(S) Gen 40.9-10; Judg 9.8-13; 13.13-14; 1 Kgs 4.25; 2 Kgs 18.31, 32 (Is 36.16-18); Ps 80.8-9; Jer 2.21; Hos 10.1; Hab 3.17-18; Zech 3.10; Mt 26.29; Mk 14.25; Lk 22.18; Jn 15.1, 4, 5; Rev 14.18

VINEGAR Num 6.1-3; Ps 69.21; Prov 10.26; 25.20; Mt 27.48; Mk 15.36; Lk 23.36; Jn 19.29-30

VINEYARD(S) Gen 9.20; Lev 19.10; Deut 20.6; 1 Kgs 21.2-16; Is 5.1-7; 65.21; Amos 9.14; Mt 20.1-16; 21.28-32, 33-43; and parallels in other Gospels; 1 Cor 9.7

VIOLENCE Gen 6.11-13; Ps 11.5; Is 53.8-9; 60.18; Jer 22.3; Jon 3.7-9

VIRGIN,-ITY Ex 22.16-17; Lev 21.1-15; Deut 22.13-29; Judg 11.37-38; Esth 2.2-4, 16-17; Is 47.1; Amos 5.2; Mt 1.23; Lk 1.27

VISION(S) Gen 15.1; Num 12.6-8; 24.4, 16; 1 Sam 3.1; Is 1.1ff; Lam 2.9; Ezek 7.26; Dan 1.17; 2.17-19; Hos 12.10; Obad 1.1ff; Nah 1.1ff; Hab 2.2-5; Zech 13.4-5; Mt 17.9; Lk 1.22; 24.23; Acts 2.17; 9.10; 10.3, 17, 19; 11.5; 12.9; 16.9-10; 18.9; 26.19; 2 Cor 12.1; Col 2.18

VISIT,-ED Gen 50.24-25; Ex 13.19; 32.34; Ruth 1.6; Prov 19.23; Mt 25.36, 39, 43; Lk 1.68; 7.16; Acts 7.23; 10.28; 15.14, 36; 28.8; 1 Cor 16.5; 2 Cor 1.16; Gal 1.18; 1 Thes 2.1; Jas 1.23

VOICE (a) of God, or from heaven Deut 4.12-14, 30-31; 5.22-26; 8.20; Josh 5.6; 1 Sam 15.17-23; 2 Sam 22.14 (Ps 18.13); 1 Kgs 19.9-18; Job 37.2-5; 40.9; Ps 18.13; 29.3-9; 46.6; 95.7; Is 6.8; Jer 7.23-26; 42.5-6; Ezek 1.25; Dan 4.31-32; 9.8-14; Jon 2.2, 9; Zeph 3.1-2; Hag 1.12; Zech 6.15; Mt 3.17; 17.5; Mk 1.11; 9.7; Lk 3.22; 9.35-36; Jn 5.37; 12.28, 30; Acts 7.31; 10.13, 15; 11.7, 9; Heb 3.7, 15; 4.7; 12.19, 26; 2 Pet 1.17, 18; Rev 4.1; 10.4, 8; 11.12; 12.10; 14.13

(b) Jesus Mt 27.46, 50; Mk 15.34; Lk 23.46; Jn 5.25, 38; 10.16, 27; 11.43; 18.37; Acts 9.4, 7; 22.7, 9, 14; 26.14; Rev 1.10, 12, 15; 3.20

(c) angel(s) Ex 23.20-22; Judg 13.3-25; Is 6.2-4, 7; Rev 5.2, 11, 12; 10.3; 14.7, 9, 15, 18; 18.2; 19.17

(d) other Gen 3.17; 4.10; 27.22; Num 20.16; 21.2-3; Deut 21.18-21; 28.1-14, 15-68; Josh 6.10; 10.12-14; Judg 13.9; 1 Sam 15.24-25; 24.16-19; 2 Chr 30.25-27; Ezra 10.10-15; Ps 5.3; 18.6; 28.2, 6; Prov 1.20; Mt 2.18; 3.3; 12.19; Mk 1.26; Lk 1.44; 11.27; 17.15; 19.37; Jn 3.29; 10.3-5; Acts 2.14; 7.56; 12.14, 22; 26.24; Rom 10.18; 2 Pet 2.16; Rev 6.1, 6, 7, 10; 8.13; 9.13; 16.1, 17; 18.23; 19.1, 5, 6

VOW Gen 28.20; Num 6.2; 30.2-14; Deut 12.11, 17; Judg 11.30, 35, 39; Eccl 5.4, 5; Acts 18.18; 21.23

W

WAFER(S) Ex 16.31; Lev 8.26, 27; 1 Chr 23.28-29

WAGES Gen 29.15; 30.28; 31.7; Ex 2.9; Zech 11.12; Mal 3.5; Lk 3.14; 10.7; Rom 6.23; Jas 5.4; see HIRE; RECOMPENSE; REWARD

WAGON(S) Gen 45.19-21, 27; Num 7.2-8; see CART

WAIL,-ING Is 13.6; Jer 4.8; 9.19; 25.34-37; Ezek 27.32; Joel 1.5, 11, 13; Mt 2.18; Mk 5.38; Lk 7.32

WAIT Gen 49.18; Ps 25.5; 62.5; Is 25.9; 64.4; Lam 3.24-26; Rom 8.19, 23, 25; 1 Cor 1.7; 11.33; Gal 5.5; 1 Thes 1.10; Heb 9.28; 10.13; Jas 5.7; 2 Pet 3.12-14; Jude 21

WALK Gen 6.9; Deut 10.12-13 (Mic 6.8); Josh 22.5; Neh 5.9; Ps 1.1; 128.1-2; Is 2.3, 5; Mic 4.5; 6.8; Jn 8.12; 11.9, 10; 12.35; 21.18; Acts 9.31; 14.

16; Rom 6.4; 8.4; 14.15; 2 Cor 5.7; Gal 5.16, 25; 6.16; Eph 2.2, 10; 5.2, 8, 15; Col 3.7; 1 Jn 1.6, 7; 2.6, 11; Jude 11; Rev 3.4; 21.24

WALL   Ex 14.22; Josh 6.20; Neh 2.11-16, 17-18; 4.6; 6.15-16; Acts 9.25; Rev 21. 12-19; figurative wall, Ps 18.29; Is 26.1, 2; 60.17-18; Zech 2.4-5; Eph 2.14

WAR(S)   laws concerning, Deut 20.2-9; aggressive, Judg 20.18-36; Solomon's prayer concerning, 2 Chr 6.34; see also 1 Chr 6.22; Ps 27.3; 46.9; Eccl 3.8; Is 2.4 (Mic 4.3); Mt 24.6; Mk 13.7; Lk 21.9; Rom 7.23; 2 Cor 10.3, 4; 1 Tim 1.18; Heb 11.34; Jas 4.1, 2; 1 Pet 2.11; Rev 2.16; 11.7; 12.7, 17; 13.7; 17.14; 19.11, 19

WARN,-ING   2 Kgs 6.8-10; Ps 19.11 (see verse 7); Jer 6.9-10; Ezek 3.17; Mt 2.12, 22; 3.7; Lk 3.7; 12.5; 16.28; 1 Cor 10.6, 11; 2 Cor 13.2; Gal 5.21; Col 1.28; 2 Thes 3.15; Heb 11.7; 12.25; Rev 22.18

WASH,-ING   (a) literal and/or ceremonial Ex 30.17-21; Lev 14.2, 8-9; 15.5-13; 2 Kgs 5.10-14; Mt 6.17; 15.2; 27.24; Mk 7.3, 4; Lk 5.2; 11.38; Jn 9.7, 11, 15; 13.5-14; Acts 9.37; 16.33; 1 Tim 5.10; Heb 10.22; 2 Pet 2.22

(b) figurative   Ps 51.2, 7; Is 1.16-17; Jn 13.10; 1 Cor 6.11; Eph 5.26; Tit 3.5; Rev 7.14; 22.14

WATCH,-FUL   Gen 31.49; Ex 12.42; Neh 4.9; Ps 61.7; 66.7; 141.3; Prov 15.3; 22.12; Hab 2.1; Mt 24.42; 25.13; 26.38, 40, 41; 27.36, 54; Mk 13.34-37; 14.34, 37, 38; Lk 21.36; 1 Cor 16.13; Col 4.2; 1 Pet 5.8

WATCH(ES), period of the night   (a) general Ps 90.4

(b) Jewish division into three watches beginning of the watches, 6.00 P.M. —10.100 P.M., Lam 2.19; middle watch, second watch, 10.00 P.M.—2.00 A.M., Judg 7.19; Lk 12.38; morning watch, third watch, 2.00 A.M.—6.00 A.M., 1 Sam 11.11; Lk 12.38

(c) Roman division into four watches fourth watch, 3.00 A.M.—6.00 A.M., Mt 14.25; Mk 6.48

WATCHMAN,-MEN   Ps 127.1; Is 21.6, 11, 12; Jer 6.17; Ezek 3.17-21 (33.1-9)

WATER(S),-ED   (a) literal   Gen 1.2; 13.10; 29.10; Ex 2.10; 7.14-24; 17.1-7; 2 Kgs 2.6-8, 19-21; Ps 78.18-20; Is 48.21; Mt 3.11, 16; 10.42; 14.28, 29; 17.15; 27.24, 49; Mk 14.13; Lk 7.44; 8.23, 25; 16.24; Jn 1.31, 33; 2.7, 9; 3.23; 4.7; 5.7; 13.5; 19.34; Acts 8.36, 38, 39; 1 Tim 5.23; Heb 9.19; 10.22; Jas 3.11, 12; 1 Pet 3.20; 2 Pet 3.5, 6; Rev 8.10, 11; 14.7; 16.4, 5, 12

(b) figurative   Is 12.3; 43.2; 44.1-5; Jer 2.12-13; 17.13; Jn 3.5; 4.10-15; 7.38; Eph 5.26; 1 Jn 5.6, 8; Rev 7.17; 21.6; 22.1, 17

WATER FOR IMPURITY   Num 19

WATER OF BITTERNESS   a test for guilt or innocence regarding adultery, Num 5.16-30

WAVE OFFERING   (a) peace offering   Ex 29.22-28

(b) consecration of harvest   Lev 23.10-14

(c) pentecost peace offering   Lev 23.15-21

(d) guilt offering of leper   Lev 14.12-20, 21-32

(e) meal offering of jealousy   Num 5.25

WAY(S)   (a) literal   Ex 13.21-22; Num 22.22, 26, 31-35; Mt 2.12; 8.28; 20.17; Lk 13.22, 33; 17.11; Acts 26.13; 1 Cor 16.11; 2 Cor 1.16; Tit 3.13

(b) figurative   Gen 6.12; Deut 8.6; 1 Sam 12.20-24; 2 Sam 22.31, 33 (Ps 18.30,32); 143.8; Prov 3.5, 6; Is 35.8; 53.6; 55.7-8; Jer 7.23; 42.1-6; Ezek 7.3; Dan 4.37; Mal 3.1; Mt 3.3; 7.13, 14; 11.10; 21.32; 22.16; and parallels in other Gospels; Lk 1.79; Jn 14.4-6; Acts 2.28; 9.2; 14.16; 16.17; 18.25, 26; 19.9, 23; 22.4; 24.14, 22; Rom 11.33; Heb 3.10; 10.20; 1 Pet 1.18; 2 Pet 2.2, 15, 21; 1 Jn 2.6; Jude 11; Rev 15.3

WEAK,-NESS Judg 16.6-7; 2 Sam 3.38-39; 35.3-4; Mt 26.41; Mk 14.38; Acts 20.35; Rom 8.26; 14.1-2; 15.1; 1 Cor 1.25, 27; 2.3; 4.10; 8.7-12; 9.22; 11.30; 15.43; 2 Cor 10.10; 11.21, 29; 12.5, 9, 10; 13.3, 4, 9; 1 Thes 5.14; 2 Tim 3.6; Heb 4.15; 5.2; 7.28; 11.34; 12.12

WEALTH see RICHES

WEARY Prov 3.11-12; Is 7.11-13; 28.11-12; 32.1-2; 40.28-31; 43.22-24; Jer 31.25; Mal 2.17; Gal 6.9; Heb 12.3

WEDDING Mt 9.15; 22.8-12; Mk 2.19; Lk 5.34; see MARRY

WEEKS, FEAST OF Ex 34.22, 23; Num 28.26-30; Deut 16.9-12; 2 Chr 8.12, 13 (1 Kgs 9.25)

WEEP,-ING Gen 50.4-5; Deut 34.7-8; 1 Sam 11.2-5; Neh 8.9; Ps 30.5; 126.6; Is 30.19-21; Jer 31.15-17; Mt 2.18; 8.12; 13.42, 50; 22.13; 24.51; 25.30; 26.75; Mk 5.38, 39; 14.72; Lk 6.21, 25; 7.13, 32, 38; 8.52; 19.41; 22.62; 23.28; Jn 11.31, 33, 35; 16.20; 29.11, 13, 15; Acts 9.39; 20.37; 21.13; Rom 12.15; Jas 4.9; 5.1; Rev 5.4, 5; 18.9, 11, 15, 19

WEIGHT(S) Lev 19.35-36; Deut 25.13-15; Prov 11.1; 20.10, 23; Lam 4.2; Mic 6.11; Heb 12.1; see BEKA, GERAH, MINA, MONEY, POUND, SHEKEL, TALENT

WELL (adjective, adverb) Gen 4.7; 12.13; 40.14; Ex 4.14-16; Num 11.18; Deut 4.40; 5.16; Eccl 8.12-13; Is 3.10-11; Mt 9.12, 21, 22; 14.36; Mk 5.28, 34; 6.56; 7.37; 10.52; Lk 5.31; 7.10; 8.48, 50; 17.19; 18.42; Jn 5.14; 7.23; Acts 4.10; 14.9

WHEAT Deut 8.7-9; Judg 6.11; Ruth 2.33; Ps 81.16; 147.14; Jer 12.13; Amos 8.4-8; Mt 13.25, 29, 30; Jn 12.24; 1 Cor 15.37

WHIRLWIND 2 Kgs 2.1, 9-12; Job 38.1; 40.6; Hos 8.7; Nah 1.3; Zech 7.14

WICKED,-NESS Gen 6.5-6; 13.13; Deut 23.9; 1 Kgs 21.25-26; 2 Chr 7.14; Job 11.14; 34.10; Ps 5.4-6; 73.1-3; 84.10; 119.155; 139.23-24; Prov 11.5, 7; 15.29; Is 48.22 (57.21); Mt 18.32; 24.12, 48; 25.26; Mk 7.22; Lk 11.39; 19.22; Acts 1.18; 3.26; 8.22; 17.5; Rom 1.18, 29; 2.8; 3.5; 6.13; 1 Cor 5.13; Eph 6.12; 2 Thes 2.10; 3.2; Jas 1.21; 2 Pet 2.7; 2 Jn 11

WIDOW(S) general, 1 Kgs 17.9, 10, 20; Lam 1.1; Lk 2.37; 4.25, 26, 7.12; 18.3-5; 21.2-3; Acts 6.1; 9.39, 41; God's compassion for, Deut 10.18; Ps 146.9; Mk 12.40, 42, 43; Lk 20.47; instructions concerning, Ex 22.22-24; Deut 14.28-29; 24.17-22; 26.12, 13; Is 1.17; Jer 7.6-7; Zech 7.10; Mal 3.5; 1 Cor 7.8; 1 Tim 5.3-16; Jas 1.27

WIFE(VES) Gen 2.24; Ex 20.17 (Deut 5.21); Deut 22.13-21, 22; 24.1-5; Ezra 10.2-4; Esth 1.20; Ps 128.3-4; Prov 6.27-29; 18.22; 19.14; Eccl 9.9; Mal 2.13-16; Mt 1.20, 24; 5.31-32; 14.3; 19.3, 5, 9, 10; 22.25, 28; 27.19; Mk 10.2, 7, 11; 12.19, 20, 23; Lk 1.5, 13; 8.3; 14.20, 26; 17.32; 18.29; Jn 19.25; Acts 5.1, 7; 18.2; 24.24; 1 Cor 5.1; 7.2-4, 10-12, 14, 16, 27, 33, 39; 9.5; Eph 5.22-33; Col 3.18-19; 1 Thes 4.4; 1 Pet 3.1-7; Rev 21.9; see WOMAN

WILDERNESS Ex 14.1-12; 16.2-3; 19.2; Num 14.26-35; Deut 1.19; 8.2-4; 29.5; 32.10-12; Neh 9.18-21; Is 40.3; 41.18; 51.3; Mt 3.1, 3; 4.1; 11.7; 24.26; Mk 1.3, 4, 12, 13; Lk 1.80; 3.2, 4; 4.2; 5.16; 7.24; 15.4; Jn 1.23; 3.14; 6.31, 49; 11.54; Acts 7.30, 36, 38, 42, 44; 13.18; 21.38; 1 Cor 10.5; 2 Cor 11.26; Heb 3.8, 17; Rev 12.6, 14; 17.3

WILL (desire, purpose) (a) God Ezra

7.18; Ps 40.8; 143.10; Dan 4.17, 25, 35; Mt 6.10; 7.21; 12.50; 18.14; 26.39, 42; Mk 3.35; 14.36; Lk 22.42; Jn 4.34; 5.30; 6.38-40; 7.17; 9.31; Acts 13.22; 21.14; 22.14; Rom 1.10; 2.18; 9.18, 19; 12.2; 15.32; 1 Cor 1.1; 16.12; 2 Cor 1.1; 8.5; Gal 1.4; Eph 1.1, 5, 9, 11; 5.17; 6.6; Phil 2.13; Col 1.1, 9; 4.12; 1 Thes 4.3; 5.18; 2 Tim 1.1; Heb 10.7, 9, 10; 10.36; 13.21; Jas 1.18; 1 Pet 2.15; 3.17; 4.2, 19; 1 Jn 2.17; 5.14

(b) man Ps 27.12; 41.1-2; Lk 12.47; 23.25; Jn 1.13; 8.44; Rom 7.18; 1 Cor 9.17; Eph 6.7; Phil 1.15

WIND (a) literal Gen 8.1-3; Ex 15.9-10; Num 11.31; 1 Kgs 19.11; Ps 103.15-16; 135.5-7; Is 32.1-2; Mk 4.37, 39, 41; Jn 3.8; Acts 2.2

(b) figurative Job 6.26; Prov 11.29; Jer 5.13; Hos 8.7; Mic 2.11; Eph 4.14; Jas 1.6

WINE (a) literal Gen 9.21-24; Lev 10.9; Num 6.2-4; Judg 13.2-4, 7, 13-14; 1 Sam 1.14-15; Ps 104.14-15; Prov 20.1; 23.29-35; 31.4-5, 6-7; Ezek 44.21; Dan 1.8; Mt 9.17; 21.33; 27.34; Mk 2.22; 12.1; 15.23; Lk 1.15; 5.37-39; 7.33; 10.34; Jn 2.3-10; 4.46; Acts 2.13; Rom 14.21; Eph 5.18; 1 Tim 3.8; 5.23; Rev 6.6; 18.13

(b) figurative Prov 4.14, 17; Is 55.1; 65.11-12; Jer 25.15; 51.7; Rev 14.8, 10; 17.2

WISDOM (a) God, or God-given 1 Kgs 3.28; 4.29; Ezra 7.25; Job 12.13, 16; 28.28; Ps 111.10; Prov 2.6-7; 9.10; Jer 51.15; Lk 11.49; Rom 11.33; 1 Cor 1.21, 24, 30; 2.7; Eph 1.9, 17; 3.10; Col 1.9; 2.3; Jas 3.17; Rev 13.18; 17.9

(b) man Deut 34.9; 1 Kgs 4.30, 34; 10.4-8, 23-24 (2 Chr 9.1-8, 22-23); Eccl 1.16-17; 8.1; Dan 1.20; 5.11-12; Mt 11.19; 12.42; 13.54; Mk 6.2; Lk 1.17; 2.40, 52; 7.35; 11.31; 21.15; Acts 6.3, 10; 7.10, 22; 1 Cor 1.17, 19, 20-22; 2.1, 4-6, 13; 3.19; 12.8; 2 Cor 1.12; Col 1.28; 2.23; 3.16; Jas 1.5; 3.13, 15; 2 Pet 3.15; Rev 5.12; 7.12

(c) general Job 12.2; 28.12-28; Prov 4.7; 8.1-36; 9.1; 16.16; Eccl 1.18

WISE Gen 41.33; Deut 4.5-6; 32.28-29; 1 Kgs 3.9, 12; Job 32.6-9; Ps 19.7; Prov 1.6; 3.7; 6.6; 10.14, 19; 11.29; 13.1; 14.1; 17.28; Eccl 4.13; 8.5; 10.12; Is 5.21; Dan 12.3; Hos 14.9; Mt 2.1-16; 7.24; 10.16; 11.25; 23.34; 24.45; 25.2-9; Lk 10.21; Rom 1.14, 22; 16.19, 27; 1 Cor 1.19, 20, 26, 27; 3.18-20; 4.10; 6.5; 2 Cor 11.19; Eph 5.15; Jas 3.13

WITNESS(ES) (a) general Gen 31.44-52; Deut 17.6-7; 19.15; Josh 22.26-28; 24.22-27; Prov 14.5; 24.28; Is 55.4; Mt 23.31; Lk 11.48; 24.48; Jn 1.7, 8, 15, 32, 34; 2.25; 3.11, 26, 28, 32; 5.31-39; 3.18, 14; 10.25; 12.17; 18.23, 37; 19.35; 21.24; Acts 1.8, 22; 2.32; 3.15; 5.32; 7.44, 58; 10.39, 41, 43; 13.31; 14.3, 17; 22.5, 20; 23.11; 26.16; 2.15; 3.21; 8.16; 9.1; 10.2; Gal 4.15; Col 4.13; Heb 10.28; 12.1; 1 Pet 5.1; 1 Jn 5.7-9; Rev 1.2; 2.13; 6.9; 11.3; 15.5

(b) false Ex 20.16 (Deut 5.20); Deut 19.16-19; Prov 6.16-19; 12.17; 19.5; Mt 15.19; 19.18; 26.60; Mk 10.19; 14.56-57; Lk 18.20; Acts 6.13

(c) the Lord, God, Spirit, Jesus as w Judg 11.10; 1 Sam 12.5; Jer 29.23; Mic 1.2; Zeph 3.8; Mal 2.14; Jn 5.37; 8.18; 15.26; Acts 15.8; Rom 1.9; Phil 1.8; Heb 2.4; 10.15; 11.4; 1 Jn 5.7, 9; Rev 1.5; 3.14

WIZARD(S) Lev 19.31; 20.27; Deut 18.11; Is 8.19; see ENCHANTER, MAGICIAN, SORCERER

WOMAN (WOMEN) Gen 2.21-23; 3.15-16; 28.1; Ex 1.16-20; 35.20-22, 25-26; Ruth 4.14-17; 1 Sam 18.6-7; 1 Kgs 11.1-2; Prov 2.16-19; 5.3-6; 9.13-18; 11.16; 21.19; 25.24; 27.15; 31.10, 30; Is 7.14; 32.9-15; 49.15; 54.6; Mt 5.28, 32; 9.20-22; 13.33; 15.22-28; 22.27; 24.41; 26.7-13; 27.55; 28.5; and parallels; Lk 7.37-50; 10.38; 11.27;

13.11-17; 15.8-10; Jn 2.4; 4.7-42; 8. 3-11; 16.21; 19.26; 20.11-18; Acts 1. 14; 5.14; 8.3, 12; 9.2; 13.50; 16.1; 13-15; 17.34; Rom 1.26, 27; 7.2; 1 Cor 7.1-40; 11.3-16; 14.34-35; Gal 4. 4, 21-31; Phil 4.3; 1 Thes 5.3; 1 Tim 2.9-15; 3.11; 5.2; 2 Tim 3.6; Tit 2. 3-5; Rev 2.20; 12.1-6, 13-17; 17.1-18; see WIFE

WONDERS Ex 3.20; 11.9-10; Deut 4.34-35; 6.22-23; Jos 3.5; Judg 13.19; Ps 77. 11-15; 78.4, 32; Dan 4.2-3; Mt 24.24; Jn 4.48; Acts 2.22, 43; 15.12; Rom 15. 19; 2 Thes 2.9; Heb 2.4; see MIRACLE

WORD (a) God Gen 15.1, 4-5; Ex 9.20-21; Num 3.16, 51; Deut 5.4-22; 18.15-22; 1 Sam 9.27; 2 Sam 12.9; 1 Kgs 12.22-24 (2 Chr 11.2-4); Ps 107.20; 119.11, 89, 105; 130.5; Prov 30.5; Is 5.24; 40.8; 45.23; Jer 1.1-5; Ezek 1.3; Dan 9.2; Hos 1.1; Joel 1.1; Amos 3.1; Jon 1.1; Mic 1.1; Hab 1.1 (oracle); Zeph 1.1; 2.5; Hag 1.1; Zech 1.1; Mal 1.1; Mt 4.4; 13.19-23; 15.6; Mk 2.2; 4.14-20, 33; 7.13; Lk 1.2; 2.29; 3.2; 5.1; 8.11-15, 21; 11.28; Jn 5. 38; 8.55; 10.35; 17.6, 14, 17; Acts 4.4, 29, 31; 6.2, 4, 7; 8.4, 14, 25; 10.36, 37, 44; 11.1, 19; 12.24; 13.5, 7, 44, 46, 48, 49; 14.3, 25; 15.7, 35, 36; 16.6, 32; 17.11, 13; 18.11; 19. 10, 20; 20.32; Rom 9.6; 10.8; 1 Cor 1. 18; 14.36; 2 Cor 2.17; 4.2; Gal 6.6; Eph 1.13; 5.26; 6.17; Phil 1.14; 2. 16; Col 1.5, 25; 4.3; 1 Thes 1.6, 8; 2.13; 2 Thes 3.1; 1 Tim 4.5; 2 Tim 2. 9, 15; 4.2, 17; Tit 1.9; 2.5; Heb 1. 3; 4.12; 5.12; 6.5; 11.3; 13.7; Jas 1.18, 21-23; 1 Pet 1.23, 25; 2.8; 3. 1; 2 Pet 1.19; 3.5, 7; 1 Jn 1.1, 10; 2.5, 7, 14; Rev 1.2, 9; 6.9; 19.13; 20.4; see SCRIPTURE, SCRIPTURES

(b) Christ Mt 8.16; Lk 4.32, 36; 5. 5; 7.7; 22.61; Jn 1.1, 14; 2.22; 4. 41, 50; 5.24; 8.31, 37, 43, 51, 52; 12.48; 14.23, 24; 15.3, 20; 18.9, 32; Acts 11.16; Col 3.16; 1 Thes 4.15

(c) man Ex 8.13; Num 14.20-23; Deut 1.22-25; Josh 1.13; 1 Sam 4.1; 2 Sam 24.4; Prov 12.25; 15.1, 23; 25.11; Mt 12.32, 36; Mk 6.26; Lk 12.10; Jn 12.38; 17.20; Acts 2.41; 13.15; 20. 38; Rom 15.18; 2 Cor 1.18; Col 3.17; Heb 13.22; 1 Pet 3.1

WORDS (a) God Ex 24.3, 4; Num 11.24; Ps 119.103, 130; 145.13; Jer 23.9; Amos 8.11; Mic 2.7; Jn 3.34; 8.47; 17.8; Rev 17.17; 19.9

(b) Christ Mt 26.44; Mk 13.31; Lk 4.22; 6.47; 9.26; 21.33; Jn 5.47; 6.63, 68; 14.24; 15.7; 1 Tim 6.3; Rev 2.1, 8, 12, 18; 3.1, 7, 14

(c) man Gen 11.1; 42.16, 20; Deut 5.28; Judg 11.11; 1 Sam 28.20; 2 Sam 22.1-51; 23.1-7; 1 Kgs 8.59-60; Esth 3.4; Job 4.4; 11.2; Prov 4.20; 15. 26; 16.24; 17.27; Eccl 5.2-3; 9.17; Mal 2.17; Mt 12.37; Acts 2.14, 40; 7.22; Rom 8.26; 1 Cor 2.1, 4, 13; 14. 19; Eph 5.6; 1 Thes 2.5; 1 Tim 6.4; 2 Tim 1.13; 2.14

WORK(S) (a) God Gen 2.2-3; Job 37.14-18; Ps 8.3-4; 40.5; 77.11-15; 104. 24; 145.10-12; Eccl 7.13; 11.5; Is 10.12; 43.13; 64.8; Jer 50.25; Hab 3.2; Jn 4.34; 5.17, 20, 36; 6.28-29; 9.3, 4; 10.32, 37, 38; 14.10; Acts 2.11; Rom 8.28; 14.20; 1 Cor 15.58; 16.10; Phil 1.6; 2.13; Heb 1.10; 3. 9; 4.3, 4; 13.21

(b) Christ Mt 11.20-23; 13.58; Mk 6. 2, 5; Lk 10.13; Jn 6.30; 7.3; 10.25; 14.12; Acts 2.22; Phil 2.30

(c) man Mt 5.16; Mk 9.39; Jn 14.12; Acts 9.36; 13.2; Rom 2.6; 4.5; 15.17; 1 Cor 3.13-15; 2 Cor 8.6, 7; 9.8; Gal 6.4; Eph 4.12; Col 3.23; 1 Thes 1.3; 4.11; 2 Thes 3.10-12; 2 Tim 2. 21; 3.17; 4.5; Tit 3.1; Heb 6.10; Jas 2.14-26; 3.13; Rev 2.19; 3.8, 15; 9.20

(d) of law Rom 3.20, 27, 28; 9.11, 32; 11.6; Gal 2.16; 3.2, 5, 10; 5.19

(e) dead Heb 6.1; 9.14

WORLD (a) universe 1 Sam 2.8; 2 Sam 22.16 (Ps 18.15); 1 Chr 16.30; Job 34.13; Ps 90.2; 96.10-13; Jer 10.12 (51.15); Mt 13.35; 25.34; Lk 11.50; Jn 1.10; 9.32; 17.5, 24; Acts 17.24; Rom 1.20; Eph 1.4; Heb 1.2; 2.5; 4.3;

Worship

9.26; 11.3; 1 Pet 1.20; Rev 13.8; 17.8

(b) earth Mt 4.8; 13.38; 16.26; 24.14; 26.13; Mk 8.36; 16.15; Jn 1.9, 10; 3.17, 19; 9.39; 10.36; 11.9, 27; 13.1; 17.11, 13, 14, 18, 21; 18.20, 36, 37; 21.25; Acts 11.28; Rom 1.8; 4.13; 5.12, 13; 10.18; 1 Cor 3.22; 2 Cor 10.3; Phil 2.15; 1 Tim 1.15; 3.16; 6.7; Heb 1.6; 10.5; 1 Jn 4.1, 3, 17; Rev 3.10; 16.20

(c) people Ps 9.7-8; 96.13 (98.9); Is 13.11; Jn 1.29; 3.16, 17; 4.42; 6.14, 33, 51; 7.4; 8.12, 26; 9.5; 12.19, 46, 47; 14.30; 16.21, 38; Acts 17.6; 17.31; Rom 3.6, 19; 11.2; 2 Cor 5.19; 1 Jn 2.2; 4.14; Rev 12.9

(d) people indifferent or hostile to God Jn 1.10; 7.7; 8.23; 12.31; 14.17, 19, 22, 27, 31; 15.18-19; 16.8, 11, 20, 33; 17.6, 9, 14, 15, 24; 18.36; Rom 12.2; 1 Cor 1.20, 21, 27, 28; 3.19; 6.2; 7.31; 11.32; 2 Cor 4.4; 10.3; Gal 6.14; Eph 2.2, 12; 6.12; Col 2.20; Heb 11.7, 38; Jas 1.27; 4.4; 2 Pet 1.4; 2.5, 20; 3.6; 1 Jn 2.2, 15-17; 3.1, 13; 4.4, 5; 5.4, 5, 19; Rev 11.15

(e) new world Mt 19.28

WORSHIP,-ED,-ING Gen 22.5; 24.26-27; Ex 24.1; 32.7-8; 34.13-14; 1 Sam 1.3, 19; 2 Sam 12.20; 2 Kgs 19.37; 1 Chr 16.29 (Ps 29.2; 96.9); 2 Chr 32.12; Neh 9.6-8; Ps 5.7 (138.1-2); 66.1-4; 81.9; 95.6-7; 96.9; 99.5; Is 2.8; 27.13; Jer 7.2; Dan 3.28; Zech 14.16-17; Mt 2.2, 8, 11; 4.9, 10; 14.33; 15.9; 28.9, 17; Mk 5.6; 7.7; Lk 4.7, 8; Jn 4.20-24; 9.38; 12.20; Acts 7.7, 42, 43; 8.27; 10.25; 17.23; 18.13; 19.27; 24.11, 14; 26.7; 27.23; Rom 1.25; 12.1; 1 Cor 10.14; 14.25; Phil 3.3; Col 2.18; Heb 1.6; 11.21; 12.28; Rev 4.10; 5.14; 7.11; 11.1, 16; 13.4, 8, 12, 15; 14.7; 15.4; 16.2; 19.4, 10, 20; 20.4; 22.8, 9

WOUND,-ED Deut 32.39; Is 53.4-5; Jer 6.14 (8.11); Hos 5.13-14; Nah 3.19; 1 Pet 2.24

WRATH (a) impersonal Job 36.18; Prov 15.1; 27.4; Mt 3.7; Lk 3.7; 21.23; Rom 2.5, 8; Eph 2.3; 1 Thes 1.10; 5.9

(b) God Ex 32.11-14; Num 16.43-46; 25.10-11; Deut 9.7-8; 2 Kgs 22.11-17; 2 Chr 12.7; 28.8-15; Ezra 10.14; Jn 3.36; Rom 1.18; 3.5; 5.9; 9.22; 12.19; 13.4, 5; Eph 5.6; Col 3.6; 1 Thes 2.16; Heb 3.11; 4.3; Rev 6.17; 11.18; 14.10, 19; 15.1, 7; 16.1, 19; 19.15

(c) Lamb Rev 6.16

(d) man Ps 76.10; Esth 1.18; 5.9; 7.7; Lk 4.28; Eph 4.31; Col 3.8; see ANGER

(e) devil Rev 12.12

Y

YEAR began in spring with Abib, or Nisan, Ex 12.2; 23.15; Esth 3.7; agricultural y, Ex 23.16; Lev 23.15-21; post-exilic new y, in autumn, Ezra 3.6; Neh 8.2

YES Mt 5.37; 2 Cor 1.17-20; Jas 5.12

YOKE (a) literal 1 Sam 6.7; 11.7; Job 1.3; 42.12; Lk 14.19

(b) figurative Gen 27.38-40; Deut 28.48; 1 Kgs 12.4-15 (2 Chr 10.1-15); Is 47.6; Jer 27.8; 28.4; Hos 11.7; Mt 11.29, 30; Acts 15.10; Gal 5.1; 1 Tim 6.1

YOUTH Gen 8.21; 43.33; Ps 25.7; Eccl 12.1

Z

ZACCHAEUS Lk 19.1-10

ZADOK (a) priest who remained loyal to David 2 Sam 15.24-35; 1 Kgs 1.8, 22-45

(b) others (1) 1 Chr 6.12; Ezra 7.2; 1 Chr 9.11; (2) 2 Kgs 15.33; (3) Neh 3.4; (4) Neh 3.29

ZALMUNNA, king of Midian slain by Gideon   Judg 8.4-28; Ps 83.11

ZAREPHATH, town in Sidon to which Elijah went when brook Cherith dried up   1 Kgs 17.9-10; Ob 20; Lk 4.26

ZARETHAN   Josh 3.16; 1 Kgs 4.12; 7.41

ZEAL,-OUS   2 Kgs 10.16; 19.31 (Is 37.32); Ps 69.9; Is 9.7; Jn 2.17; Acts 21.20; 22.3; Rom 10.2; 12.8, 11; 2 Cor 7.7, 11, 12; 9.2; Gal 1.14; Phil 3.6; Tit 2.14; 1 Pet 3.13; 2 Pet 1.10; 3.14; Rev 3.19

ZEALOT   Lk 6.15; Acts 1.13

ZEBADIAH (a) Levite commissioned by Jehoshaphat to teach the law   2 Chr 17.8

(b) a prince of Judah and chief judicial officer for civil cases under Jehoshaphat   2 Chr 19.11

(c) exile returned from Babylon with Ezra   Ezra 8.8

(d) priest of house of Immer   Ezra 10.20

(e) others   (1) 1 Chr 8.15, 16; (2) 1 Chr 8.17, 18; (3) 1 Chr 12.7; (4) 1 Chr 26.1, 2

ZEBAH, Midian king slain by Gideon   Judg 8.4-28; Ps 83.11

ZEBEDEE   Mt 4.21; 10.2; 20.20; 26.37; 27.56; Mk 1.19, 20; 3.17; 10.35; Lk 5.10; Jn 21.2

ZEBOIIM   one of five cities of the plain Gen 10.19; destroyed with other cities, 19.17-29; see Deut 29.23; Hos 11.8

ZEBUL, governor of Shechem in time of Abimelech   Judg 9.28, 36-39

ZEBULUN (a) son of Jacob and Leah   Gen 30.19, 20; 49.13; Ex 1.1-6

(b) tribe of which Zebulun was ancestor   Num 26.26, 27; Deut 27.13; 33.18, 19; Judg 4.6-10; Mt 4.13, 15

(c) territory of   Josh 19.10-16; Rev 7.8

ZECHARIAH (a) priest   2 Chr 24.20-22; Mt 23.35; Lk 11.51

(b) prophet   Ezra 5.1; Zech 1.1 (7.1)

(c) priest, father of John the Baptist   Lk 1.5-67; 3.2

(d) king of Israel   2 Kgs 14.29; 15.8-12

(e) many others, including (1) 1 Chr 9.21, 22; 26.2, 14; (2) 1 Chr 15.18, 20; 16.5

ZEDEKIAH (a) false prophet during reign of Ahab   1 Kgs 22.11-25

(b) son of Josiah; king of Judah   2 Kgs 24.17; 1 Chr 3.15; 2 Kgs 25.1-7 (2 Chr 26.11-21; Jer 52.11); Jer 39.1-14

(c) others   (1) Jer 29.21-23; (2) 1 Chr 3.16; (3) Neh 10.1

ZELOPHEHAD   Num 26.33; 27.1-8; 36.1-12; Josh 17.1-6

ZENAS   Tit 3.13

ZEPHANIAH   a priest during time of Zedekiah and Jeremiah, Jer 21.1; 37.3; shows letters of Sehmaiah to Jeremiah, 29.24-32; death of, 2 Kgs 25.18-21; Jer 52.24-27

ZERAH   2 Chr 14.8-15

ZERED   Num 21.12; Deut 2.13, 14

ZERUBBABEL   led exiles back to Jerusalem, Ezra 2.1-64; Neh 7.5-7; 12.1-9; with Jeshua restored worship, Ezra 3.6, 8-13; 5.2; work interrupted, 4.1-24; resumed and completed, 6.13-15; Hag 1.1—2.23; Zech 4.1-10

ZERUIAH, sister of David   1 Sam 26.6; 2 Sam 2. 13, 18; 17.25; 1 Kgs 1.7; 1 Chr 2.16; 27.24

ZEUS, chief god of the Greeks Acts 14. 12, 13

ZIBA servant of king Saul, 2 Sam 9.1-12; 16.1-4; 19.16-18, 24-30

ZIDON see SIDON

ZIKLAG, city in S Palestine Josh 15.31; 19.5; 1 Sam 27.6 (1 Chr 12.1-22); 30. 1-31; Neh 11.28

ZILPAH Gen 29.24; 30.9-13

ZIMRI (a) king of Israel for seven days 1 Kgs 16.8-20

  (b) a prince of Simeon Num 25.14

  (c) others (1) 1 Chr 2.6; (2) 1 Chr 8.36; (3) Jer 25.25

ZIN, a wilderness crossed by Israelites Num 13.21; 27.14; Deut 32.51; Josh 15.1-3

ZION (a) hill on which city of Jerusalem stood 2 Sam 5.7 (1 Chr 11.5); 2 Sam 6.10-12; Heb 12.22; Rev 14.1

  (b) extension of meaning to include temple on Mt Moriah Is 8.18; 18.7; Joel 3.17

  (c) term for Jerusalem in entirety Ps 48; 69.35; Is 3.16-17; 4.3; Mt 21. 5; Jn 12.15; Rom 9.33; 11.26; 1 Pet 2.6; see CITY OF GOD, JERUSALEM

  (d) people of Jerusalem Ps 97.8; Is 1.27

ZIPPORAH, wife of Moses Ex 2.21, 22; 4. 18-26; 18.1-5

ZIV, second Hebrew month, April-May, 1 Kgs 6.1

ZOAN Num 13.22; Ps 78.12, 43; Is 19.11, 13; Ezek 30.14

ZOAR, one of five cities of the plain Gen 19.20-23; Deut 34.3; Is 15.5; Jer 48.4, 34

ZOBAH, an Aramean kingdom 1 Sam 14.47; 2 Sam 8.3, 5, 12; 10.6, 8; 23.36; 1 Kgs 11.23; 1 Chr 18.3, 5, 9

ZOPHAR Job 2.11; 11.1; 20.1; 42.9

ZORAH Josh 15.33; 19.41; Judg 13.2; 16. 31; Neh 11.29

ZUR (a) a king of Midian Num 25.15-18; 31.8; Josh 13.21

  (b) a Benjamite 1 Chr 8.30